本书为教育部人文社会科学研究项目"《说苑》'谈说之术'的语用研究"（批准号：18YJC740055）最终成果

世界语用艺术经典

——《说苑》研究

刘　燕◎著

黑龙江大学出版社
HEILONGJIANG UNIVERSITY PRESS
哈尔滨

图书在版编目（CIP）数据

世界语用艺术经典 ：《说苑》研究 / 刘燕著 . --
哈尔滨 ：黑龙江大学出版社，2023.12
ISBN 978-7-5686-1019-3

Ⅰ . ①世… Ⅱ . ①刘… Ⅲ . ①《说苑》－研究 Ⅳ .
① K234.106.6

中国国家版本馆 CIP 数据核字（2023）第 169958 号

世界语用艺术经典——《说苑》研究
SHIJIE YUYONG YISHU JINGDIAN——《SHUO YUAN》YANJIU

刘　燕　著

责任编辑	张永生
出版发行	黑龙江大学出版社
地　　址	哈尔滨市南岗区学府三道街 36 号
印　　刷	三河市铭诚印务有限公司
开　　本	720 毫米 ×1000 毫米　1/16
印　　张	17
字　　数	278 千
版　　次	2023 年 12 月第 1 版
印　　次	2023 年 12 月第 1 次印刷
书　　号	ISBN 978-7-5686-1019-3
定　　价	68.00 元

本书如有印装错误请与本社联系更换，联系电话：0451-86608666。

序　言

本书的研究另辟蹊径，给人耳目一新之感。读了《世界语用艺术经典——〈说苑〉研究》，我才意识到中国在汉代以前就已经有了较为系统的语用研究。可以说，相较于现代西方语用学研究所表现出来的无系统的、不具体的泛理论化倾向，中国古代的语用研究是具体化的、专门化的。

本书作者抓住了语用研究的要领，看到了《说苑》中的"谈说之术"是具有文化精神的言语艺术，并不是什么心术不正的巧言令色。"谈说之术"重在口语表达，这是言语交际要求把握的重点。善于运用"谈说之术"，可称为"善说"，即言语应用得当、表达恰到好处。

书中值得关注的研究内容，主要体现在以下几个方面：

其一，突破了前人涉及的领域，是对以往研究的有益补充。

以往的《说苑》研究，有的探讨哲学思想，有的关注人物故事，有的探究历史事实。这些研究无疑都是非常重要的，也符合刘向整理、编写《说苑》的目的——作为谏书献给统治者，让统治者吸取经验教训。

但是本书作者发现，《说苑》中的"说"有"劝谏""游说""说明""理论""言说"等几十个关乎言语表达的含义，这些含义所涉及的语言，有的有故事性，有的没有。而不论有没有故事性，几乎所有的事例在内容上，包括原因和结果、方式和方法、成功经验和失败教训等，都体现出了"说"的重要作用。有些地方还进行了理论引导，告诉人们如何正确表达自己的思想观点和意见，以及如何听取别人的思想观点和意见。

其二，从全新的角度探讨和展示了《说苑》的语用理论建树及实践成果。

中国最早的语用理论，其实也是一门关于语用实践的艺术。一是体现在谈说是非分明、要求打动人心的语用原则上；二是运用语言的方式、技巧，力求使动机(目的)与效果相一致;三是用于不同语域的谈说用语,注重采取不同的表达类型和调整内容、结构、顺序等,如劝谏就有正面直谏、忠言戆谏、以退为进降谏及婉言讽谏等。

其三,采取多种分析方法,同时较为全面地总结和汲取了前人的语用研究成果。

例如,采取分类分析法,以言语的表达效果及作用为标准,对"谈、语、论、说、言、述、讲、道、云、曰"等言说动词进行分析。结果表明,汉代以前,汉语在言语表达上就已经非常细致、丰富了。而这还只是直接言说动词的一个小类,如果再加上带有行为特点或感情色彩的论说、陈述、称赞等类言说动词,那就更加细致、丰富了。同时,对劝谏、论辩等言语行为的分析也表明,《说苑》在当时出现并不是偶然的,而是汉语语用发展的必然结果。

再如,采取具体例证分析法对不同语域的言语行为所做的分析表明,不同的场合、不同的人使用不同的言语,表达不同的言语行为;采取对译解析法,将用例看作事实,让经典案例说话,从而有力地证明了理论是来源于实践的。

其四,抓住了《说苑》作为语用著作的实质。

《说苑》并不是某个人的创造,而是多代人实践经验的产物,其思想观点及理论由众多作者总结提炼而成,刘向只是其中的一位集大成者。例如,"谈说之术"就是由荀子提出并论证了其构成的标准条件的,包括主导思想、方式方法、表达特点、实现目的等,从而使其具有了可操作性。由于《说苑》中的很多经典事例史籍没有记载,它们可能来自传说,也可能在其他人身上发生过但被用于了历史人物,而且个别事例甚至出现在了多个人身上,只是言语略有出入而已,因此有人批评《说苑》作为记载历史故事的著作却不符合历史,这实际上是对它的误解。《说苑》不是在记载历史故事,而是在讲述如何运用语言实现言语行为目的,在谈论言说语用的经验。它以大量史实为依据,而且使用人们口耳相传的语言表达范例,故能很好地说明问题。持批评或赞扬的态度,是因为看待《说苑》的角度不同。从语用学的角度来看,它所选取的很多事例都是非常得当的,值得学习借鉴。言说可以决定生死存亡,不可以不慎,这是《说苑》提出的言说主旨,而且是通过借口传音手法隐藏在所选取的事例中的。此外,《说苑》的章节主题及正文也都间接表明了其价值取向以及处理问题的要义,语用目的不言自明。

其五,对《说苑》中所运用的传统的也是最重要的汉语语用精华——修辞手法及语用技巧进行了分析。

比喻、比拟、排比、对偶、婉曲、层递等传统修辞手法自不必说,《说苑》特别令人赞叹的是其巧妙的表达艺术,如:借口传音,利用他人言物之语劝说论证;旁敲侧击,迂回曲折表达;言此意彼,不劝而谏,含蓄委婉劝诫;抑扬顿挫,先抑后扬或先扬后抑阐述;铺陈烘托,丰富多彩表达;辩证联系,全面深刻揭示;隐语解读,言浅意深分析;等等。

当然,要对《说苑》这样的典籍进行语用方面的研究毕竟不易,本书难免存在这样或那样的不足。特别是作者试图勾勒出《说苑》所总结的中国古代特有的语用体系,但目前来看还不够明确。

在本书中,有的研究是按照语域展开的,这适合参照人物身份、语境及话语主题等因素去理解言语表达的形式、内容特点,如"君道""臣术"章;有的研究是根据言语行为展开的,这有利于了解言语行为的特点,如"善说""正谏"章;有的研究是从言说动词运用到段、篇的语用特点分析,再到修辞手法与表达艺术总结展开的,如"谈丛""杂言"章。

其实,对于《说苑》的其他各章,理应也进行言语行为和语境方面的分析,但可能限于篇幅,本书只是粗略地给予了介绍和评价。

马　彪(黑龙江大学文学院教授、博士生导师)

2023 年 8 月 11 日

前　　言

　　最早接触《说苑》语用艺术,还是在硕士阶段的语用学课堂上。老师在讲解国外语用学理论的时候,结合了汉语语言的特点,引导我们去发掘中华传统文化中的语用艺术。"中国语用学"这一概念,在当时就给我留下了极为深刻的印象。此后五六年的时间里,我在主攻现代汉语语法的同时,也一直关注着国内外语用学研究的最新进展及成果。2018 年,我申请的研究课题"《说苑》'谈说之术'的语用研究"获得教育部人文社会科学研究一般项目批准立项。由此,我开始专注于中华传统文化中的语用艺术研究。

　　为更好地解读《说苑》及相关文献,我跟从华南师范大学教授张玉金先生做了三年博士后研究工作。在查阅了古今中外大量的相关文献后,最终决定在"语言运用艺术"这一领域进行探索,以期尽可能使研究视角有所突破,研究内容观照到前人较少甚至没有涉及的方面。

　　《说苑》是一部关于春秋时期到汉代的"言谈说辩"实践的集大成典籍,其特点不在于讲故事,而在于举例示范、论证明理。以现代的眼光来看,《说苑》作为一部在中国汉代就已初成系统的讲述言语表达的语用学著作,在理论与实践两方面均体现出了非凡的哲理性和较高的艺术性,这在当时无疑是处于世界领先地位的,因此其可以称得上是"世界语用艺术经典"。本书试图以汉语语言学和语用学视角,通过对《说苑》中谈、说相关字词的意义功能进行考辨和对"谈说之术"的语用意义进行研究,探讨《说苑》中所蕴含的话语意义、语用目的、语境理论、语用原则以及表达艺术、方法,并通过挖掘中国古人对语用实践的深刻认识,阐释《说苑》在言语表达方面所具有的现实意义和借鉴价值。

　　可以说,《说苑》让我们领略了中国古代语用学说的独特魅力,也为我们进行现代语言实践与研究拓宽了视野。对其语言运用实践理论进行探讨,有助于我们树立正确的语用观、价值观,也有助于中华优秀语言文化的传承与传播。

本书得以出版,要感谢教育部人文社会科学研究一般项目的资助,感谢黑龙江大学邹韶华教授和马彪教授、华南师范大学张玉金教授的关注与支持。同时,也要感谢本书责任编辑、黑龙江大学出版社张永生老师的热心帮助和细致审校。

由于笔者水平有限,书中难免存在问题和不足,恳请专家和读者批评指正。

刘 燕

2023 年 9 月

目　　录

绪 论

《说苑》是一部关于春秋时期到汉代的"言谈说辩"实践的集大成典籍。它遍引百家,取材十分广泛,上自周秦诸子,下至汉人杂著,查有实据的文献为46种,占比达90%,还有10%出处不详。刘向对这些材料采取引用、改造、整合、新写等方法,"更以造新事十万言以上","以著述当谏书",所引用的诸子理论以及自己的改造之处都是为了表现不同的言语行为,达到一定的语用目的,其中蕴含着丰富的语用学思想。

第一节 研究对象和角度

本书以《说苑》为研究对象,试图从汉语语言学、语用学视角挖掘其"善说"的语用文化和语言艺术。

自曾巩校勘厘定之后,宋代《说苑》有两个版本系统流传下来。一是黄丕烈所藏北宋本。今上海图书馆所藏元大德七年(1303年)云谦刻本应是此本的翻刻本,国家图书馆所藏明钞本和《四部丛刊》影印明钞本同样源于此本,程翔《说苑译注》(北京大学出版社2009年版)也以此本为底本。二是南宋咸淳元年(1265年)镇江府学刻元明递修本。此本由国家图书馆收藏,现有影印本行世。王天海、杨秀岚《说苑》(中华书局2019年版)以此本为底本,参校《四部丛刊》影印明钞本和向宗鲁《说苑校证》(中华书局1987年版)。

本书以王天海、杨秀岚《说苑》为主,参照程翔《说苑译注》,辅之以向宗鲁《说苑校证》、《宋本说苑》(国家图书馆出版社 2017 年版),通过对《说苑》中谈、说相关字词的意义功能进行考辨和对"谈说之术"的语用意义进行研究,探讨了《说苑》中所蕴含的话语意义、语用目的、语境理论、语用原则以及表达艺术、方法,并通过挖掘中国古人对语用实践的深刻认识,阐释了《说苑》在言语表达方面所具有的现实意义和借鉴价值。

第二节　研究历史和现状

20 世纪以前,国内外学者对《说苑》的研究主要集中在对文本的校正、补阙、注释上;20 世纪以后,主要集中在《说苑》的政治思想性、文学艺术性以及史学价值上,仅有少数书、文涉及语言研究。

一、汉语语用学及言语行为理论本土化探索

语用学(pragmatics)概念最早由美国哲学家查尔斯·莫里斯于 20 世纪 30年代提出,而语用学作为语言学一个相对独立的分支的地位则是在 20 世纪 70至 80 年代逐步确立的(沈家煊,1996)。中国的语用学研究发端于 20 世纪 80年代。许国璋(1979)翻译英国哲学家奥斯汀的《论言有所为》,最早把国外语用学理论引进中国。胡壮麟(1980)《语用学》一文较为系统地介绍了语用学这门学科,内容涉及语用学的研究对象和方法、各语言学派对语用学的评论、语用学与其他学科的关系和语用规则等方面。

40 多年以来,国内语用学界在经过对西方语用学理论的引介评论、修正补充这两个阶段之后,将研究重心转向了汉语语用理论的本土化。言语交际学、话语语言学、汉语语用学、交际语用学、文学语用学、话语意义建构理论等本土化的语用理论逐渐产生且影响广泛,其中不乏对中国古代典籍的语用研究,尤其是对古代文学作品中所表现的言语行为、指示词语、修辞运用、合作原则、礼貌原则、会话含义等语用理论的研究成果众多。但是,正如沈家煊(1996)和钱冠连(2001)所指出的,国内的相关理论研究大多是对西方语用学理论的修正和

补充,缺乏创新性。

　　汉语文化的语用学不可能将英语文化的语用学原理作为"帽子",然后采取"西洋帽子＋汉语例子"这一貌合神离的模式。汉语语用理论的本土化必须体现出汉语文化独特的思想、原则和策略,即具备地道的汉语文化本性。这就要立足汉语实际,根据语言事实探求汉语语用理论,而不是用现有理论去套汉语语言现象。

　　言语行为理论(speech act theory)是语用学的重要理论,最早由奥斯汀提出,后由美国哲学家塞尔继承和发展。目前国内学界对言语行为理论的研究主要集中在现代汉语、语言比较、语言教学三个方面,对中国传统文献中言语行为的研究相对较少,且多为硕士学位论文。比如,陈安平(2001)、张平(2005)、鞠芳(2006)、陈雪娇(2011)、任伟(2011)、黄彬(2012)、周丽君(2013)、张杰(2013)、吴雁(2014,2015,2017)、林爱芹(2014)、何雪艳(2015)、张少杰(2018)和刘文琼(2019)等,研究了《红楼梦》中不同的言语行为,包括拒绝、称赞、詈骂、道歉等。张红娇(2017)、李黎(2019)研究了《三国演义》中的劝说和詈骂言语行为。张红岩(2016)、马纯真(2017)对《西游记》中的冒犯和建议言语行为进行了研究。王强(2006)根据塞尔对言语行为的分类,从阐述、指令、承诺、表达、宣告五个方面分析了《西游记》中的言语行为。曾小娜(2015)研究了《战国策》中的劝说、请求、拒绝等言语行为。可以说,上述成果缺乏对言语行为的系统性研究,且重复性研究较多。

　　本书将《说苑》中的言语行为分为劝谏、论辩、求问、应对、礼敬、宣谕、解惑、解困等,并根据君道、立节、修文等行为目的展开研究。这样研究不仅更为系统,而且有助于汉语语用理论体系的完善。

二、古典文献中的传统语用思想发掘

　　顾曰国(1992)最先指出汉语语用思想的发端可以追溯到《周礼》《礼记》《仪礼》等秦汉时期的典籍。陈宗明(1992,1996,1997)则是最早对汉语语用思想进行系统研究的学者,他以现代符号学为理论依据,从浩如烟海的古代典籍中找寻汉语语用思想的发展脉络,提出了"中国语用学思想"这一概念,同时阐述了名家、墨家、道家、儒家、法家、纵横家、杂家的语用思想,并以名实、文质、说难、文道、言志、言行等为专题进行了阐述。此外,他还探究了《周易》中的语用推理以及佛学、训诂学、诗话和文论中的语用理论,认为中国古代在逻辑形式或语形学的研究上具有鲜明的语用学特征,但其研究更倾向于逻辑语用学。杨晨雨、熊晓梦(2014)等认为,中国传统文献中体现出来的一些学术观点已经很接近现代语用学。钱冠连(2002)、刘伯奎(2004)等也着力探讨了古籍中所体现或出现的关于语用方面的表述。文旭(1999,2003,2005)认为,中国古代虽然没有完整而系统的现代意义上的语用学,但远在先秦特别是春秋战国时期,语用思想作为百家争鸣的工具就已得到了广泛而深入的研究,因此呼吁中国语用学研究"立足汉语的研究,创造自己的理论"。关兴丽(2002)从语境的角度探讨了墨家的语用思想。汤琼(2007)认为中国古代文人在诗文表达中常常会运用言外之意,其中所体现出来的学术观点已经很接近现代语用思想。孙靓(2007)研究了《吕氏春秋》中的语用思想,认为《吕氏春秋》中的"言意"关系触及了现代语境学的研究范畴。张梅一(2014)认为,中国传统的"言外之意"与引自现代西方的"语用意义"概念所指相同,而当代汉语语言学研究者应该构建体现汉语特色和适应汉语实际需要的语用学理论体系。王建华、施麟麒(2014)讨论了关于"中国语用学"的三个基本问题,认为目前的研究多局限于"在中国的语用学"范畴,而非"中国语用学",而真正保留了古代中国语用学精髓的现代"中国语用学"正是需要着意努力的方向。毛延生(2014)对《周易》中的"礼"进行了阐释,认为《周易》在卦象、爻辞和象辞三个维度表现出像似性、系统性和全息性特征,并且最终表现出了西方礼貌思想所不可比拟的先进性与超越性,进而指出:中国语用研究要获取国际语用研究领域的话语权,就要提升本土文献意识,着重发掘汉语古典文献中所蕴含的语用思想。陈新仁(2018)强调了发掘中国语用文化特有的文本与阐释资源的重要性,并且认为中国语用学理论体系建设既要反映中华民族传统文化,又要反映当代中国社会的时代特征。可见,中国传统语用思想与当代价值相结合的研究,理论上需要,实践上可行。

王文胜(2008)以《孟子》作为考察对象,列举了其中与指示词语、修辞运用、合作原则、礼貌原则、会话含义等相对应的内容。张春泉(2011)从实证角度探讨了《论语》《孟子》《公孙龙子》等典籍中的话语衔接、紧缩结构、问句话轮、条件复句、修辞式推论等,尝试运用现代语用学理论和方法诠释先秦诸子对话。梁燕华(2014)对比了孔子的"正名"思想与奥斯汀的言有所为理论、孔子的言行理论与奥斯汀的言语行为理论、庄子的思想与格莱斯的合作原则理论、惠子的辩题与利奇的语境理论,进而认为中国哲学自先秦起就具有浓厚的语用倾向。

三、刘向语用观的相关研究

国内关于刘向的研究,除校勘、书证及注译外,集中在文献考据、文体归类、艺术特色、文学价值、思想内容等方面,仅马彪(1997)等少数学者从语用学视角探讨过《说苑》的语言艺术。总体而言,关于刘向的研究主要集中在其思想价值和语用观两个方面。

刘向的思想价值:徐复观(1975)、谢明仁(1993)、徐兴无(2005)、王启敏(2011)、蒋重母(2015)、谢祥娟(2015)等,阐释了刘向的儒家思想。桑凤(1997)、张宜迁(1997)、王萍(2003,2004)、王小兰(2004)、王仲修(2004)等,解析了刘向的道家思想。吴全兰(2005)、高立梅(2007,2008)分别探讨了刘向著作中的黄老思想、政治思想以及德刑观、人性论等问题,并对其当代意义进行探索。钟岳文(2018)认为,刘向的人才观等思想对于当今上到治国理政、下到为人处世都有很大的借鉴意义。

刘向的语用观:马彪(1997)论述了《说苑·善说》,认为其专讲谈说之术并且总结了战国到汉时论辩、劝谏的成功经验,同时还引证、分析了其言语行为特点、用语艺术技巧和语用原则。刘蓓然(2007)认为《说苑》中的言说者针对不同的进言目的,面对各色人等,运用不同的言说技巧,适情应境,以求达到自己的说谏目的,可谓是集论辩说服的艺术性和技巧性于一书。这里的"适情应境""言说技巧",涉及了语境、会话原则等多种语用理论。柳莹(2012)具体分析了《说苑》中的14种修辞手法,并尝试探讨这些修辞手法背后的思想内涵。李岩(1986)、梅军(2004)、陈洪(2014)等通过对《新序》《说苑》中修辞手法的分析,剖析了刘向作品言语表达的特点。斯科特·库克(2017)认为《说苑·修文》同《乐记》有相似之处,体现了中国古代的音乐哲学和音乐修养。

以上对刘向及其作品不同视角的研究,观点新颖,深刻透辟,说明刘向的思想价值和语用观及其对当代的指导意义已经引起了国内外研究者的关注。但研究成果多为哲学和文学方面的,语言学方面的成果不仅相对分散,而且缺少语言学理论支撑下的系统性研究，尤其是对刘向语用观与实际应用相结合的研究更是少之又少。而这些恰恰是最能体现中国语用学的特色、实现中国传统文化的创造性转化和创新性发展的地方。

第一章 "说"字来源及在《说苑》中的语义分布情况

本章首先从历时、共时的视角分析了"兑""说""悦"之间的关系,探讨了"说"字的来源。其次,考察了《说苑》中言语行为动词的意义及其使用和分布情况,解读了"说"的释义分歧、音义对应关系及其在辞书中的释义问题等。

第一节 从甲骨、简帛等上古文献看"兑""说""悦"的关系

一、引言

关于"兑"的本义,学界一直存在分歧,主要有三种观点。一说认为"兑"的本义是"说"。《说文》:"兑,说也。"后世对《说文》的相关研究也多从此观点。杨树达(1937)认为"谈说"是"兑"造字的初始义,"言辞锐利"是其正义。二说认为"兑"的本义是"悦"。北宋文字学家徐铉,清代文字学家朱骏声、孔广居,近代学者林义光,日本汉学家高田忠周,以及古文字学家高鸿缙、商承祚等均持

此说。① 三说认为"兑"的本义是"锐"。赵诚（1986）、张玉金（1994）等学者持此观点，并指出甲骨卜辞中的"兑"皆用为"锐"。三说之外，清代徐灏《说文解字注笺》："兑即古悦字"，"兑亦古锐字"。王齐洲（2003）认为，"兑"是"锐"和"悦"共同的初文。鲁实先（1960）、徐中舒（1989）认为，"兑"是"阅"和"锐"的初文。陈梦家（1936）则认为"兑"与"祝"同，像"兄"一样口上有气。

"说"与"兑""悦"的关系也一直存在歧见。关于"说"与"悦"的关系，学界多从王力（1981）观点，认为上古没有"悦"字，"说"是"悦"的古字，两者是古今字关系。《辞源》"酉 37"（1979）以及蒋礼鸿、任铭善（1984）等认为，"说"和"悦"是通假字关系。高明（1987）、钟名立（1990）认为，两者既不是古今字也不是通假字关系，而实为一字，音义相同。

本书以实证为依据，采取对应论证法，通过共时考察、历时考证进行阐释分析，既使"说"的名与实相对应、辞书解注与词义表达相对应，也使"说""兑""悦"等字的造字义理与记词、用字相对应。

二、"兑"的本义问题

（一）甲金文中的"兑"字分析

甲骨文和金文中没有出现"说"字，只有"兑"字。例如：

(1) 戊申卜：马其先，王兑从？（《合集》27945）

这句戊申日卜辞的意思是："马队先行，王要跟从吗？"鲁实先（1960）、赵诚（1986）、崔恒昇（2001）、孟世凯（2009）等学者认为，这里的"兑"是"急速""赶快"之义。《甲骨文字诂林》姚孝遂按语认为："卜辞诸'兑'字皆用作'锐'。……'马其先，王兑从'者，马队先行，王疾速从其后也。……'悦'、'锐'

---

① 本书所引徐铉、朱骏声、孔广居、林义光关于"兑"字的说法，均出自于省吾：《甲骨文字诂林》（全四册），姚孝遂按语编撰，中华书局 1996 年版；所引高田忠周、高鸿缙、商承祚关于"兑"字的说法，均出自周法高：《金文诂林》（第十册卷八），香港中文大学 1974 年版。

皆'兑'之孳乳字。"①笔者赞同这一观点。郭沫若认为:"此辞疑是卜以马为殉,言马其乐从先王于地下也。兑读为悦。"②李孝定(1970)从之,而徐中舒(1989)则认为这里的"兑"用作人名。

(2)丁亥卜:翌日戊王兑田,大启?(《合集》28663)

鲁实先(1960)、徐中舒(1989)认为这里的"兑田"即"阅田","阅田者乃简阅师旅因以田猎,即《周礼·夏官·大司马》之蒐田也"③。而张玉金(1994)、崔恒昇(2001)、刘兴隆(1993)、孟世凯(2009)等学者则认为,这里的"兑"用作"锐"。笔者支持这一观点,认为此句的意思是:"第二天戊日王命人快点去耕田,天会晴吗?"

(3)庚寅卜:翌日辛王兑省鱼,不遘雨?(《屯南》637)

例(3)中的"兑",张玉金(1994)、孟世凯(2009)等认为用作"锐",崔恒昇(2001)认为用作"悦",刘兴隆(1993)则认为意义不明。笔者认为这里"兑""省"连用,"兑"是"省"的状语,"省鱼"即"视察捕鱼"。从语法结构上看,前面的"兑"既可以是"锐"义,也可以是"悦"义。但从甲骨卜辞特点来看,"兑"在这里如果表达"喜悦"义的话,则不符合贞辞的特点。因为贞辞的内容都是推测、卜问,一般不会出现对王的心情进行描述的词语,所以用作"锐",表达"急速""赶快"的意义更恰当一些。

综上可知,关于甲骨文中"兑"字的释义问题,诸家还存在较大分歧。甲骨文中表达"言说"意义的动词是"曰",而"兑"在甲骨文中也未见"言说"义。甲骨文中表达"视察、巡视"意义的动词有"省"和"值",且常见"省田"结构,因此没有必要再假借"兑田"为"阅田"。这样"兑"就只有"急速""赶快"和"喜悦"意义两种可能。至于在甲骨文中"兑"表达"锐"义还是"悦"义,学界更倾向于

---

① 于省吾:《甲骨文字诂林》(全四册),姚孝遂按语编撰,中华书局1996年版,第84页。
② 郭沫若:《殷契粹编考释》,载《郭沫若全集·考古编第三卷:殷契粹编》,科学出版社2002年版,第645页。
③ 徐中舒:《甲骨文字典》,四川辞书出版社1989年版,第960页。

前者,认为是表达"急速""赶快"意义。但是,"兑"为什么会表达"锐"义,未见相关论述。如果"兑"表达"悦"义的话,那么"兑田""兑省鱼"这样的结构却又无法解释。

此外,西周彝器铭文也无"说"字而有"兑"字,《殷周金文集成》和《新收殷周青铜器铭文暨器影汇编》中的"兑"均做人名。何琳仪(2003)认为"兑"与"达"音近可通,金文中"荣兑"应读为"荣达",意思是显达。

（二）简帛中"兑"字分析

战国竹简①中"兑"有"悦"（喜悦）义和"说"（言说）义两种用法。"兑"表达"悦"义,在战国竹简中出现得比较多。例如:

> (4)未见君子,忧心不能惙惙;既见君子,心不能兑(悦)。（郭店楚简·五行)

例(4)中的"兑"是"喜悦"义,"心不能兑(悦)"即"见到君子后内心能不喜悦?"

郭店楚简中的"兑"不仅表达"喜悦"义,还可以表达"言说"义。例如:

> (5)大忠不兑(说),大信不期。不兑(说)而足养者,地也。
> （郭店楚简·忠信之道)

例(5)中的"兑",整理者读为"夺",裘锡圭(1998)、刘乐贤(2002)等读为"说",笔者支持这一说法,认为是"说明"的意思,"不兑(说)"即"不需要说明"。

郭店楚简中多用"兑"表达"悦"或"说"义,但也出现了一个用"说"表达"悦"义的例子:

---

① 本书所引简牍材料主要来自"先秦甲骨金文简牍词汇资料库"（ http://inscription. asdc. sinica. edu. tw),并与《郭店楚墓竹简》《上海博物馆藏战国楚竹书》《睡虎地秦墓竹简》《清华大学藏战国竹简》中原简照片做了对照。

（6）《君奭》曰："襄我二人，毋有合才音"，曷？道不说（悦）之辞也。（郭店楚简·成之闻之）

例（6）中的"说"表达"喜悦"义，"不说（悦）"是"不愉悦"的意思。

在同时期的上博简中，"兑"都表达"悦"义，还出现了三个"悦"字表达"愉快"义，其中一个如下：

（7）……哀乐为甚。用身之弁者，悦为甚。（上博简·性情论）

例（7）的"悦"同前面的"乐"对应，表达"愉悦"义。"上博简·性情论"和"郭店楚简·性自命出"多有重合之处，上博简里的"悦"对应郭店楚简里的都是"兑"。

以上表明，"兑"多表达且一直表达"悦"义，甚至在"悦"出现以后处于过渡状态时期还在用，而较少表达"说"义。早期"说"同"兑"一样表达"悦"义，只是"说"表达"悦"义的用例远少于"兑"表达"悦"义，而且同时期也已经有了"悦"字。

在时代较晚的睡虎地简中，"兑"表达"说"（言说）义、"锐"义。例如：

（8）害日，利以除凶厉，兑（说）不祥。祭门行，吉。（睡虎地简·日书甲种）

（9）盗者：子，鼠也。盗者兑（锐）口，稀须，善弄，手黑色，面有黑子焉，疵在耳，藏于垣内中粪蔡下。（睡虎地简·日书甲种）

例（8）用"兑"表达"言说"义，例（9）用"兑"表达"锐"义。睡虎地简未见用"兑"表达"悦"义的用例。

睡虎地简所录为秦系文字，"说"字出现的次数增多，共有七例，其中五例用于表达"悦"义，两例用于表达"脱"义。例如：

（10）夕见，说（悦）。（睡虎地简·日书甲种）

（11）盖绝纪之日，利以制衣裳、说（脱）盟诅。（睡虎地简·日

书乙种）

例（10）中的"说"是"悦"义，例（11）中的"说"是"脱"（解除）义。

（三）"兑"字本义分歧

根据上述考证及前人分析，"兑"有"愉悦"义，或是本义"悦"，或是引申自本义"锐"，这早于"说""悦"的"愉悦"义。"说"字的产生时间晚于"兑"字，而早于"悦"字。

徐铉认为"兑"的上部字符是"八"，因此"从口从八，象气之分散"①，如果是依附象形，是人舒气。朱骏声从其说。孔广居、林义光认为人笑口分开，故"兑"的本义是"悦"。

认为"兑"的本义是"愉悦"，有道理但无确凿字义证据。好在可以取其确定的佐证来说明问题，即"兑"是已发现的最早表示"锐""悦"义的字，是"锐"或"悦"的本字，二者居一。即使不是"悦"的本字，至少仍说明"悦"的本字或意义不是来自"说"，而"兑"是"说"的本字可能性则更小。因为根据上述分析，"兑"有"愉悦"义，无论是本义"悦"或引申自本义"锐"，都早于"说""悦"的"愉悦"义。甲金文中的"兑"未见"言说"意义，竹简中仅见少量用"兑"表达"说"的例句。以"兑"字出现频率较多的郭店楚简为例，"兑"字共出现27次，表达"说"义的只有3次。

根据造字义理，"愉悦"义应该是"兑"的本义。而根据现有材料，"锐"应该是"兑"的本义，因为"愉悦"义晚见，似乎应该是在"兑"的"锐"义后产生的意义。同时可以确证的是，无论是"兑"的"锐"义在先还是"悦"义在先，其"愉悦"义都早于"言说"义。战国时期，主要用"兑"来表达"愉悦"义，至秦早期，用"说"表达"愉悦"义的用法增加。据此可以确定，"说"的"愉悦"义用法晚于"兑"字。

---

① 于省吾：《甲骨文字诂林》（全四册），姚孝遂按语编撰，中华书局1996年版，第84页。

三、"兑""说""悦"字词关系考辨

（一）《说文》"说"字的"愉悦、谈说"义问题

传世文献中的"说"字常表达"愉悦"义，那么这是"说"的本义、转义还是假借的用法意义呢？有人认为是本义，有人认为是转义。关于后者，有人说来自"兑"的本义"锐"，"迅速"就愉悦；有人说来自"说"的解释义，"开解"或"高谈阔论"就高兴。

北宋徐锴《说文解字系传》："说，说释也。一曰谈说。从言兑声。臣锴曰：说之亦使悦怿也。通论详矣，失雪反。"意思是通过言说就可以使人愉悦。因此，"说"有"言说"和"愉悦"两个意义。清代段玉裁《说文解字注》："说，说释也。说释即悦怿，说悦释怿，皆古今字。许书无悦怿二字也。说释者，开解之意，故为喜悦。采部曰：释，解也。从言兑声。儿部曰：兑，说也。本《周易》。此从言兑会意，兑亦声。弋雪切。十五部。一曰谈说。此本无二义二音，疑后增此四字。别音为失蓺切。"这是基本符合语言事实的，也是后来辞书解注的依据。段玉裁认为许慎的"说释"即"悦怿"，应该是对的，"说"有"悦"的义、音。但解注认为"说"的"谈说"义、音是后加的，却不符合事实。理由有二：其一，根据考察，《说苑》中"说"的言语行为动词词义用法已经非常丰富，而且在此前的著作中，"说"已常用于表示"谈说"义。东汉许慎对西汉刘向《说苑》来自更早古书的"说"义，不会一无所知。其二，根据形义义理关系，"说"既然是"言"字旁，造字之初理应同"言语表达"相关。

"说释"，有的断句为"说，释"，认为"说"重复了。这的确是个问题，可从三个方面来看：一是重复说不符合《说文》的体例，推测可能是失误，但这具有偶然性。二是"说""释"没有转注关系，因为根据考察，当时"说"的本义和基本义都不是"释"义。三是《说文》先解释的应该是本义或基本义。

段玉裁将"说"解释为"悦怿"，从以下证据看是正确的。一是许氏用"说"表达"悦"义，而没有收"悦"字。这符合其收字原则。《说文》收字、解字都依据经典文献，而经典文献中恰恰是用"说"表示"悦"义。而考察结果也证明经典文献中"说"的"悦"义占优势。二是"说"的解释用"释"，而"释"的解释用

"解",前者是基本义,后者是本义。"说"的"释"义和"说释"中的"释",是两个不同的"释",前一个表达"怿"义。那么,为什么用"释"而不用"怿"?许氏在解释"怿"的时候说:"经典通用释。"可见,他是根据经典用义来解字的。总体而言,《说文》在解字时都是尽量给出本义,或参照经典文献常用义。

(二)"兑""说""悦"的字词关系辨析

1. "兑"与"悦"是古今字关系

甲骨文中有"兑"无"悦"。竹简中的"兑"常表达"愉悦"义,"悦"字仅在上博简中出现过三次,也表达"愉悦"义。上博简中的"悦"是在"兑"的左边或右边增加了"心"字,这符合文字演化发展规律,同时也说明"悦"是以"兑"为基础的新造字,"兑"与"悦"是古今字关系。

从文字史的角度看,先秦著作中把"说"用作"悦",表明了"兑"义的分化。但是,由于"说"的"言说"义用量很大,而且"愉悦"义并非本字义项,容易混淆,所以几乎是在同一时期又创造了符合义理的"悦"字。这表明在文字义理规律的作用下记词系统逐渐成熟。

2. "兑"与"说"、"说"与"悦"是假借关系

根据上述分析,也可以大体厘清"兑""说"二字的关系。"兑"造字之初并无"言说"义,那就只有两种可能。一是在"愉悦"义后产生了"说"义,后又新造"说"字来表达,这同"悦"一样。二是"说"就是本字,"兑"是同音字假借。第一种情况只是推理,因为找不到现实的语言证据;第二种情况有两个证据——语言事实和造字义理。

从语言事实看,"说"的产生和使用时间并不比"兑"用作"言说"义晚,且"说"的用例多于"兑",因此两者不大可能是古今字关系。从造字义理看,"说"从"言",属表达"言说"义的词,两者有直接、明确的形义关系。同时,"说"也不可能为"愉悦"等其他意义而造,因为其与"悦"没有直接、明确的形义关系。如果认为"说开"就是"愉悦",那等于说"兑"的"愉悦"义来自"说",但这不符合语言事实,而且理据不足。总之,"说"不等于"说开","说开"也不等于"愉悦"。

如果认可"说"是形声字,那其最初就应该是表达"言说"义的字,而不是表达"愉悦"义的字。如果按《说文》认为"说"是会意字,那就与"兑"的意义有关,而偏旁"言"与"愉悦"义没有直接的关系。如果认为"说"是会意字且表达"愉

悦"义,那么"言说"这一具体意义在"愉悦"这一抽象意义之后,又不符合词义演化规律,以致无法通过比喻、借代引申或其他联系进行转义。故此,认为"说"是"悦"的古字,不符合造字规律。况且,既然"兑"有"愉悦"义,再加"言"表示"愉悦"义,难免有画蛇添足之感。此外,竹简中"说""悦"同用,而"兑"与"悦"又是古今字关系,因此"说"不能同时也与"悦"是古今字关系。综上,笔者认为"说"与"悦"只能是同音假借关系。

"说"最早出现在什么时候,表"喜悦"义还是"言说"义？现有语言事实和字词发展规律都证明是"言说"义。钟名立(1990)、王齐洲(2003)认为"说"最早出现于《尚书·周书·君奭》中:"召公为保,周公为师,相成王为左右。召公不说,周公作《君奭》。"这里的"说"是"悦"义。这表明"说"表达"愉悦"义最早见于《尚书》,而出土的郭店楚简上载有《尚书》也证明了这一观点。

《尚书》中还有"说"表达"言说"义的例子:

(12)龙,朕堲谗说殄行,震惊朕师。命汝作纳言,夙夜出纳朕命,惟允。(《尚书·虞书·舜典》)

(13)封,予惟不可不监,告汝德之说于罚之行。(《尚书·周书·康诰》)

这两例中的"说"都是名词,相当于"言论""说法"的意思。"朕堲谗说殄行"即"我憎恶那些耸动众人的谗言恶行","告汝德之说"即"告诉你关于德政的言论"。可见,"说"表达"言说"义也是较早的,而且后来又有了大量用作"言说"动词的实例,从而在使用的广度和频率上都超过了"悦"义用法。值得强调的是,按照义理演化规律,名词的形成应该晚于动词,历来研究也都不认为一个词的名词义先于动词义形成。

语音上,跟"兑"谐声的字主要是透、定、书、以母字,这些字关系很近。按郑张尚芳的拟音,以母字"悦"构拟成"*lod",定母字"兑"构拟成"*loods",透母字"脱"构拟成"*lhood",书母字"说"构拟成"*hljod","税""说"构拟成"*hljods"。这充分说明了"兑""说""悦"等字的谐声关系以及它们在中古的分化。

综上所述,战国时期,表达"愉悦"义主要使用"兑","说"和"悦"使用得非常少。从《马王堆汉墓帛书》《银雀山汉墓竹简》等文献中,可见两汉时期"兑"

表达"愉悦"义的用例骤减,取而代之的是"说",而使用"悦"的依旧很少。至魏晋南北朝和唐五代时期,"兑"表达"愉悦"义的用例已经消失不见了,"悦"的用例激增,而"说"的用例也大为减少。这说明在先秦时期"说""悦"两字就已产生,只不过产生之初人们仍旧习惯使用古字"兑",原因可能是书写简便及遵循典籍,以致其延续不断。

随着时间的推移,两汉后"兑""说""悦"三字的分工逐渐明确,意义也不再纠缠。从考证结果看,"悦"无"说"义,"说"无"兑"义,因此三字产生的先后顺序应为:兑—说—悦。"说"字产生之初,就承担"言说"义,又被借用来表达"喜悦"义,而"兑"的音、义则与之区隔,专于"聚集""兑换"的音、义及用法。经过一段时间后,"悦"同"说"分立,也不再混淆。

四、结论

甲骨文中有"兑"字,但无"说"字和"悦"字,而且从用例来看,"兑"主要用作"急速""赶快"义。在简帛中,"兑"主要用作"愉悦"义,仅有少数用作"言说"、"锐利"及"解除"义,此外还出现了"说"或"悦"表达"愉悦"义的用例,这说明此时"兑""说""悦"均已出现,且在表达"愉悦"义时可以互通。

"悦"是由形旁"心"、声旁"兑"构成的形声字。"说"也是形声造字,"言"为形旁表意,"兑"只是声旁表音。从词的角度看,"兑"和"悦"是"愉悦"义形容词,"说"是"言说"义动词或名词。从字的角度看,"兑"与"悦"是古今分化字关系,"兑"与"说"、"说"与"悦"是假借用字关系。

如果是假借用法,则不属于"说"的本体词义用法,属于文字借用问题。混淆不属于词本身发展出来的意义用法,可能干扰到对"说"的意义用法的理解。

第二节　《说苑》中"说"的语义分布
及辞书释义问题

战国中后期,说体文产生,其"基本内涵是一种言说方式,它通过某种语言形式达到某种目的"①。刘向作《说苑》"以著述当谏书",反复强调"说"的重要性,将"说"提升到尊君、重身、安国、全性的高度,认为"辞不可不修,说不可不善"。作为中国古代语言艺术的集大成者,《说苑》取材十分广泛,上自周秦诸子,下至汉人杂著,集百家之说,成一家之言,可谓是中国历史上一部里程碑式的著作。

关于《说苑》的研究,除校勘、书证及注译外,清代以前仅有一些点评式的议论,注重的是对史实及人物、事件、年代的考订。从 20 世纪 80 年代开始,对《说苑》的学术研究逐渐兴起,并主要集中在文献考据、文体归类、艺术特色、文学价值、思想内容等方面,仅马彪等少数学者尝试从语用学的角度探究了《说苑》中的语言艺术。其语言学方面的成果主要集中在对《说苑》中某一词类的专题研究上,如对代词、动词、语气词、副词以及实词转类等相关问题的研究;词汇方面的成果主要集中在对《说苑》中的复音词、同义词、反义词等的研究上。而以《说苑》为对象探讨汉字的历时演变规律以及辞书释义问题的相关研究则较为少见。

之所以要以《说苑》为主要考察对象,一是因为其推重谈说,涉及了言说词语的诸多方面;二是因为其并非一家之"说"、一时之"说",兼有历时传承和共时分布的代表性。据此,我们可以明辨"说"的实际词义和用法。

一、《说苑》中"说"的意义用法考察

笔者对《说苑》中的"说"进行了全面考察,涉及"说"的不同读音、意义、词类。先考察"说"的意义和用法,然后分析与其对应的词的词类义项。

《说苑》中的"说"共出现了 106 次②,有言说意义用法,还有非言说意义用法。言说意义是指与言说相关的意义,既包含"说话"这一行为,也包含言说内容、言说主体等名词意义。非言说意义是指不表达"言谈""话语"的意义。

(一)"说"的言说意义用法

在《说苑》中,"说"表达的与言说相关的意义主要有 7 类:(1)劝说、游说;

①　周瑾锋:《说、说体文与小说》,《文艺理论研究》2015 年第 4 期。
②　不包含"说苑"标题、"善说"章题及人名"傅说"4 例。

(2)解释、说明;(3)陈述、谈论;(4)原因、理由、说法;(5)观点、学说;(6)言论、言辞;(7)说客。前6个是"说"的固定义,最后一个是"说"的临时义。其中,表达"劝说、游说""解释、说明""陈述、谈论"义的是动词用法,表达"原因、理由、说法""观点、学说""言论、言辞"义的是名词用法。"说客"义,是动词活用为名词。

1."劝说、游说"义用法

用作"劝说、游说"义的"说"是出现最多的,共32次。例如:

(1)夫高明至贤,德行全诚,耽我以道,说我以仁,暴浣①我行,昭明我名,使我为成人者,吾以为上赏。(《说苑·复恩》)

(2)陆生至,尉佗椎结箕踞见陆生。陆生因说佗曰:"足下中国人,亲戚昆弟坟墓在真定……"(《说苑·奉使》)

(3)是疵必为赵说君,且使君疑二主之心,而解于攻赵也。(《说苑·权谋》)

(4)子渡河中流而溺,不能自救,安能说诸侯乎?(《说苑·杂言》)

例(1)、例(2)可以解释成"劝说","说我以仁"即"用仁爱来劝说我","说佗曰"即"劝尉佗说"。例(3)、例(4)可以解释成"游说","为赵说君"即"为了赵国游说国君","说诸侯"即"游说诸侯"。"劝说"和"游说"的意义差别不大,只是"游说"义更具专用性,而"劝说"义则更具普遍性,且相对而言更口语化。它们在用法上的共同特点是绝大多数都可以带宾语,且宾语是表人的名词或代词。

2."解释、说明"义用法

用作"解释、说明"义的"说",共出现8次。例如:

(5)秦始皇帝大怒曰:"令之前!若何以言我行桀、纣之道也?趣说之,不解则死。"令之对曰:"臣请说之……"(《说苑·至公》)

———

① 《韩诗外传》作"变化"。朱起凤《辞通》云:"'变化'作'暴浣',并草书形近而讹。"

(6)吾不知越歌,子试为我楚说之。(《说苑·善说》)

上述两例中"说"的意义都是"解释、说明",做谓语。不过,例(5)要求解释原因、说明理由,"趣说之"即"快解释清楚理由",而例(6)则要求解释词语意义,"吾不知越歌,子试为我楚说之"即"我不懂越国的歌,请你试着为我用楚国的话解说它"。

3."陈述、谈论"义用法

用作"陈述、谈论"义的"说",共出现7次。例如:

(7)夫说者,固以其所知谕其所不知,而使人知之。今王曰"无譬",则不可矣。(《说苑·善说》)

(8)文公曰:"善哉! 说之!"(《说苑·政理》)

以上两例中的"说"都是"陈述、谈论"的意思。例(7)强调说话人只有通过形象比喻才能使人明白自己的认知,这里的"说"既可以是"劝说、游说"义也可以是"解释、说明"义,作为动词与"者"组成"者字结构"充当主语。例(8)中的"说之"就是"讲下去"的意思,做谓语。

以上为"说"的动词意义及用法。

4."原因、理由、说法"义用法

在"说"的名词用法中,表达"原因、理由、说法"义的出现得最多,共10次,主要做主语或宾语。例如:

(9)非君父子也,此亦有说乎? (《说苑·复恩》)

(10)某某也,日吾二子者朝乎成王,见周公,三见而三笞,其说何也? (《说苑·建本》)

(11)"……寿王有说则生,无说则死。"对曰:"臣寿王安敢无说……"(《说苑·善说》)

(12)武王忿然曰:"汝言有说乎?"(《说苑·指武》)

例(9)、例(10)中的"说"都表达"原因、理由、说法"义。例(9)的"说"是

"有"的宾语,"非君父子也,此亦有说乎"即"他不是您的父亲或儿子,这样哀痛有什么说法吗"。例(10)的"说"做主语,指这件事的原因,"见周公,三见而三笞,其说何也"即"拜见周公,见了三次被鞭打了三次,这该有什么说法吧"。例(11)、例(12)中的"说"也都表达"原因、理由、说法"义,其中例(11)是汉武帝和寿王的对话,三个"说"均是"理由"的意思,做宾语,"有说则生,无说则死"即"有理由就能活,没有理由就要被杀";例(12)的"说"也做宾语,"汝言有说乎"即"你的话有理由吗"。

5."观点、学说"义用法

这里的"观点、学说",主要指已形成或初步形成的认识谋划、理论体系。用作"观点、学说"义的"说"共出现9次,主要做主语或宾语。例如:

(13)祁射子见秦惠王,惠王说之,于是唐姑谗之。复见惠王,怀怒以待之。非其说异也,所听者易也。(《说苑·杂言》)

(14)苏秦行其说而六国以安。(《说苑·善说》)

(15)衣新而不旧,则是修也;仓庾盈而不虚,则是富也。为之奈何?其说可得闻乎?(《说苑·善说》)

例(13)中第二个"说"的意思就是"学说","非其说异也,所听者易也"即"并不是他的学说前后不一,而是听话的人改变了态度"。例(14)意为苏秦善于推行他的独到见解(合纵抗秦策略),六国因此安宁,"说"做宾语。例(15)的"说"表达"观点"义,"其说可得闻乎"即"道理可以讲来听听吗"。

6."言论、言辞"义用法

这里的"言论、言辞",主要指说话人所说的话。用作"言论、言辞"义的"说",共出现8次。例如:

(16)……今子之说,足以动寡人之心,又不危加诸寡人,故吾将用子之谏。(《说苑·正谏》)

(17)向使福说得行,则无裂地出爵之费,而国安平自如。(《说苑·权谋》)

上述两例中的"说",意思都是"言论、言辞",其中例(16)指(诸御己)对自己讲的话,例(17)指徐福曾经说过的话。

7."说客"义用法

在《说苑》中,"说"还有一例词类活用现象:

(18)河水间耳,君不能自渡,能为王者之说乎?(《说苑·杂言》)

这里的"说"是动词临时用作名词,表达"说客"义,在句中做宾语,"王者之说"即"王者的说客"。

综上可知,做谓语、带宾语的"说(shuō)",是动词;做主语或宾语的"说(shuō)",是名词。就词的演化、发展历史来看,名词和动词并不是单向、孤立发展的,很多名词都是由动词指称化演化而来的,即借"说"的行为代指所说的话语内容,如所说的"言论""理由"等。

(二)"说"的非言说意义用法

《说苑》中"说"的非言说意义用法,共出现31例,占比为29.25%。"说"的这种用法可以分两类:表达"悦"义的是心理类形容词用法,表达"脱"义的是解除类动词用法。

1.心理类形容词用法

"说"用作心理类形容词共出现29次,占比为27.36%。例如:

(19)景公说,遂归,中道闻国人谋不内矣。(《说苑·正谏》)

(20)翟黄作色不说曰:"触失望于先生。"(《说苑·臣术》)

(21)宣王曰:"国无士耳,有则寡人亦说之矣。"(《说苑·尊贤》)

(22)孔子谓宓子贱曰:"子治单父而众说,语丘所以为之者。"(说苑·政理)

以上四例中的"说"都用作"悦"。其中,例(19)的"说"形容内心"愉悦",

"景公说"即"景公高兴";例(20)中"说"的用法在古汉语中常见,表达有外在表现的"高兴"义,受否定副词"不"的修饰,"翟黄作色不说曰"即"翟黄变了脸色,不高兴地说";例(21)的"说"表示(为之)"喜悦",带宾语,"国无士耳,有则寡人亦说之矣"即"国内没有贤士,如果有我也会喜欢他们的";例(22)的"众说"即"百姓心悦诚服"。

2.解除类动词用法

"说"的解除类动词用法共出现2次,占比为1.89%。例如:

> (23)将虐于王身,以令尹、司马说焉,则可。(《说苑·君道》)
> (24)……芈姓是嗣,王太子又长矣,执政未易,事君任政,求说
> 其侮,以定嗣君,而示后人。(《说苑·正谏》)

这两例中的"说"皆是"脱"的意思,表达解除行为。其中,例(23)的"说"是"摆脱"义,做谓语,"将虐于王身,以令尹、司马说焉,则可"即"将有害于大王的身体,让令尹、司马二人代替您解脱这个灾祸,就可以避免";例(24)的"说"是"消除"义,做动语,带宾语"其侮","求说其侮"即"祈求摆脱受到的侮辱"。

二、《说苑》中"说"的语义分布及演变路径

(一)"说"的语义分布

根据上述考察,可以得出《说苑》中"说"的意义用法分布情况。同时,根据是否同言说意义相关,又可将"说"的意义概括为言说意义和非言说意义。此外,按照意义和用法,《说苑》中的"说"可以划分为不同义项,依据语法功能又可以划分为不同词类。具体情况见表1-1。

表 1-1　《说苑》中"说"的意义用法分布统计

各义项用法分布(106 例)	言说意义用法(75 例)							非言说意义用法(31 例)	
	言说动词(47 例)			言说名词(28 例)				心理类形容词	解除类动词
义项	劝说游说	解释说明	陈述谈论	原因理由说法	观点学说	言论言辞	说客	"悦"义	"脱"义
出现次数	32	8	7	10	9	8	1	29	2
各义项占比/%	30.19	7.55	6.60	9.43	8.49	7.55	0.94	27.36	1.89
各类占比/%	44.34			26.41				29.25	

(二)"说"的言说意义分析

由表 1-1 可知,"说"的言说动词用法共有 47 例,占比为 44.34%。其中,出现次数最多的是"劝说、游说"义,用于表达劝谏(祈使)言语行为。"游说"的语义程度重于"劝说",是一种有准备的对于重大事项的劝说,其读音后来有所变化。次之为"解释、说明"义,用于表达解说、告知(陈述)言语行为。最少的是"陈述、谈论"义,用于表达言谈(说话)言语行为。

"说"的言说名词用法共有 28 例,占比为 26.41%。其中,出现次数最多的是"原因、理由、说法"义。次之为"观点、学说"义,这个意义较为抽象,是指某方面的"理论、认识"。再次是"言论、言辞"义,这个意义是指"谈论的话语"。

与"言"主要表达"说话动作"不同,"说"更侧重于"说解明理",因而在"解说""劝说""谈说""论说"等动词意义上又产生了"理由""言论""学说""观点"等名词意义。至于"说"的"说客"义,明显来源于"劝说"义,转而指"劝说的人",是一种临时性的名词用法。

"说"的"言论、言辞""原因、理由、说法""观点、学说""说客"名词意义,可能分别来源于"陈述、谈论""解释、说明""劝说、游说"动词意义,具体关系如下:

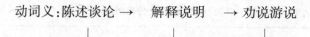

动词义:陈述谈论 →　解释说明　→ 劝说游说
　　　　　 ↓　　　　　 ↓　　　　　 ↓
名词义:言论言辞→ 原因理由说法 → 观点学说 → 说客

词的新义发展遵循从无到有、从小到大的规律,此即词义演化义理。词义演化义理是指借助语用修辞,通过从无到有、从少到多的意义联系转化出更多的新义项。"说"的"无(内容)少(义项)"用法体现的就是"陈述、谈论"义,主要表达言说动作行为;"说"的"有(内容)多(义项)"用法体现的就是由言说动作行为产生了内容义,即由简单到复杂了。例如,"说"的"陈述、谈论"义就是由动作行为转为表达内容或形式,并且是通过借代修辞手段完成的。再如,借代"说"的动作"表达形式(话语符号)",产生了"言论、言辞"义;借代"说"的动作"表达内容"和"实现行为",产生了"解释、说明""劝说、游说"义;借代"说"的"解说""劝说"义的依据,产生了"原因、理由、说法"义,进一步在此基础上又形成了"观点、学说"义。

此外,语用使"说"的"解释、说明""劝说、游说"义还分别兼有了"陈述""祈使"义,这是语用义,用于辅助解释词语。

(三)"说"的非言说意义分析

"说"的非言说意义用法有"悦"和"脱"两个,共出现 31 次,占比为 29.25%。在用法上,表达非言说意义的"说"与表达言说意义的"说"截然不同。

《说苑》中表达"悦"义的"说"共出现 29 次,占比为 27.36%,这是"说"的形容词用法。前文已述,在"说"的言说意义用法的发展演变中,意义关联都可见到,而"悦"义却与"说"的其他任何义项都没有直接联系。至于"说"与"悦"的关系,有学者认为是古今字关系,也有人认为是通假关系,还有人认为两者既非古今字又非通假字,而实为一字。

"脱"虽然也属动词,但意义同"说"的其他义项差异较大。有学者认为其意义似与"说"的"开解"义相关,可以看作"说"分化出来的义项,后由新造的"脱"字承担。不过从考察结果看,"说"并没有"开解"义。如果"脱"字是由"解说"等义项分化产生的话,也不符合造字义理,因为其间既无形义关联也无转义关系。况且,《说文》未收"悦"而收了"脱",这说明早有"脱"字,至少其比"悦"还多用。首先,《说文》释义:"【肉部】脱,消肉臞也。从肉兑声。徒活切。"

《说文解字注》:"消肉臞也。消肉之臞,臞之甚者也。今俗语谓瘦太甚者曰脱形。"可见,"脱"与其本义的形义对应,符合造字义理,如果是来自"说"的所谓"开解"义,则其义符也没有理由从"肉"。比如,"蚕蜕""蜕变"的"蜕"就用"虫"做义符。其次,《说文》及其注解都认为"脱"的意义是"消瘦少肉",这与现在说一个人瘦得"脱形""脱相"意义一致。因此,"脱"字并非为"开解"或"脱离"义所造,恰恰相反,"开脱"义应该来源于"消瘦少肉"义。按照造字表词的一般规律,文字最初表示的词义都是比较具体的,甚至是形象的,之后才逐渐表示抽象、虚化的意义。可见,《说文》解注的恰是"脱"字具体形象的本义,而"摆脱(责难)""消除(侮辱)"等相对抽象、虚化的意义应该是后起的比喻转义,用具体喻抽象。

综上所述,从"说"在《说苑》中的语义分布及演变路径来看,《说苑》所阐释的"谈说之术"中多有诸子百家的谈说精华及各类格言警句,因此统以"谈说"名其义是符合《说文》释义要旨的。而这也暗合了"说"在《说苑》中出现的两大要义:言说意义和非言说意义。两者使用率相当,其中言说意义都可归于"谈说",包括"解释、说明",非言说意义主要用于"悦"。

三、"说(shuō)"与"说(shuì)"的音义问题

"说(shuō)"与"说(shuì)"的音义分化是由同一个词的意义变化导致的。汉代辞书及注疏皆无"说(shuì)"音,唐代陆德明《经典释文》第一次记载了"说(shuì)"音的反切。《庄子·逍遥游》:"客得之,以说吴王。"陆德明将"说"释义为"始锐反","又如字"。"如字",是指该字原来的本音。这表明当时的"说"除读"(shuì)"音外,还读它的本音"(shuō)"。据此,《说苑》及其面世之前的"说"都应读"(shuō)",但在实际使用中却容易出现混乱,而这不利于其意义用法的辨识,因此还有具体问题需要辨析,以免混淆。

"说(shuō)"与"说(shuì)"的区别体现在意义和用法两个方面。意义上,如果"说(shuō)"与"说(shuì)"的意义明确不同,则读不同的音;如果有牵连,则读音不变,仍旧是"说(shuō)"。如果两者有意义牵连的话,比如既可以解释成"劝说、劝谏",也可以解释成"说理、辩说"等,而"劝说、劝谏"义又是"说"义的一个部分,这时部分意义就要从属于整体意义。换言之,当"说"既可表达"劝

说、劝谏"义又有其他意义的时候,应取其全面的概括性意义并读"(shuō)",而不读"(shuì)",否则就是以偏概全。例如:

(25)说之不行,言之不从者,其辩之不明也。(《说苑·善说》)

(26)智足以饰非,辩足以行说,反言易辞而成文章;内离骨肉之亲,外妒乱朝廷;如此者,谗臣也。(《说苑·臣术》)

这两例的"说(shuō)"都是名词,但容易理解为动词"说(shuì)",而偏向"劝说、劝谏"义。其中,例(25)"说之不行"的意思,既可以指"学说、论辩、解说"等理论、见解不行,也可以指通过说理、论辩进行的"劝说、劝谏"不行;例(26)的"说"做"行"的宾语,是"见解、学说"的意思,"辩足以行说"即"论辩才能进行游说",不可以只理解成"劝说、劝谏"行为。

用法上,"说(shuō)"与"说(shuì)"可从两个方面加以区分。一是"说"在古代汉语中的名词用法都读"说(shuō)",做主语、宾语或者主语、宾语的中心语,而读"说(shuì)"时则几乎没有名词用法,偶尔出现可以视为动词临时活用为名词的用法,但在这种情况下也不读"说(shuì)"。比如,"说客"的"说"就要读"说(shuō)",例18"能为王者之说乎"的"说"也要读"说(shuō)"。

二是古代汉语中"劝说、劝谏"义以外的动词"说(shuō)"与"说(shuì)"也容易混淆,而从组合搭配上辨析,两者其实有明显的区别。例如:

(27)夫差将死,使人说于子胥曰:"使死者无知,则已矣;若其有知,吾何面目以见员也!"(《国语·吴语》)

这里的"说"是动词,不带宾语,表达"告知"义,属于"说(shuō)"的意义用法。"使人说于子胥曰"即"让人对子胥说"。

与现代汉语不同,《说苑》中的"说(shuō)"虽然有动词用法,但是很少带宾语,而且带宾语时只带指物宾语,这样的例子有二:

(28)文公曰:"善哉! 说之!"(《说苑·政理》)

　　(29)昔齐桓公得管仲、隰朋,辩其言,说其义,正月之朝,令具

大牢,进之先祖。(《说苑·君道》)

　　例(28)的"说"是"说话"的意思,"之"是代词做宾语,代替要说的内容。例(29)的"说"是"解释"的意思,"其义"是"说"的宾语,"说其义"即"解释其中的意义"。

　　由上述例子可知,"说"的动词用法可以是"说(shuō)",也可以是"说(shuì)",其中不带宾语或者带指物宾语的是"说(shuō)",带指人宾语的则是"说(shuì)"。

　　总之,"说(shuō)"和"说(shuì)"的边界有时虽然模糊,但两者还是有区别的。在《现代汉语词典》中,"游说"的"说"读"(shuì)",释义为:"原指古代叫作'说客'的政客,奔走各国,凭着口才劝说君主采纳他的主张。后泛指劝说别人接受某种意见或主张。"而《现代汉语词典》自试印本至第7版的八个版本,均将"说客"注音为"shuōkè(旧读 shuìkè)",且释义为:"①善于劝说的人。②替别人做劝说工作的人(含贬义)。"也就是说,"劝说"义的"说"往往读"(shuì)",但"劝说"中的"说"也读(shuō),因而"劝说者"叫作"说(shuō)客"是顺理成章的。事实上,"说客"也可以称为"替人说话的人",如为人讲情、消除矛盾的人。这里的"说"广义看也是一种说理,古今差异不大。

　　综上所述,《说苑》中出现的"说苑""善说""谈说之术""说之不善"的"说",无论是名词性还是动词性的,都应该是"说(shuō)",而不是"说(shuì)",也不能读为"shuì"。

四、兼谈《汉语大词典》"说"的释义问题

　　《说苑》探索了先秦时期的"谈说之术",是"善说"经典的集大成之作,但是《说苑》前后的"辞书"对于"说"的意义标注有所不同,这也许是后来对"说"的意义众说纷纭的原因。以《汉语大词典》为例,"说"的意义分为"shuō""shuì""yuè""tuō"四类,其中"shuō"的意义有16个,"shuì"的意义有2个,"yuè"的意义有5个,"tuō"的意义有3个,基本涵盖了《说苑》中"说"的动词意义用法。但是,《汉语大词典》中"说"的名词意义只有"话语""学说、观点""经书的注

解""意思、意义""文体名""古代墨家逻辑的名词""祭名",以及现代汉语意义
"说明的文字"共8个义项。"话语"义项同《说苑》中"言论、言辞"义接近。"说
苑"这一书名可以对应"经书的注解"义项,是一种文体,只不过"说苑"的"说"
不是解释经文的,而是解读"谈说精粹"的,当然其中也包括出自经文的内容。
但是,《说苑》中的"原因、理由、说法"义在《汉语大词典》中并无对应义项,而其
又是《说苑》中"说"的名词用法使用情况最多的,如"'……寿王有说则生,无说
则死'。对曰:'臣寿王安敢无说……'"中的三个"说",非常明显是"理由"的意
思。而且,这种用法在先秦西汉典籍中已经频繁出现。例如:

（30）简子艴然作色曰:"寡人之无使,而身自将是众也,子亲谓
寡人之无能,有说则可,无说则死。"(《吕氏春秋·贵直论》)

（31）平公勃然作色曰:"珠玉之所藏也,国之重宝也,而天火
之,士大夫皆趋车走马而救之,子独束帛而贺,何也? 有说则生,无
说则死!"公子晏子曰:"何敢无说……"(《韩诗外传》)

（32）王忿然作色曰:"王者贵乎? 士贵乎?"对曰:"士贵耳,王
者不贵。"王曰:"有说乎?"斶曰:"有。昔者……"(《战国策·齐策
四》)

例(30)中的"有说则可,无说则死"与例(31)中的"有说则生,无说则死"都
是"有理由可以活,没有理由就要被处死"的意思。例(32)的"有说乎"即"有理
由吗"。

上述例子中的"说"都是"原因、理由、说法"义,相当于"辞"的"借口、理由"
义。当然,也可以将"说"理解为"解释、说明"义,充当动词宾语,但较之"原因、
理由、说法"义,还是稍显逊色。既然《古代汉语词典》可以收入"辞"的"借口、
口实"义项,建议《汉语大词典》也收入"说"的"原因、理由、说法"义项。《汉语
大词典》中词的"义项"是根据词在文献中体现出来的不同义类而归纳、提炼并
加以分列的。可见,文献是词典编纂与修订所依据的最重要的基本材料,不应
该忽视文献中"说"的用法。

第二章 《说苑》谈、说相关字词意义及语用功能考辨

《说苑》中的言说动词不仅反映了汉代的用法，还反映了汉代之前特别是诸子百家的用法。因此，对《说苑》中言说动词的词义、句法功能、语用功能（言语行为）进行考辨，同时对照所引用的前代文献，可以窥见《说苑》言说动词的演变规律。

第一节　"谈""说"类言说动词语义分布与使用分析

一、言说动词相关研究

言说动词是表述言说行为的一类特殊动词。这一概念提出得相对较晚，尹世超（1985）第一次指出"全能"动词里面含有一个"表示言语行为的"小类，如"说""询问""告发""表白"等。王莹（2005）指出，言说动词的语义特征系统有［＋行为］、［＋述人］、［＋自主］、［＋言语］四种。吴剑锋（2009）认为，言说动词具有［＋属人］、［＋言说］、［＋意向性］等语义特征。但一般来说，言说动词

会支配三个必有的语义成分,即言说行为的主体——施事、言说行为的客体——与事、言说的内容——受事。

目前学界关于言说动词的研究主要体现在四个方面。

(一)古代汉语言说动词研究

关于古代汉语中言说动词的研究主要集中在对个别言说动词的研究上。汪维辉(2003)详细分析了"说""话""讲"等言说动词的历时演变问题,描绘了"言"和"语"、"云"和"曰"、"谓"和"说",以及"道""讲""话"等言说动词的发展路径及用法区别,讨论了现代汉语方言"说类词"的分布情况,并通过历时与共时的对比,揭示了汉语基本词汇的发展变化规律。李明(2003)考察了汉语史中言说动词向认知动词的引申现象。郭颖洁和李诗(2011)从"曰""言""说"所具有的"说话"这一基本词义入手,阐释了三者的起源、语义及用法区别,并分析了三者在使用上逐渐分化的原因。张赪和崔越(2017)对《诗经》中"曰""言""云"三个言说动词的虚化用法做了穷尽考察,指出它们都有篇章的连接、标记功能,可以说讨论的是言说动词的非言说用法。谷峰(2007)对上古汉语中言说动词"云"的语法化动因进行了考察,并探讨了其语法化的过程和路径。刘燕(2020)考察了《论语》中20个言说动词的分布和使用情况,按照语义特点和语用功能将其分为"'说'类""问答类""告知类""劝告类""命令类""称赞类""议论类"七个类别,并且认为《论语》作为语录体著作,在记录话语的时候,使用了不同的言说动词来表达不同的言语行为,而且用意义相近的言说动词来表达相同的言语行为。此外,刘燕还发现"谈说"和"求问"这两种言语行为是《论语》中出现频率最高的;类似"议"与"论"、"命"与"令"这样意义和用法都十分接近的词语,在语言演变过程中逐渐合并为一个词了。

(二)现代汉语言说动词研究

关于现代汉语中言说动词的研究相较而言更丰富一些,并逐渐呈现出专题化、全面化、规模化、创新化特点。自尹世超(1985)第一个提出汉语里有一个"表示言语行为的"动词小类这一概念后,李英哲(1990)又将其看成是心理动词的一个小类。两位学者虽然对"言说动词"概念的提出做出了突出贡献,但却没有将言说动词作为一个独立的研究对象进行研究。

最早从言语行为理论出发对汉语中的言说动词进行研究的学者是刘大为（1991）。他分析了言说动词和言说动词句，尤其是通过分析言说动词句的三种类型，即言语行为的被述句、言语行为的实示句和言语行为的自述句，指出了言说动词句具有不同的交际功能。吴剑锋（2008）认为，词汇层面上存在一些特征最为明显的元语用标记语——言语行为动词。在一定的句法语用条件下，它们描写了正在实施的言语行为。此外，还有多位学者从认知语义方面考察了言说动词，如金娜娜（2009）、王菲（2014）等。

值得关注的是，也有学者在动词配价的研究中涉及了言说动词研究，其中较具代表性的是范晓和胡裕树（1996）、陈昌来（2002）、徐峰（2004）等。

（三）方言及民族语言言说动词研究

学界也有一些关于方言中言说动词的研究，重在探讨言说动词的语法化问题，而对言说动词的"言说"用法进行分析的并不多见，如：方梅（2006）研究了北京话里的言说动词"说"的语法化问题；林华勇和马喆（2007）对廉江方言（属高阳片粤语）中已经虚化了的"讲"的意义和功能进行了考察；黄燕旋（2016）对揭阳方言中的言说动词"呾"的语法化问题进行了研究；周娟（2018）对新化方言中的言说动词"讲"的虚化及其制约因素进行了探讨；周敏莉（2016）研究了新邵湘语中的言说动词"喊"的语法化问题；施伟伟（2015）对宁波方言中"讲"的传信功能及语法化问题进行了分析；等等。此外，王健（2013）通过探讨言说动词与"意外范畴"的关系，认为从言说动词语法化而来的"意外范畴"标记应该广泛存在于汉语方言中。

学界关于民族语言中言说动词的研究，重点也在其语法化问题。比如，赵明鸣（2013）、麻晓芳（2018），就分别探讨了突厥语、西夏语中言说动词的语法化问题。

总的来看，上述这些研究的特点为研究的主要是方言或民族语中的某一个或几个言说动词的语法化问题，并没有针对言说动词的系统性研究。

（四）言说动词的汉外比较及对外汉语教学研究

国内外学者对言语行为做了较多比较研究，早期的研究多集中在汉英言说动词的对比上。钟守满（2004，2005，2007）采用定量选取言说动词的方式，分别对汉英言说动词进行了语义特征描写,其研究成果是从汉英对比的角度分析言说动词的代表。查普尔(2008)通过对比汉语和其他语言,总结了语法化了的言说动词所具有的12种功能。近年来,关于言说动词的对比研究已经扩展到了多语种、多领域。比如,常颖(2008)对汉俄"问答类""交互类""祈使类""情感类"等六大类言说动词的语义进行了比较研究,并做了义素分析表。郑青(2011)、芦茜(2015)对日语中的言说动词进行了探究。阮垂玲(2016)对汉越言说动词进行了对比研究。欧亚美(2010)从对比的角度对汉英言说动词进行了认知结构分析,并探讨了认知结构对于英语学习者习得言说动词的启示。李现云(2015)基于语料库,对汉英言说动词的词汇化模式进行了对比研究。

此外,还有少数学者就言说动词的对外汉语教学进行了研究,如王梓秋(2015)、张君(2016)、赵焕(2019)等。

二、《说苑》言说动词研究

关于《说苑》中动词的研究,如朱文豪(2008)探讨了《说苑》中的心理动词的语法功能及其做谓语时宾语、状语的情况,但是仅限于对所选例句进行分析,没有指出《说苑》中的心理动词的特点。郭亚丽(2010)整理了《说苑》中的593个双音节动词,并通过逐一分析其特点和用法形成了《〈说苑〉双音节动词词典》(尚未正式出版),认为《说苑》中大量出现的双音节动词为汉语的双音化发展奠定了基础。廖亚君(2014)将《说苑》中的1906个动词按义项分为身体动作类动词、心理活动类动词、社会活动类行为动词、现象与状态类动词、关联类动词和自然环境变化类动词六大类,并分别加以描述和解释,从而不仅揭示了《说苑》动词的大体特点及其所反映的时代的语言和社会特征,而且得出了表示言说意义的动词大多应归入"社交活动类行为动词"的结论。

上述研究将《说苑》中的动词基本收集齐全,也进行了一定的论述和整理,但是未见将言说动词作为研究对象来分析的内容,甚至也没有提出"《说苑》言说动词"这一概念。

本书从《说苑》中表示言说意义的动词入手,在分析它们特点的基础上,研究了不同的言说动词所表达的不同言语行为,进而对相关言域的语用学思想进行了探究,以期通过解析汉代之前的言说动词系统,展现《说苑》的重要语言文化价值。

按照语义特点和语用功能,《说苑》中的言说动词可以分为"谈说类""问答类""告知类""劝告类""命令类""称赞类""议论类"七大类。本书选取了 10 个表达"谈说"意义的言说动词进行分析,分别是"曰""言""说""云""语""论""述""谈""道""讲"(使用情况见表 2-1)。

表 2-1　《说苑》中"谈说类"言说动词使用情况

名称	曰	言	说	云	语	论	述	谈	道	讲
数量	2460	376	106	49	41	6	5	5	4	1

注:统计的只是表达言说意义的用例。

(一)《说苑》中"曰"的语义分布及使用分析

"曰"是《说苑》中最常见的言说动词,主要表达"说"的意义,常与人名构成"人名+曰"这种主谓结构,也可以和名词、其他动词或动词短语连用,构成"对曰""辞曰""故曰""问曰""《诗》曰""《易》曰""《春秋》曰""传曰""顾曰""谏曰""祝曰""应曰""闻之曰""歌之曰""谓之曰"等结构。"曰"的这些用法也是古籍中出现最多的,自甲骨文至近代汉语从未间断。

《说苑》中的"曰"还可以表达"叫、称为"的意义。例如:

(1)春祭曰祠,夏祭曰禴,秋祭曰尝,冬祭曰烝。(《说苑·修文》)

(2)八荒之内有四海,四海之内有九州。天子处中州而治八方耳。两河间曰冀州,河南曰豫州,河西曰雍州,汉南曰荆州,江南曰扬州,济、河间曰兖州,济东曰徐州,燕曰幽州,齐曰青州。(《说苑·辨物》)

例(1)是对四时之祭名称的解释,这种用法早在甲骨文中就已出现,如"帝于东方曰析,风曰劦"(《合集》14295),"帝于南方曰㣇,风夷"(《合集》14295),"帝于西方曰彝,风曰彝"(《合集》14295),"帝于北方曰伏,风曰殴"(《合集》

14295）等，这里的"曰"用法和例（1）一样，都是"叫、称为"的意思。例（2）是对地理知识的论述，其中的"曰"也只能解释为"叫、称为"。

《说苑》中的"曰"也可以表达"是"的意义。例如：

> （3）天子之赠，乘马六匹，乘车；诸侯四匹，乘舆；大夫曰参舆；元士、下士不用舆。（《说苑·修文》）
>
> （4）晨鸣曰"发明"，昼鸣曰"保长"，飞鸣曰"上翔"，集鸣曰"归昌"。（《说苑·辨物》）

例（3）记叙了丧礼中关于舆马的规约：天子用六匹马的大车，诸侯用四匹马的小车，大夫用三匹马的小车，元士、下士不用车。例（4）是天老对凤凰叫声的描述：早晨的叫声是"发明"，白天的叫声是"保长"，飞行时的叫声是"上翔"，聚集时的叫声是"归昌"。①

"曰"的这个意义同"叫"很接近，但又有所区别。"叫"的含义是"名称是""称其为"，而"曰"表达"是"的意义时却不可以解释为"名称是""称其为"，只能解释为"是"。

《说苑》中的"曰"也可以表达"回答"的意义。例如：

> （5）夫智者何以乐水也？曰：泉源溃溃，不释昼夜，其似力者；循理而行，不遗小间，其似持平者……夫仁者何以乐山也？曰：夫山……草木生焉，众物立焉，飞禽萃焉，走兽休焉，宝藏殖焉，奇夫息焉……（《说苑·杂言》）

例（5）起始发问：智者为什么喜欢水？继而又进行了回答，这里的"曰"表达"回答"义，后面都是所回答的内容。

> （6）舆马、束帛、货财、衣被、玩好，其数奈何？曰：天子乘马六

---

① 四句皆是对凤凰叫声的模拟，"发明"意为"天已明"，"保长"意为"保长久"，"上翔"意为"高飞翔"，"归昌"意为"归昌盛"。

匹,诸侯四匹,大夫三匹,元士二匹,下士一匹。天子束帛五匹,玄
三,纁二,各五十尺;诸侯玄三,纁二,各四十尺;大夫玄一,纁二,各
三十尺;元士玄一,纁一,各二丈;下士彩、缦各一匹;庶人布、帛各一
匹。(《说苑·修文》)

例(6)记叙了丧礼中关于舆马等的规约,先问:车马、束帛、财物、衣被、玩好
的数量应该是多少? 接着做了回答:天子乘马六匹,诸侯四匹……

例(5)和例(6)的整段内容都只是叙述,既没有发问者也没有回答者出现,
所以其中的"曰"解释为"回答"更为恰当。其实,"曰"的"回答"义也是"说"义
的延伸,都是开口说话。

值得注意的是,"曰"解释为"回答"意义,都是在无主语的情况下;在有主
语或者说话人明确的情况下,"曰"都解释为"说"。例如:

(7)董安于治晋阳,问政于蹇老。蹇老曰:"曰忠,曰信,曰敢。"
董安于曰:"安忠乎?"曰:"忠于主。"曰:"安信乎?"曰:"信于令。"
曰:"安敢乎?"曰:"敢于不善人。"董安于曰:"此三者足矣。"(《说
苑·政理》)

例(7)为董安于和蹇老的对话。其间,连续的五个"曰"前均未出现主语,
但是通过上下文语境可以确定说话者是董安于还是蹇老,故在翻译的时候可以
把主语补全,形成"人名+说"结构。

(8)魏武侯问"元年"于吴子,吴子对曰:"言国君必慎始也。"
"慎始奈何?"曰:"正之。""正之奈何?"曰:"明智。""智不明何以见
正?""多闻而择焉,所以明智也。"(《说苑·建本》)

例(8)是魏武侯与吴子的对话,中间不仅省略了"曰"前的主语,甚至连
"曰"也可以省略。但是,这并不妨碍我们将主语补出来。

(二)《说苑》中"言"的语义分布及使用分析

"言"在《说苑》中出现的频率也是比较高的,表达言说意义的"言"共出现

了 376 次,其中动词用法 183 例(见表 2-2),名词用法 193 例(见表 2-3)。

《说苑》中"言"的动词用法分析如下:

表 2-2　《说苑》中"言"的动词用法使用情况

意义	说话 陈说	就是说 意思是	议论 谈论	称呼 称为	表达	进言	举荐 推荐
数量	135	18	13	5	2	5	5
总计	183						
占比/%	73.77	9.84	7.10	2.73	1.10	2.73	2.73

1."说话、陈说"义

在"言"的动词用法中,表示"说话、陈说"意义的最多,达到 135 例。例如:

(9)六曰国家昏乱,所为不谀,然而敢犯主之严颜,面言主之过失,不辞其诛;身死国安,不悔所行;如此者,直臣也。是为"六正"也。(《说苑·臣术》)

(10)惠施卒,而庄子深瞑不言,见世莫可与语也。(《说苑·谈丛》)

上述两例中的"言"都是"说话"的意义,可以带宾语表达所说的内容,也可以加否定副词表达否定意义。其中,例(9)的"面言主之过失"即"当面指出君主的过错",例(10)的"庄子深瞑不言"即"庄子熟睡而不说话"。

2."就是说、意思是"义

在"言"的动词用法中,有 18 例用作解释引文、词语或某种现象的发端词,相当于"就是说、意思是"。例如:

(11)《诗》曰:"雕琢其章,金玉其相。"言文质美也。(《说苑·修文》)

这句话的意思是:《诗经》说雕琢外在的文采,用金玉做其本质。这里说的就是文质兼美。

> （12）晏子饮景公酒。日暮，公呼具火。晏子辞曰："《诗》曰：
> '侧弁之俄'，言失德也；'屡舞傞傞'，言失容也；'既醉以酒，既饱
> 以德'，'既醉而出，并受其福'，宾主之礼也；'醉而不出，是谓伐
> 德'，宾主之罪也……"（《说苑·反质》）

晏子援引《诗经》的话予以推辞："头上的帽子歪戴着"，讲的是德行有失；"醉舞不停"，讲的是仪态有失；"已经饱饮好酒，又饱享恩惠"，"已经喝醉便即离去，宾主共享福佑"，讲的是宾客对主人的礼节；"已经烂醉还不离开，这就叫有伤德行"，讲的是宾客的过错。

上述两例中的"言"都是在两个分句之间，用于解释《诗经》中的句子，意义相当于"就是说"或"意思是"。

3."议论、谈论"义

在"言"的动词用法中，表达"议论、谈论"意义的共有 13 例。例如：

> （13）王满生曰："言内事者于内，言外事者于外。今言内事乎？
> 言外事乎？"周公导入，王满生曰："敬从布席。"周公不导坐。王满
> 生曰："言大事者坐，言小事者倚。今言大事乎？言小事乎？"周公
> 导坐，王满生坐。（《说苑·指武》）

王满生说："谈国内的事要在宫内，谈国外的事要在宫外。现在是谈国内的事呢，还是谈国外的事？"周公引导他入宫，王满生说："我恭敬地接受您安排的座席。"但是周公没有引导他就座。王满生说："谈大事的坐着，谈小事的站着。今天是谈大事呢，还是谈小事？"周公便引导他入座，王满生就座。

例（13）是齐人王满生和周公的对话，"言"的对象是国事、大事，解释为"谈论"更为合适。

> （14）故君子羞言利名。言利名尚羞之，况居而求利者也？
> （《说苑·贵德》）

例(14)中的"言"是"谈论"的意思,"言利名"即"谈论利益和名声",而"说"则很少有这种带抽象宾语的用法。

4."称呼、称为"义

在"言"的动词用法中,表达"称呼、称为"意义的共出现过5次。例如:

> (15)高寝者何? 正寝也。曷为或言高寝,或言路寝? 曰:诸侯正寝三:一曰高寝,二曰左路寝,三曰右路寝。高寝者,始封君之寝也。二路寝者,继体之君寝也。(《说苑·修文》)

高寝是什么? 就是正寝。为什么有的称高寝而有的称路寝? 回答:诸侯的正寝有三种,一叫高寝,二叫左路寝,三叫右路寝。高寝,是初封国君的正寝。两种路寝,是后来继位国君的正寝。

例(15)"言高寝""言路寝"中的"言"与后面"曰高寝""曰左路寝""曰右路寝"中的"曰"用法一致,都是"称呼、称为"的意思。

> (16)其谓之田何? 圣人举事必反本。五谷者,以奉宗庙,养万民也。去禽兽害稼穑者,故以田言之。圣人作名号而事义可知也。(《说苑·修文》)

例(16)是射猎之礼中对"其谓之田何"的回答,认为五谷是奉献给祖先、养育百姓的。打猎可以把对庄稼有害的禽兽除去,所以用"田"来称呼它。这里的"言"为"称呼、称为"的意思。

5."表达"义

在"言"的动词用法中,有2例用于"表达"义:

> (17)置本不固,无务丰末;亲戚不悦,无务外交;事无终始,无务多业;闻记不言,无务多谈;比近不说,无务修远。是以反本修迹,君子之道也。(《说苑·建本》)
>
> (18)诗言其志,歌咏其声,舞动其容。三者本于心,然后乐气

从之。是故情深而文明,气盛而化神。和顺积中,而英华发外。
(《说苑·修文》)

上述两例中的"言"都是"表达"的意思。"闻记不言,无务多谈"即"博闻强记却不能用语言表达,就不能求得言论的丰富","诗言其志"的意思是"诗可以表达人的志向"。

"言"的上述动词意义,《汉语大词典》都给出了义项。此外,还有两个动词意义,《汉语大词典》并未收入。

6."进言"义

在"言"的动词用法中,表达"进言"意义的共有5例。例如:

(19)管仲,桓公之贼也,鲍叔以为贤于己而进之桓公,七十言而说乃听,遂使桓公除报仇之心,而委国政焉。(《说苑·尊贤》)

(20)言而见用,终身无难,臣何死焉? 谋而见从,终身不亡,臣何送焉? 若言不见用,有难而死之,是妄死也;谋而不见从,出亡而送,是诈为也。(《说苑·臣术》)

"七十言"即"进言七十多次","言而见用"即"进言被采纳","言不见用"即"进言不被采纳"。

《汉语大词典》没有收入"言"的"进言"意义,可能是将其归入"说话""陈说"意义,但是如果将上述两例中的"言"翻译为"说话""陈说"或者"语言",则都没有"进言"准确。由此可知,既然"言"的"专指责备之言;谤言"意义可以单列一个义项,那么"进言"也可以单列一个义项。

7."举荐、推荐"义

在"言"的动词用法中,表达"举荐、推荐"意义的也有5例。例如:

(21)臣言孙叔敖,果可使持国政。奉国法而不党,施刑戮而不骫,可谓公平。(《说苑·至公》)

(22)赵宣子言韩献子于晋侯曰:"其为人不党,治众不乱,临死不恐。"……宣子曰:"我言韩厥于君,言之而不当,必受其刑。今吾

车失次而戮之仆,可谓不党矣,是吾言当也。"(《说苑·至公》)

上述两例中的"言"都是"举荐、推荐"的意思。其中,"臣言孙叔敖"即"臣举荐孙叔敖","言韩献子"即"举荐韩献子","言之而不当"即"举荐不当","言当"即"举荐得当"。

值得注意的是,《汉语大词典》没有收入"言"的"举荐、推荐"义项,可能是认为这不是"言"的固定义,而只是临时语境下的语境义。

《说苑》中"言"的名词用法分析如下:

表2-3　《说苑》中"言"的名词用法使用情况

意义	说出的话、言辞、言论	学说主张	指一个字或一句话	政令号令	意思
数量	179	4	4	3	3
总计	193				
占比/%	92.76	2.07	2.07	1.55	1.55

1."说出的话、言辞、言论"义

在"言"的名词用法中,表达"说出的话、言辞、言论"意义的最多,共179例。例如:

(23)公曰:"然。吾悦夫奚之言,彼类圣人也。"(《说苑·臣术》)

(24)简公喟焉太息曰:"余不用鞅之言,以至此患也。"故忠臣之言,不可不察也。(《说苑·正谏》)

(25)吾异日厚卢生,尊爵而事之,今乃诽谤我。吾闻诸生多为妖言以乱黔首。(《说苑·反质》)

上述例句中的"言"都是"说出的话、言辞、言论"的意思。其中,"吾悦夫奚之言"即"我欣赏百里奚的言论","余不用鞅之言"即"我没有采纳商鞅的言论","吾闻诸生多为妖言以乱黔首"即"我听说这些人大多通过制造谣言扰乱百姓的思想"。可见,"言"常做主语或宾语,前面可以用形容词修饰。

2."学说、主张"义

在"言"的名词用法中,表达"学说、主张"意义的有 4 例。例如:

(26)孔子生于乱世,莫之能容也,故言行于君,泽加于民,然后仕;言不行于君,泽不加于民,则处。(《说苑·至公》)

孔子生活在战乱年代,没有谁能容纳他,所以他认为如果自己的主张被君主采纳施行,而且恩泽施加到了百姓身上,才会去做官;如果自己的主张不被君主采纳,恩泽也不能施加给百姓,就隐退安居。

这里的"言"并不是指孔子对君主所说的具体的话,而是已成系统的学说、主张以及治国的理念等。

3."指一个字或一句话"义

在"言"的名词用法中,表达"指一个字或一句话"意义的有 4 例。例如:

(27)百行之本,一言也。一言而适,可以却敌;一言而得,可以保国。(《说苑·谈丛》)

各种行为的根本全在一句话。一句话合适了,就能使敌人退却;一句话妥当了,就能保全国家。

在古汉语中,类似"一言以蔽之"这样的用法也是比较常见的。

4."政令、号令"义

在"言"的名词用法中,表达"政令、号令"意义的有 3 例。例如:

(28)《易》曰:"夫君子居其室出其言,善则千里之外应之,况其迩者乎?居其室出其言,不善则千里之外违之,况其迩者乎?……"(《说苑·君道》)

这句话的意思是国君在宫室中发号施令,不论好坏,都会对远近产生很大的影响,其中两个"言"用法是一样的。

"言"的"政令、号令"义由"说话"义引申而来,这主要是受说话者身份及语境的影响。譬如例(28),国君"说话"就变成了自上而下的"命令",继而引申为"政令、号令"。

5."意思"义

"言"做名词还可以表达"意思"义,有 3 例:

(29)孔子曰:"祭之为言,索也。索也者,尽也,乃孝子所以自尽于亲也。"(《说苑·权谋》)

"祭之为言,索也"即"'祭'就是索取的意思","索也者,尽也,乃孝子所以自尽于亲也"即"'索'的另一含义是'尽',就是说孝子将尽自己所能孝敬亲人先祖"。

(30)射之为言,豫也;豫者,豫吾意也。(《说苑·修文》)

"射"的意思就是预备,预备就是自己心里做好准备。

(31)鬼之为言,归也。其尸块然独处,岂有知哉?(《说苑·反质》)

"鬼"的意思就是"归"。但是,尸体木然无知地独自存在,难道会有知觉吗?

以上三例中的"言"都解释为"意思"。《汉语大词典》没有收入"言"的"意思"义项,可能是将其归入了"表达"义。

(三)《说苑》中"云"的语义分布及使用分析

《说苑》中表达言说意义的"云"共有 49 例,全部为"说"的意思。

1."《诗》云"41 例,"《诗》不云"2 例:

(32)孔子对曰:"恶恶道不能甚,则其好善道亦不能甚。好善道不能甚,则百姓之亲也亦不能甚。《诗》云:'未见君子,忧心惙惙。亦既见止,亦既觏止,我心则悦。'《诗》之好善道之甚也如此!"(《说苑·君道》)

(33)齐景公奢于台榭,淫于苑囿,五官之乐不解,一旦而赐人百乘之家者三,故日政在于节用。此三者政也,《诗》不云乎?"乱离斯瘼,爰其适归",此伤离散以为乱者也;"匪其止共,惟王之邛",此伤奸臣蔽主以为乱者也;"相乱蔑资,曾莫惠我师",此伤奢侈不节以为乱者也。察此三者之所欲,政其同乎哉!(《说苑·政理》)

这两例中的"《诗》云"和"《诗》不云",都是"《诗经》上说"的意思。
2. 篇章 +"云",1 例:

(34)公出而告之仆,仆顿首于轸曰:"《吕刑》云:'一人有庆,兆民赖之。'君之明,群臣之福也。"(《说苑·建本》)

《吕刑》为《尚书》篇名。"《吕刑》云"即"《吕刑》上说"。
3. 俗(古)语 +"云",2 例:

(35)是以狱吏专为深刻残贼而无理,偷为一切不顾国患,此世之大贼也。故俗语云:"画地作狱,议不可入;剖木为吏,期不可对。"(《说苑·贵德》)

(36)子贡执辔曰:"二三子从夫子而遇此难也,其不可忘已。"孔子曰:"恶,是何言也?语不云乎:三折肱而成良医。夫陈、蔡之间,丘之幸也。……"(《说苑·杂言》)

例(36)的"语"指"古语","语不云乎"就是"古语不是说吗"的意思。
4. 人名 +"云",1 例:

(37)夫君臣之与百姓,转相为本,如循环无端。夫子亦云:"人

之行莫大于孝。"孝行成于内,而嘉号布于外,是谓建之于本,而荣华自茂矣。(《说苑·建本》)

"夫子亦云"即"孔夫子也说"。

5. 邻里 + "云",1 例:

(38)人有酤酒者,为器甚洁清,置表甚长,而酒酸不售。问之里人其故,里人云:"公之狗猛,人挈器而入,且酤公酒,狗迎而噬之。此酒所以酸不售之故也。"(《说苑·政理》)

"里人云"即"邻里说"。

6. 其他,1 例:

(39)文子曰:"朝廷之严也,宁云妨国家之治哉?"(《说苑·政理》)

这里的"宁云"是"难道说"的意思,"云"表达"说"的意义。

考察以上诸例可知,"云"的用法同"曰"相近,简单地表达人开口说话,常有人名 + "云(曰)"、《诗》+ "云(曰)"、语 + "云(曰)"等结构。此外,"云"也可和"曰"出现在同一语句中,旨在使语言表达更具多样性。但总的来看,人名 + "云"的用例要比人名 + "曰"少很多,只有"夫子亦云"1 例。同时,《诗》+ "曰"、语 + "曰"的用例也要少于《诗》+ "云"、语 + "云"的用例。可见,"曰"还是倾向于表达人开口说话,而"云"则更倾向于表达典籍、篇章、俗语等无确切作者的书面文字的记录性语言。值得强调的是,由于"曰"的强势使用,书面表达中出现一系列"曰"的非典型用法在所难免,如《说苑》中少量出现的"《诗》曰""语曰"等。

(四)《说苑》中"语"的语义分布及使用分析

《说苑》中表达言说意义的"语"共有 41 例,其中动词用法 24 例、名词用法

17 例(见表 2 - 4)。

表 2 - 4 《说苑》中"语"的使用情况

词性	动词用法		名词用法		
意义	告诉	谈话 谈论	话、语言	俗话、谚语 或古书中的话	字、文句
数量	12	12	12	4	1
合计	24		17		
总计	41				
占比/%	29.27	29.27	29.27	9.75	2.44

1. "告诉"义

在"语"的动词用法中,表达"告诉"意义的有 12 例。例如:

(40)常枞有疾,老子往问焉,曰:"先生疾甚矣,无遗教可以语诸弟子者乎?"常枞曰:"子虽不问,吾将语子。"……常枞曰:"嘻!是已。天下之事已尽矣,何以复语子哉!"(《说苑·敬慎》)

(41)曾子曰:"坐,吾语汝。君子修礼以立志,则贪欲之心不来;君子思礼以修身,则怠惰慢易之节不至;君子修礼以仁义,则忿争暴乱之辞远。"(《说苑·修文》)

(42)卫灵公谓孔子曰:"有语寡人:'为国家者,谨之于庙堂之上,而国家治矣。'其可乎?"(《说苑·政理》)

上述三例中的"语"都表达"告诉"义,其中"吾将语子"即"我也将要告诉你","吾语汝"即"我告诉你","有语寡人"即"有人告诉我"。可见,表达"告诉"义的"语"做谓语、带宾语时,不限对话者身份。可以上对下,也可以下对上;可语平民,也可语君王。

此外,"语"还可以起到"转述"的作用。例如:

(43)辛栎趋而出,南宫边子入,穆公具以辛栎之言语南宫边

子。(《说苑·至公》)

这里的"语"是"告诉"义,"穆公具以辛栎之言语南宫边子"即"鲁穆公把辛栎说的话全部告诉了南宫边子"。

2."谈话、谈论"义

在"语"的动词用法中,表达"谈话、谈论"意义的有 12 例。例如:

(44)魏文侯与田子方语,有两僮子衣青白衣而侍于君前。(《说苑·复恩》)

(45)孔子之郯,遭程子于途,倾盖而语终日。(《说苑·尊贤》)

上述两例中的"语"都是"谈话、谈论"的意思,其中"魏文侯与田子方语"即"魏文侯与田子方谈话","倾盖而语终日"即"停下车并倾斜车盖,谈论了很久"。

"语"的这一用法是"曰""言""云"所不具备的。《说文》称,"直言曰言,论难曰语"。孔颖达认为,"答难曰语"。钟明立(1998)认为,"言"主要是指开口说话、自动地跟人说话,而"语"则主要是指谈论、告诉,即与人谈论某事或回答别人的问话。同时,"言"亦可表达谈论、告诉之义,且在表达谈论、告诉之义时,"言""语"是同义词。考察《说苑》中的言说动词可知,钟明立的这一观点是可信的。在表达开口说话的意义时,"言"带不带宾语均可,而"语"大都带宾语,即使不带宾语也会出现交谈的对象。

3."话、语言"义

在"语"的名词用法中,表达"话、语言"意义的有 12 例。例如:

(46)三年,岁丰政平。向使宋人不闻君子之语,则年谷未丰,而国家未宁。(《说苑·君道》)

(47)于是博士淳于髡仰天大笑而不应。王复问之,又大笑不应。三问,三笑不应。王艴然作色不悦曰:"先生以寡人语为戏乎?"对曰:"臣非敢以大王语为戏也,臣笑臣邻之祠田也……"

（《说苑·尊贤》）

这两例中的"语"都指"某人的话"，其中"向使宋人不闻君子之语"即"假如先前宋国国君没有听到孔子的话"，"先生以寡人语为戏乎"即"先生这是把我的话当作戏言了吗"。

（48）恶语不出口，苟言不留耳。（《说苑·谈丛》）

此例中的"语"受定语修饰，为"语言"义，"恶语不出口"即"不好的语言不要说出口"。

4."俗话、谚语或古书中的话"义

在"语"的名词用法中，表达"俗话、谚语或古书中的话"意义的有 4 例。例如：

（49）杨子曰："事之可以之贫，可以之富者，其伤行者也；事之可以之生，可以之死者，其伤勇者也。"仆子曰："杨子智而不知命，故其知多疑。"语曰："知命者不惑，晏婴是也。"（《说苑·权谋》）

（50）故语曰："文王不能使不附之民，先轸不能战不教之卒，造父、王良不能以弊车不作之马趋疾而致远，羿、逢蒙不能以枉矢弱弓射远中微。故强弱成败之要，在乎附士卒，教习之而已。"（《说苑·指武》）

上述两例中的"语曰"，可以翻译为"古语说""有这样的话"。

5."字、文句"义

在"语"的名词用法中，还有 1 例表达"字、文句"的意义：

（51）晏子病，将死，斫楹内书焉。谓其妻曰："楹语也，子壮而视之。"（《说苑·反质》）

晏子临终时将遗言放入凿开的柱子里，并嘱咐妻子说："楹柱里的遗言，等儿子长大后给他看。"

"语"在这里专指遗言,也属于"字""文句"这一义项。

（五）《说苑》中"述"的语义分布及使用分析

《说苑》中表达言说意义的"述"共5个,其中有4个是"述职"的意思,即陈述职守,与现代汉语的用法相同。例如:

> (52)召公述职,当桑蚕之时,不欲变民事,故不入邑中,舍于甘
> 棠之下,而听断焉。陕间之人,皆得其所。(《说苑·贵德》)

召公前往述职,正当采桑养蚕的时候,他不想使民事受到影响,所以没有进入城中,就居住在甘棠树下,并在那里听取诉讼断案。

> (53)天子曰巡狩,诸侯曰述职。巡狩者,巡其所守也。述职
> 者,述其所职也。(《说苑·修文》)

天子有巡狩,诸侯有述职。巡狩,就是巡视诸侯所管辖的境内各地;述职,就是诸侯陈述自己的职守。

此外,还有1例"述"当"称述"讲:

> (54)昔舜造《南风》之声,其兴也勃焉,至今王公述而不释。纣
> 为北鄙之声,其废也忽焉,至今王公以为笑。(《说苑·修文》)

从前舜因制作了《南风》乐章而很快兴盛起来,至今天子、诸侯还在不断地称述它。

"述"在这里表达"称述"义。

（六）《说苑》中"谈"的语义分布及使用分析

同样作为言说动词,《说苑》中的"谈"出现的频率却远低于"曰""言""说"等,这一方面可能与"谈"字出现的时间较晚有关,另一方面大概也与《说苑》大

量地引经据典有关。然而,刘向却以"谈丛"作为《说苑》中一章的名称,并在"善说"章开篇即强调了"谈说"的重要性,可见他对"谈"还是十分重视的,将"谈说"看作一种艺术以及外交、处事的重要能力。

"谈丛"的"谈",应该是指将不同的言论荟萃在一起。而结合"谈丛"一章的内容来看,此章也恰恰是汇集了许多名言、俗语、警语,以资读者借鉴。

除"谈丛"这一章名外,《说苑》中仅出现了4例作为言说动词的"谈"。

1."说、表达"义

> (55)置本不固,无务丰末;亲戚不悦,无务外交;事无终始,无务多业;闻记不言,无务多谈;比近不说,无务修远。是以反本修迹,君子之道也。(《说苑·建本》)

"闻记不言,无务多谈"即"博闻强记却不能用语言表达出来,就不能求得言论的丰富"。

> (56)无思虑之心则不达,无谈说之辞则不乐。(《说苑·谈丛》)

"无谈说之辞则不乐"即"没有谈说的辞令就不会和乐"。

2."谈话、闲谈"义

> (57)蘧伯玉见楚王,使事毕,坐谈语,从容言至于士。(《说苑·善说》)

蘧伯玉拜见楚王,出使的公事完毕后,与楚王坐下交谈,从容地谈到了士人。

这里的"谈"指"闲谈","语"是"谈话""谈论"的意思。

(七)《说苑》中"道"的语义分布及使用分析

《说苑》中表达言说意义的"道"共4例:

（58）好称人恶,人亦道其恶;好憎人者,亦为人所憎。衣食足,知荣辱;仓廪实,知礼节。江河之溢,不过三日;飘风暴雨,须臾而毕。(《说苑·谈丛》)

这里的"道"是"说"的意思。"好称人恶,人亦道其恶"即"喜欢讲别人的坏话,则别人也会讲他的坏话"。

（59）谤道己者,心之罪也;尊贤己者,心之力也。(《说苑·谈丛》)

这里的"道"是"诽谤"的意思。"谤道己者,心之罪也"即"对自己诽谤、非议的,是因为内心的过错"。

（60）孔子曰:"可以与人终日而不倦者,其惟学乎! 其身体不足观也,其勇力不足惮也,其先祖不足称也,其族姓不足道也。……"(《说苑·建本》)

孔子说:"能够使人终日都不会厌倦的,那就只有学习了吧! 人的身体不值得观赏,勇敢有力不足以使人畏惧,先祖的功业不值得称誉,宗族的姓氏也不值得称道。"

这里的"道"是"称道"的意思。

（61）太子及文侯,道田子方之语。(《说苑·尊贤》)

这里的"道"是"转告"的意思,"太子及文侯,道田子方之语"即"太子追赶上魏文侯,转告了田子方的话"。

"道"的本义是道路,《说文》:"道,所行道也。从辵,从首。"由"道"的"道路"这一名词义引申出"取道""经过"等动词义,以及"方法""技艺""规律""学说""道义"等名词义。后来,又由"道"的"道路""方法"等名词义,引申出"引导""开导"等动词义。考察典籍可知,"道"的言说意义出现得较早,如《诗经·鄘风·墙有茨》:"中冓之言,不可道也。"这就是使用了"道"的言说意义。

(八)《说苑》中"讲"的语义分布及使用分析

《说苑》中表达言说意义的"讲"仅有1例:

> (62)然晚世之人莫能。闲居静思,鼓琴读书;追观上古,友贤大夫;学问讲辨,日以自虞;索援世事,分明利害;筹策得失,以观祸福;设义立度,以为法式;穷道本末,究事之情;死有遗业,生有荣名;此皆人材之所能逮也。然莫能为者,偷慢懈堕,多暇日之故也,是以失本而无名。(《说苑·建本》)

这里的"讲"就是"讲解"的意思,"讲辨"即"讲解辩难"。

(九)《说苑》中"论"的语义分布及使用分析

《说苑》中表达言说意义的"论"共有6例,其中动词用法4例、名词用法2例(见表2-5)。

表2-5 《说苑》中"论"的使用情况

词性	动词用法		名词用法	
意义	议论	说、论说	言论、舆论	主张、学说、观点
数量	2	2	1	1
合计	4		2	
总计	6			
占比/%	33.33	33.33	16.67	16.67

1."议论"义

在"论"的动词用法中,表达"议论"意义的有2例,且全都带宾语:

(63)穆公知其君子也,令有司具沐浴,为衣冠与坐,公大悦。异日,与公孙支论政,公孙支大不宁,曰:"君耳目聪明,思虑审察,君其得圣人乎?"(《说苑·臣术》)

这里的"论政"是"讨论国政"的意思,"论"当"议论"讲。

(64)彼小人则不然,执末以论本,务刚以为基。故其音湫厉而微末,以象杀伐之气。(《说苑·修文》)

这里的"论"也是"议论"的意思,"执末以论本"即"抓住细枝末节来讨论根本"。

2."说、论说"义

在"论"的动词用法中,还有2例表达"说、论说"的意义:

(65)齐宣王坐,淳于髡侍。宣王曰:"先生论寡人何好?"(《说苑·尊贤》)

这里的"论"是"说"的意思,"先生论寡人何好"即"先生说说我爱好什么"。

(66)今祁奚论先王之德,而叔向得免焉,学岂可已哉!(《说苑·善说》)

如今祁奚论说先王的德政,就使叔向从患难中得到解脱,学习难道可以停止吗!

这里的"论"不是简单的"开口说话"或"陈述"的意思,而是带有"论说"性质的讨论。

3."言论、舆论"义

在"论"的名词用法中,表达"言论、舆论"意义的仅有1例:

(67)猛兽狐疑,不若蜂虿之致毒也;高议而不可及,不若卑论

之有功也。(《说苑·谈丛》)

此句以猛兽和毒虫做对比,猛兽犹豫不决,不如毒虫给人造成的伤害,而高深的议论如果做不到,就不如普通的言论能取得成效。

4."主张、学说、观点"义

在"论"的名词用法中,表达"主张、学说、观点"意义的也只有1例:

> (68)"六邪"者:一曰安官贪禄,营于私家,不务公事;怀其智、藏其能,主饥于论、渴于策,犹不肯尽节;容容乎与世沉浮,上下左右观望;如此者,具臣也。(《说苑·臣术》)

这里的"论"是"主张、学说、观点"的意思,"主饥于论、渴于策"即"君主迫切需要主张和对策的时候"。

第二节 《说苑》专用术语中
"说"的名、实对应及文体问题

一、《说苑》中由"说"构成的词语意义及用法

《说苑》中由"说"构成的词语主要指标题、专业术语,具有术语性,相当于词,有特定的意义、用法,包括"善说""谈说""谈说之术"以及本书的标题"说苑"。

从言语行为的角度看,"谈"侧重的是交流沟通,而"说"侧重的则是说明事理。这也就是"谈丛"章所说的"无思虑之心则不达,无谈说之辞则不乐"。"善说"即"善于谈说"的意思。"善说"章开篇就讲到了"谈说之术"的重要性,随即阐述了"谈说"的技巧和"善说"的标准,认为"善说"的要求是内容正确合理、贵有价值,说时讲究技巧,能打动人心并让别人乐于接受。可见,所谓"善说",就是善于运用语言表情达意,实现言语行为目的,即善于与人交谈、说理。

　　《说苑》全书内容都特别重视"谈说"的重要作用,认为言语表达是立身建业的根本。尤其是"善说"章,阐述"谈说之术"的内容占了很大篇幅,专门讲怎么"谈说"。同时,《说苑》也是一部专讲运用谈说之术实现言语行为目的的著作,堪称"谈说之术"及言语精华的集大成者。

　　当然,"说之不行"既可以是学说、论辩、解说等理论、见解不能通行,也可以是包含劝谏在内的理论、谋划不能通行。

二、"说"的文体含义

　　"说苑"中的"说"是"言说"意义的"说(shuō)"。关于"说"的"言说"意义,周代早期到春秋的著作多使用"言论"义,如《诗经》《论语》等;春秋后期至战国的著作则多用"辩说"义和"学说"义,如《庄子》《荀子》《韩非子》《吕氏春秋》等。这反映了言语行为表达的需要,也说明了争鸣、劝谏语言文化的发展和兴盛。

　　战国中后期,随着说体文的产生,有很多由"说"构成名称的篇章问世,如《墨子》有"经说"章,《商君书》有"说民"章,《庄子》有"说剑"章,《韩非子》有"说疑""说林""八说""内储说""外储说"等章节,《吕氏春秋》有"顺说"章等。这些标题中的"说"都是"谈说""解说""说论"的意思。

　　《说苑》与《韩非子》"说林"章相当,都是说体文的汇集。所谓说体文,就是以谈说论证是非的短文。例如,《说苑》就借口传音,连续以孔子的话语说明语言运用的重要性和沟通的作用:

　　　(1)孔子曰:"……终身为之。一言败之,可不慎乎?"(《说苑·杂言》)

　　　(2)孔子曰:"……众言不逆,可谓知言矣。言而众向之,可谓知时矣。"(《说苑·杂言》)

　　　(3)仲尼曰:"非其地而树之,不生也;非其人而语之,弗听也。得其人,如聚沙而雨之;非其人,如聚聋而鼓之。"(《说苑·杂言》)

　　这三例中的"孔子曰""仲尼曰"都是"孔子说"的意思,作者这是在借孔子之口表达自己的言说意图。

此外,还有直接论述实现言语行为目的所需条件的:

> (4)比干死纣而不能正其行,子胥死吴而不能存其国。二子者强谏而死,适足以明主之暴耳,未尝有益如秋毫之端也。是以贤人闭其智、塞其能,待得其人然后合。故言无不听,行无见疑,君臣两与,终身无患。(《说苑·杂言》)

比干为纣王而死也不能纠正纣王的行为,伍子胥为吴国而死也保不住吴国。这两个人都因强行劝谏而死,只是恰好证明了君王的残暴,未曾有秋毫之末的好处。因此,贤人往往关闭心智,掩盖才能,等遇上恰当的人然后与他结合。这样就能进言无不听从,做事不被怀疑,君臣志意投合,终身没有祸患了。

这是直接阐明作者的观点。

《韩非子》有时只是通过交谈说明事理,例如:

> (5)绍绩昧醉寐而亡其裘。宋君曰:"醉足以亡裘乎?"对曰:"桀以醉亡天下,而《康诰》曰'毋彝酒。彝酒者,常酒也。常酒者,天子失天下,匹夫失其身。"(《韩非子·说林上》)

这段话之中的酗酒误事意旨,有待读者自己思考。

《韩非子》有时也直接进行评论,再如:

> (6)管仲、隰朋从于桓公而伐孤竹,春往冬反,迷惑失道。管仲曰:"老马之智可用也。"乃放老马而随之,遂得道。行山中,无水。隰朋曰:"蚁冬居山之阳,夏居山之阴,蚁壤一寸而仞有水。"乃掘地,遂得水。以管仲之圣而隰朋之智,至其所不知,不难师于老马与蚁。今人不知以其愚心而师圣人之智,不亦过乎?(《韩非子·说林上》)

管仲、隰朋跟随齐桓公攻打孤竹国,春天去冬天回,迷了路。管仲说:"老马的智慧可以利用。"于是放开老马，让大家跟随，终于找到了路。走到山里时，没有水了。隰朋说："蚂蚁冬天住在山的南面，夏天住在山的北面。蚂蚁洞口的土如果有一寸高，那么地下八尺就会有水。"于是沿蚁穴掘地，终于找到了水。凭借管仲的聪明和隰朋的才智，遇到他们所不知道的问题时，尚且不因把老马和蚂蚁当成老师而为难。现在的人不懂得以自己愚笨的心而去学习圣人的智慧，难道不是错误的吗？

此段关于"老马识途"的叙述，重点不在于讲故事，而在于借管仲所说的话进行论证，批评"以管仲之圣"尚能"师于老马"，而"今人不知以其愚心而师圣人之智"。

刘向收集、整理各家之言谈，"更以造新事十万言以上"，并围绕不同主题进行分类，有的借口传音，如"杂言"章就以记述诸子言行为主，不仅富于哲理，而且论及了言语的作用和语境对象等问题。从语言学的视角看，《说苑》中的"说"体现了谏言说辩、斗智明理、养德育才、哲理思辨等"谈说之术"，也体现了重视语言表达的语用文化思想。从言语行为的角度看，劝谏作为言语行为的一种，与论辩、陈述、疑问、请求等言语行为具有不同的作用。多数情况下，言语行为以组合形式呈现。这可能就意味着一段话从整体上看是劝谏言语行为，但其中的某一部分或某一方面则是通过论辩、陈述等言语行为实现的。

《说苑》是世界较早的系统地总结和借鉴"谈说之术"的语用作品，它把"说"的重要性提到了"尊君、重身、安国、全性"的高度。不过，它并没有着重强调如何尊君是好的，如何忠义、有节是好的，而是通过言谈来论证什么是"君道""臣术""立节"等，这样做的目的是凸显言谈的重要作用及价值，即刘向所说的"人而无辞，安所用之"。《说苑》即便是叙事，也是采用对话的形式，或是国君与臣子的对话，或是国君与他国使臣的对话，或是国君与百姓、官吏与百姓以及百姓之间的对话。这表明《说苑》注重通过对话达到或谏或劝或教化等言语行为目的，而"谈丛"章更是专列格言警语（包括作者不详的谚语），意图通过表达多种语用含义来实现不同的言语行为目的。虽然先秦诸子百家的著作中也有格言、谚语，但是将众多格言、警语集中到一起的著作，《说苑》还是第一部。

《说苑》中出现的"说"，都是为"谈说之术"服务的，即告诉读者如何"说"为善，如何"善说"，也就是怎样使言语表达深入人心，如何通过言语表达实现"尊君、重身、安国、全性"。这是语言的魅力和作用，也是刘向此书想要表现的精髓。所以，我们说《说苑》是一部专讲言语表达的语用作品，也是世界较早研究口语交际、推介"谈说之术"的著作并不为过。与国外语用著作相同的是，《说苑》也属于语用学科范畴，不同的是《说苑》更注重语用实践及其价值功用，而非语用理论及其学术成果。

总之，《说苑》涉及了言语表达的方方面面，如言谈交际、劝说论辩以及治国理政、修身立德等，但无论是哪一方面的内容，都突出了"说"的重要性。正因如此，刘向才将这部著作定名为《说苑》，而不是像《新序》一样以"新"命名。《说苑》的"说"，概括了"谈说"实践的要旨；《说苑》的"苑"，意即"谈说经典的荟萃"。可见，《说苑》这本书是言语的荟萃，强调的是"说"，尤其是从语用角度对言语的论说，而不是一本讲故事的小说，或者记述历史的史书。换言之，《说苑》是一部讲述关于言语表达的"谈说之术"（语用学问）的作品，其特点不在于叙述、讲故事，而在于举例示范、论证明理。

第三章　"谈说之术"的语用意义辨正

本章从宏观视角探讨了"谈说之术",解析了"谈说之术"的内涵和外延,并与"话术"等相近概念进行了区分。

第一节　"话术"与"谈说之术":
传统文化中的语言艺术辨正

一、"谈说之术"的内涵与特征

"谈说之术"是中国古代传承下来的汉语语言表达艺术的集大成者。

(一)"谈说之术"是具有传统文化精神的语言表达艺术

《说苑》是一部专门研究中国古人谈说实践和记录相关语言实例的著作,也是世界上较早涉及表达的目的、方式,谈说的背景、场合、语境以及说话人的身份、情态等的语用集成之作,它的精华为"善说"章,其中提纲挈领的"谈说之术"更是体现了鲜明的中华传统文化特色。

春秋战国时期的"百花齐放,百家争鸣",将言语交际的方式方法提升到了

"术"的高度。其中,较具代表性的主张为孔子提出的"情欲信,辞欲巧"(《礼记·表记》)。而且孔子认为,"巧"必须以"信"为前提,"巧言令色,鲜矣仁"(《论语·学而》)。

刘向在"善说"章中总结了"谈说之术"的原则:"夫谈说之术,齐庄以立之,端诚以处之,坚强以持之,譬称以谕之,分别以明之,欢欣愤懑以送之。宝之、珍之、贵之、神之,如是,则说常无不行矣。"其意思为要求说话人:端正态度,严肃对待,讲求诚信正义,坚定有力地论证说理;善用譬喻,形象地进行解释说明,对比、辨析以清楚鉴别差异;欣然谈说,使人愉悦,有吸引力;注重让人明白其中值得珍惜的、宝贵的裨益和非凡之处。这样一来,说话人的学说、主张通常都会被人接受。此外,关于"谈说之术",荀子认为"虽不说(悦)人,人莫不贵"(《荀子·非相》),意思是说即便"谈说之术"不能取悦于人,它的价值仍会得到人们的认可。

"谈说之术"的"谈说"是指经过认真思考的,有明确目的、正当理由的,讲求策略、逻辑严密、语义明确的言说;"谈说之术"的"术",是一种语言艺术。可见,"谈说之术"是真善美的结合,是与人为善、合乎信义的君子之行。因为君子对自己的见解和主张是非常郑重其事的,所以会非常注重话语的影响力的,并会尽量避免造成负面影响。

为什么"谈说"具有"艺术"的地位?刘向在"善说"章中给出了答案:"夫辞者,乃所以尊君、重身、安国、全性者也。故辞不可不修,而说不可不善。"这就赋予了"谈说之术"上可以安邦定国、下可以修身养性的地位,可见它对国家与社会的发展具有重要的意义和价值。

(二)"谈说之术"的语言表达特征

下面以《说苑》为例,分析"谈说之术"的语言表达特征。

1.修辞巧妙,寓意深刻

"谈说之术"常常运用各种修辞手法来表达言外之意,以达到交际目的。例如:

(1)王曰:"齐人固盗乎?"晏子反顾之曰:"江南有橘,齐王使人取之而树之于江北,生不为橘乃为枳。所以然者何?其土地使

之然也。"(《说苑·奉使》)

这是大家都熟悉的晏子使楚的典故。楚王污蔑晏子的国家——齐国的人天生就是罪犯,问晏子:"齐国人原本就盗窃吗?"晏子回头看着楚王说:"橘子树生长在江南,齐王派人取来栽在江北,但它长不成橘树却变成了枳树,为什么呢?这是因为土地使它变成了这样。"晏子以"其土地使之然也"借喻反讽,巧妙、含蓄地指出正是楚国的不良环境才使人犯罪的。

此例充分体现了"谈说之术"通过巧妙的修辞表达言外之意的特点。再如:

(2)子路将行,辞于仲尼。曰:"赠汝以车乎?以言乎?"子路曰:"请以言。"仲尼曰:"不强不远,不劳无功,不忠无亲,不信无复,不恭无礼。慎此五者,可以长久矣。"(《说苑·杂言》)

子路将要动身,去向孔子辞行。孔子说:"赠给你车呢,还是赠给你言语?"子路说:"请您赠言。"孔子说:"不坚强就不能实现远大理想,不劳苦就不会获得成功,不忠诚就没有亲近的朋友,不诚信就不会得到回报,不恭敬就是无礼的表现。谨慎对待这五件事,就可以长久了。"

可见,孔子不是直接要求学生做什么或不做什么,而是用同构排比句来说明行为要与目的相一致,从而让学生体悟做人的道理:自己要想得到什么,就要先做到什么。这句话在今天听来依然是意深虑远的至理名言。

2. 金玉良言,与人为善

常言说得好,"良言一句三冬暖,恶语伤人六月寒"。可见,真正的"谈说之术",出发点一定是与人为善的,反之则是"奸言""小人之辩"。例如:

(3)子路盛服而见孔子……孔子曰:"……贲于言者,华也;奋于行者,伐也;夫色智而有能者,小人也。故君子知之为知之,不知为不知,言之要也。能之为能之,不能为不能,行之要也。言要则知,行要则仁。"(《说苑·杂言》)

"君子知之为知之,不知为不知,言之要也。能之为能之,不能为不能,行之要也。言要则知,行要则仁"即"君子知道什么就是知道什么,不知道就是不知道,这是言谈的要领。会做什么就是会做什么,不会做就是不会做,这是行动的要领。言谈符合要领就是明智,行动符合要领就是仁爱"。

这是孔子告诫学生做人要明智仁爱,君子实事求是,说本分话、做本分事。

《说苑》"奉使"章援引《史记·陆贾传》中陆贾劝谏尉佗的例子,用以说明使臣"谈说之术"的重要性:

> (4)于是尉佗乃蹶然起座,谢陆生曰:"居蛮夷中久,殊失礼义。"……陆生拜尉佗为南越王,令称臣奉汉约。(《说苑·奉使》)

尉佗平定南越后自立为王,但又为什么"称臣奉汉约"呢? 原来陆贾先以尉佗亲戚、兄弟的坟墓在真定,警告尉佗灾祸即将降临;又以高祖战胜诸侯、占据咸阳、消灭项羽、平定海内,暗指汉朝实力雄厚,平定区区南越实是不在话下;最后动之以情:打遍天下无敌手的高祖不仅没有派兵来诛灭你,反而封你为南越王,可见高祖怜惜百姓、以德报怨的崇高品质。至此,陆贾凭借出色的"谈说之术"既挽救了尉佗,也为刚刚建立的汉王朝避免了一场战争。

3.理据充足,远见卓识

《说苑》"臣术"章记述了晏子拒绝齐景公赏赐的故事:

> (5)晏子再拜而辞曰:"婴之家不贫,以君之赐,泽覆三族,延及交游,以振百姓,君之赐也厚矣,婴之家不贫也。婴闻之:厚取之君而厚施之人,是代君为君也,忠臣不为也;厚取之君而藏之,是筐箧存也,仁人不为也;厚取之君而无所施之,身死而财迁于他人,是为宰藏也,智者不为也。"(《说苑·臣术》)

晏子辞谢说道:我家并不贫穷,君王您的赏赐不仅惠及父、母、妻三族以及我的朋友,还能赈济百姓。然而其一,我听说从君王那里得到太多财物而去施舍别人,这是取代君王的做法,忠臣不会这样做;其二,从君王那里得到太多财物而储藏起来,这就跟装东西的筐和箱子一样了,仁德的人不会这样做;其三,从君王那里得到太多财物却没有什么用,死后给了别人,这就是专管收藏,聪明的人不会这样做。

晏子从三个不同的角度拒绝君王的赏赐,理据充足,意味深长,为古往今来的清官贤臣做了榜样,其中的道理至今仍然具有借鉴价值。

《说苑》"杂言"章还引曾子的哲言论证了"功成名就":

> (6)响不辞声,鉴不辞形。君子正一,而万物皆成。夫形非为影也,而影随之。呼非为响也,而响和之。故君子功先成而名随之。(《说苑·杂言》)

回响离不开声音,镜子离不开形体。君子纯正不杂,做任何事皆能成功。形体不为影子而存在,但影子总会跟随;呼喊不是为了有回响,但回响总会应和。因此,君子先成就功业,而后就有名声伴随他。

曾子运用多重比喻论证了君子不为功名,但只要成就一番事业,好名声就会随之而来的道理。

4. 精神食粮,有益社会

《说苑》"尊贤"章记述了田让利用生动的比喻向卫君阐释公平公正对于治国理政的重要性:

> (7)卫君问于田让曰:"寡人封侯尽千里之地,赏赐尽御府缯帛,而士不至,何也?"田让对曰:"君之赏赐,不可以功及也;君之诛罚,不可以理避也。犹举杖而呼狗,张弓而祝鸡矣,虽有香饵而不能致者,害之必也。"(《说苑·尊贤》)

卫国国君问田让:"我用尽千里的土地来封侯,用尽府中的绫罗绸缎来赏赐,但贤士还是不来卫国,为什么呢?"田让回答:"您的赏赐,不能凭借功劳而得到;您的诛罚,不能凭借法理而赦免。这就好比举起木棒唤狗,拉开弓弦呼鸡一样。即使有很香的诱饵,也不能使鸡狗前来,因为伤害它们是必然的。"

田让实则是在劝谏卫君:赏赐要凭功劳,惩罚要凭法理。这种劝谏,短期来看可以使卫君的执政更加公正、清明,长期来看可以使卫国的国力更加强大、社会更加稳定。

5. 名言警语,蕴含哲理

《说苑》"谈丛"章记述了诸多具有深刻道理的智言、警语,颇有见地。例如:

> (8)言疑者无犯,行疑者无从。蠹蝼仆柱梁,蚊虻走牛羊。(《说苑·谈丛》)
>
> (9)无以淫泆弃业,无以贫贱自轻,无以所好害身,无以嗜欲妨生,无以奢侈为名,无以贵富骄盈。(《说苑·谈丛》)
>
> (10)喜怒不当,是谓不明;暴虐不得,反受其贼。怨生不报,祸生于福。(《说苑·谈丛》)

这些都是早已流传的至理名言,先以自励、后以教人:要做一个正直的人,勿以恶小而为之,勿以善小而不为;要戒骄戒躁,保持自律;要淡泊名利,与人为善;要知恩图报,慎终追远。

综上可知,学习古人的"谈说之术",不仅是学习语言的艺术,还是学习做事、为人的道理。

二、"话术"考察分析

所谓"话术",并非传统的语言艺术,其来源一直扑朔迷离,评价更是众说纷纭。

(一)"话术"的来源及界定

关于"话术"一词,很多人认为最早源于《鬼谷子》,并同权术、心术一起被称为"安身要术"。《鬼谷子》将说话的方法、技巧以及做人的艺术,总结为"谋财""避祸""求官""讨喜"等内容,早期社会评价较高。然而,《鬼谷子》全文并没有出现"话术"一词,其他中国古代典籍中也未见"话术"一词;考察日本文献,如昭和九年(1934年)出版的《雄辩与话术》,早稻田大学"雄辩会"出版的《话术研究讲座》系列丛书等,却发现了"话术"一词,词形和汉语一样,释义为

"谈话艺术,谈话方式"。① 据此可知,"话术"一词来源于中国古典作品乃附会之说,应为来源于日本。

关于汉语中的"话术",学者们分别从文学、经济学、传播学等角度对其进行了定义。孙仁歌(2012)在探讨小说语言时,从文学的角度指出"话术"就是说话的艺术或技巧。这里的"话术"是文学创作语言,与现实生活中所说的"话术"不同。

在销售领域,"话术"常被定义为经过提炼加工的、格式固定的、通俗易懂的语言技巧、语言艺术或语言捷径,而且通常会强化并复制给更多的销售人员。周立鹏(2003)以导购的身份对"话术"进行了定义:在介绍同一产品时,面对不同的顾客、不同的场景说不同的话,这就是"话术"。"话术"在销售领域地位极高,一度成为销售人员的必修课程。

(二)"话术"使用情况考察

笔者通过北京语言大学 BCC② 语料库(以下简称 BCC)检索、选取了"话术"语料 20 例,利用网络搜索引擎搜索和选取了"话术"语料 525 例、"诈骗话术"语料 982 例。③ 对选取的语料进行分析,可以发现根据语境和行为表达功能,"话术"通常具有三类认知评价义:正面评价义、负面评价义和中性评价义(以下省略"评价"二字)。其中,表达正面、中性义的极为少见,绝大多数都是负面义用法,这由 BCC 上搜索到的"话术"统计结果即可见一斑(如图 3 - 1 所示)。

---

① 来源于日本国立国会图书馆在线系统。
② 北京语言大学 BCC 语料库的网址为"http://bcc.blcu.edu.cn/"。
③ 不同于其他网络搜索引擎,搜狗搜索的搜索结果默认"话术"和"诈骗话术"为两个不同的词:搜索"话术"时,并不会出现"诈骗话术";搜索"诈骗话术"时,也不会出现"话术"。故此,笔者对两者分别进行了搜索和统计。

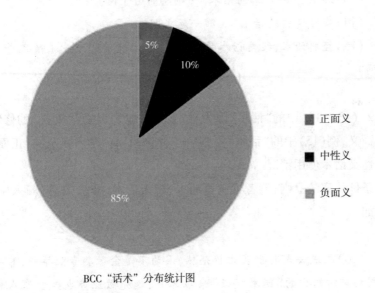

BCC"话术"分布统计图

图 3 - 1　BCC 上搜索到的"话术"分布统计情况

1. 正面义话术使用情况

在 BCC 上检索到的 20 例"话术"语料中,仅有 1 例可以看作正面义:

(11)其课程由马东和奇葩团队领衔,将话术分为沟通、说服、谈判、演讲、辩论几个部分。[《人民日报》(海外版)]

例(11)是对一款付费音频产品的介绍。围绕话语权这个核心问题,该产品将"话术"分为沟通、说服、谈判、演讲、辩论五个部分,认为只有掌握了这五个部分的话术,才算是领会了说话的奥妙。

在网络搜索得到的 525 例"话术"语料中,除了百科类等不具备语义色彩或不在研究范围(如人机话术等)内的 44 例之外,剩下的 481 例中有 4 例是正面义的:

(12)《好好说话》:新鲜有趣的话术精进技巧。(当当网)

（13）99 句激励员工的话术。（励志的句子网）

（14）安抚情绪的话术。（第一范文网）

（15）经典话术,经典话术案例,经典话术资料下载。（精品资料网）

　　例（12）（13）（14）中的"话术"因为有"新鲜有趣""激励""安抚"的修饰,可以看作正面义;例（15）中的"话术"受"经典"修饰,具有"学习典范的"正面义。

2. 中性义话术使用情况

　　本着条件从宽的原则,笔者将销售话术、聊天话术（非诈骗类）归入中性义话术。例如:

（16）刚进公司时确实比较茫然,因为不是金融类专业毕业,靠公司培训时给出的"话术模板"来拉客户,起先做业务也是靠家人帮忙。（人民网）

　　上述 481 例"话术"语料去掉 4 例正面义的之后,其余 477 例均为中性义的。结合上下文语境,从语义上看,它们都没有褒贬倾向,属于中性义,但从言语行为表现及目的看,又都具有负面义。

　　销售话术在中性义话术中是最多的,达到了 364 例,涉及各类货物产品以及保险、教育、财会、法律咨询、医疗美容等服务产品。可以说,有买卖就有销售话术。例如:

（17）美容师学会这 16 种话术,让顾客买了还想买。（美业网）

　　聊天话术有 101 例,其中一般聊天话术有 6 例,其余 95 例聊天话术均为搭讪话术或恋爱话术。搭讪话术或恋爱话术似乎可以帮助性格内向的男女化解交往过程中的尴尬,但也容易被别有用心之人用以实现负面言语行为。新华网就曾发表题为《用"话术软件"指导恋爱,是低阶版 PUA》的文章,批评搭讪话术之低俗。侨报网也曾提出"莫让'科技'搅浑'情感'"的观点,批评"话术软件"的滥用。

此外,中性义话术中还有 12 例招聘话术。招聘话术同销售话术类似,销售话术的目的在于向顾客推销产品及导购,而招聘话术则是招聘者同应聘者的互动推销、双向选择,从语用行为角度看,也接近负面话术。也就是说,应聘者没有实力而靠话术,骗得了一时,骗不了一世。同理,利用话术看人、选人的招聘者也做不到慧眼识才,是成不了伯乐的。

考察、辨析话术内容及语用行为,可以发现有 85% 以上的中性义话术具有负面义,即使不是要实施诈骗行为,至少也是意图去"套路"别人。

3. 负面义话术使用情况

在上下文语境中体现出负面评价含义,或者表达负面言语行为的话术即为负面义话术。负面义话术中往往隐含夸大、欺骗甚至是诈骗犯罪行为,因此常被称为"诈骗话术"。例如,2020 年 1 月 7 日,360 企业安全集团(2022 年改称"360 数字安全集团")、360 猎网平台发布《2019 年网络诈骗趋势研究报告》,总结了 2019 年"十大诈骗话术",也就是用于诈骗的话术。笔者在 BCC 检索、选取的 20 例"话术"语料中有 17 例是负面义的,都可视为实施诈骗言语行为的"骗术"。而通过网络搜索引擎搜索、选取的"诈骗话术"语料则有 982 例之多,包含了国内外各种诈骗实例,所呈现的五花八门的骗术令人防不胜防。

通过上述考察可知,无论是官方媒体还是普通民众,对于"话术"往往并不买账。比如,聪明的顾客早已熟悉各种销售话术,很难再掉入销售话术的圈套;优秀的销售人员在思考如何摆脱"话术"的限制,转而以更专业、更真诚的态度去面对和留住客户;至于传销话术、诈骗话术,由于对社会有百害而无一利,已为人所憎恶,遭到时代唾弃。

话术经常用在实施不良行为的语境之中,而实施不良行为通常会与具有贬义感情色彩的词语直接搭配或有隐性关系,从而产生负面语境义。这种负面语境义达到一定的使用范围、使用量,就会形成固定语境蕴含,进而产生词汇负面义,即具有固定的贬义感情色彩。

综上,根据语言事实,笔者认为"话术"的定义应该是:人为设计的、为达到某种特定目的的言语行为套路。"话术"的具体内容是为套路服务的,套路是为实现特定目的服务的。

(三)"话术"的特征

"话术"违背逻辑事理,常以强辩、诡辩等方式达到造势构陷、与人为恶的目的，其社会危害性不容小觑。"话术"的常见特征主要表现在四个方面。

1. 有言外之意

"话术"经常将话语目的包装起来，然后逐渐渗透到听话者心中，所以"话术"一般都含有言外之意。例如，在《好好说话——新鲜有趣的话术精进技巧》①这本书中有不少褒义话术，被称作"常用句型"。在拒绝长辈给出的建议时，可以说："都听您的，万一走错了路，总不好让您负责吧！"言外之意是："不要强迫我听您的建议，否则将来我后悔了，肯定会怪您的。"在拒绝别人借钱时，可以说："我也遇到了一样的问题，真抱歉没能帮到你。"言外之意是："不借。"在顾客表示产品价格太高时，销售人员常会说："一分钱一分货。"言外之意是："我们的产品值这个价钱，绝对值得购买。"

2. 无理强辩诡辩

论辩就应该摆出事实、讲明道理，但若论辩变成强辩、诡辩，则会产生不讲道理、蒙骗人、强加于人的负面效果。"话术"就常常通过生拉硬扯、指鹿为马、混淆概念、避重就轻等强辩、诡辩手段误导听话者。例如，在接待情侣客户时，当女方试用了某款产品后，有些导购人员会施压男方，直接问其以何种方式付款，而男方碍于面子也常会付款买下该产品送给女方。这就是导购人员的一种"话术"。

3. 造势构陷

制造焦虑是一种十分重要的销售技巧。持此观点的商家认为"焦虑点 = 用户痛点 + 产品卖点"，为达到快速激发客户焦虑情绪的目的，甚至不惜使用诸如"别让孩子输在起跑线上""留住 20 岁的自己"等具有造势构陷功能的"话术"，试图激起客户面对竞争压力、年龄劣势、知识短板、教育不足、人际关系不良等问题时的焦虑感，进而推销自己的产品。

总之，每一种诈骗形式的背后，都有一套完整的"话术"剧本。犯罪分子利用这些话术诱导交际对象上当受骗，常常致其轻则损失钱物、重则倾家荡产，甚至家破人亡。

---

① 参见马薇薇、黄执中、周玄毅:《好好说话——新鲜有趣的话术精进技巧》，中信出版社 2017 年版。

三、"谈说之术"与"话术"的本质区别

"谈说之术"作为中华优秀传统文化中的语用艺术,本应发挥积极的导向作用,但却未获正名,甚至被某些人称作"话术",实在是令经典蒙尘、令人遗憾的事。所以,对两者进行区分尤为重要。"谈说之术"同"话术"的本质区别主要体现在两个方面。

(一)表达目的、话语内涵不同

"谈说之术"讲究将言谈交际与修身齐家结合起来,多用于表达君子的正义之言,因此与人为善,于国有利;"话术"则意在通过话语"技巧"获得一时的利益,常用于巧取豪夺、强辩诡辩,因此与人为恶,于国有害。"谈说之术"体现了中华民族优秀传统文化,是可以善加运用并给予人正能量的积极行为,而"话术"则往往表现为小人的巧言令色之词。

可见,要学习语言艺术,就应该学习"谈说之术",而非"话术"。比如同样的日常沟通,"谈说之术"强调换位思考、与人为善,即说话者说话时从情感到语言都要尽量多地照顾到听话者的感受,而"话术"则更强调模仿,即提供一些固定的"套话",然后让说话者根据听话者的实际情况适时地进行复制,其语言即使再怎么热情、华丽,也是缺乏真情的,更是缺乏实意的。

(二)语用意义、表达效果不同

在封建社会,优秀的臣子往往利用"谈说之术"向君王进谏,或直谏,或曲谏,或直接比喻,或意在其中,可以说"谈说之术"是他们修身、齐家、治国的必修课程。到了现代社会,"谈说之术"同样彰显出了时代价值,它没有套路,更没有剧本,但却直达人心、正能量满满,是继承和发扬中华优秀传统文化的典范。

"话术"则走向了另一个极端,由于它只是为了赢得一时话语上的胜利,不注重出发点的好坏,反而过度依赖所谓技巧,所以逐渐由最初的"见什么人说什么话"发展为"套话""剧本",乃至"骗术"。即便是正面义话术和中性义话术,听起来也让人难免有敷衍之感,常常是话一出口,别人就已经猜到了后面的内容。例如,在电商平台上询问卖家发货的物流信息时,我们常会收到类似的回

复:"您好！您的包裹已经在路上了,还请耐心等待! 因受天气影响,部分道路运输受阻,暂未知具体到货时间。相信很快包裹就到您手上了!"这种"话术"几乎就是无效沟通。

至于"诈骗话术"等负面义话术,轻则降低沟通的信度和效度,重则危害社会安全和稳定,应当坚决摒弃。

(三)摒弃"话术",弘扬"谈说之术"

《演讲与口才》是关于演讲与口才训练的权威期刊,其官网专门刊登涉及演讲、论辩、谈话、交际、口语训练等方面的内容,但笔者进行全站搜索后,并未发现"话术"一词。可见,专业性期刊并没有将学习"话术"视作锻炼口才的方法。网络上关注"谈说之术"的内容也不多,除了几篇文学专业的学术论文之外,大部分仅限于通过引用荀子原文达到简单介绍"谈说之术"字面含义的目的。

应该说,讲清楚国学经典的原本含义,对于弘扬中华优秀传统文化、展示语言学的魅力都是极为必要的。而弘扬"谈说之术",不仅是对中华优秀传统文化的继承和发展,而且有利于良好社会交往关系的建构以及社会发展过程中所出现的诸多问题的解决。

"谈说之术"是中华优秀传统文化中的语用艺术,除"辞之修,说之善"外,还特别讲究说话时的行为动作和态度,即如东汉王充《论衡·物势》所说:"或辩口利舌,辞喻横出为胜;或诎弱缀踤,连蹇不比者为负。"可见,"谈说之术"是摆事实、讲道理的谈说,是为达到取信于人、辨别是非、与人为善等目的而服务的言语行为艺术,具有很强的客观性。而"话术"则多为话轮转换中的固定模式,是言语上的设计和算计,通常被视为剧本台词甚至语言陷阱,具有很强的主观性,广为人们所诟病。

值得注意的是,"话术"与"谈说之术"也有相同之处,即都有言外之意,也正因如此,在人们现实的交际中"话术"难免被混淆为"谈说之术",等同于艺术技巧。但正如前文所述,两者的"术"毕竟本质不同。"话术"反映的是心术不正,因此常同夸大、虚假、诈骗等言语行为联系在一起构成言语套路,与"谈说之术"不可同日而语。由此可知,若想提高语言表达水平,应该学习的是"谈说之术"而非"话术"。也就是说,我们要弘扬表达与行为相得益彰的"谈说之术",抛弃害人害己的"话术"。

第二节 避免"话术"干扰"谈说之术"的传承传播

网络上一直流行着各类"话术",一些传播者视"话术"为金科玉律,甚至还借鬼谷子之名将其说成是"传统语言艺术"。实际上,"话术"与"谈说之术"是不可同日而语的,但"话术"正在不断制造乱局,以致现有对"话术"的词义认知同其所实行的语用行为大相径庭。

一、"话术"用意:功利捷径,行为套路

从一般认知的词汇含义看,最初"话术"在网络传播中常被称作"说话的艺术"或"沟通技巧"。或许正是因为人们致力寻求语言交际成功的方法,以弥补自己认识能力的不足,所以就出现了针对性解决实际问题的沟通话术、客服话术、赞美话术、邀约话术、聊天话术和父母话术等各种"话术"。但令人遗憾的是,从实际语用行为表现看,"话术"常被用来给人洗脑,被当作获取功利的捷径,以致人们对它既恨又爱,纠结矛盾。

事实上,由于"话术"编造者存在认识不足、生搬硬套等问题,加之某些缺少经验又渴望成事的人想走捷径,只图简单易学,而且只取方法,不假思索,所以"话术"往往成了"套路"。有人编套路,就有人学套路,尤其是在销售领域。例如:

(1)"你害怕自己话术生硬,得不到客户认同或沟通效果差?别怕!""要用精彩的开场白吸引客户!""要激起客户的兴趣,赢得客户的信任!""要创造并引导客户的需求,有效化解客户的摇摆心理。"

网络上还流行沟通话术,如:

(2)"怎样才能'准确'地让对方觉得你懂他?""要学会使用不

能实证的正面描述。""要抓住每个人的受害者心态。""要说模棱两可的话。""要抓住对方孤芳自赏的心理。"

凡此种种,不胜枚举。

上述例子尚属比较中性的"话术"套路,其共同特点有二:一个是以虚招换实利,一个是根据对方的心理弱点使用针对性语言招数。但可惜的是,其中并没有真情实意,也没有服务意识,更不用说为对方着想了。如果是"诈骗话术",则基本套路类似,但毫无信义可言。例如,某学生本存善念,曾在2008年汶川大地震中救了7名同学,但令人遗憾的是,后来他为了逐利,利用"话术"诈骗钱财数十万元。他的套路大略是:抓住人们崇敬英雄的心理(加强话语权,增强可信度);谎称能够帮助受害者达成某种目的(挖坑);以此提出需要花费钱财(坑人)。

二、"话术"行为:诈骗之盛,信义之失

所谓"诈骗话术",就是以不当得利为目的的欺诈言语行为和手段,包括欺骗、甩锅、讹诈等,具有以下语用行为特征:

1. 心术不正,欺诈洗脑

诈骗分子基本都是自私自利的,不会为别人着想。他们的"诈骗话术"是通过编造虚假信息对交际对象进行欺骗和洗脑,进而误导交际对象以骗取钱财等。"诈骗话术"会导致受害者轻则损失钱物、重则倾家荡产,甚至家破人亡,因此说它包藏祸心、谋财害命一点也不为过。

2. 诡辩强辩,似是而非

诡辩强辩,都是貌似合理实则无理的论说,得出的自然也都是违背事实和逻辑的谬论,目的只是蒙人、唬人。诡辩,意图通过偷换概念、转移论题、移花接木得出似是而非的结论;强辩,意图通过无中生有地制造虚假论据,颠倒是非得出强加于人的结论。

3. 行为不端,危害社会

"诈骗话术"具有虚假性、欺骗性,不但会对个人造成危害,还会降低社会信任度,扰乱社会秩序,甚至造成社会动荡。

4. 造势构陷,与人为恶

"话术"是精心设计的套路,"诈骗话术"更是通过一步一步的造势甚至威逼利诱,来坑害别人和获取私利,如"传销话术""泡妞话术""甩锅讹诈话术"等,已由套路变成了下套、挖坑。特别是疫情期间出现的一系列"阴谋话术",可以说就是讹诈、敲诈、霸凌的代名词,不但毫无信誉可言,而且满怀罪恶动机。

可见,语用行为不是简单的语言运用问题,而是同其他行为一样可以救人,也可以杀人。负面义话术,尤其是"诈骗话术"言语行为的危害性必须受到高度重视。

总而言之,"话术"看似头头是道、雄辩压人,实则无理诡辩、危言耸听,但"话术"为什么能够得逞、为什么能够流行? 相信、使用"话术"的人为什么那么多,应该如何破解? 其实"话术"本身并不高明,造成上述问题的根本原因在于误识。一是认知不当,不知不智;二是话语权助纣为虐。前者指的是人若不智则无知,遇事也就没有正确的处理思路和方法。后者是指话语权决定着会话含义的接受度,即只要有了话语权,往往就能控制他人并使其相信自己所说的内容。

《菜根谭》:"真廉无廉名,立名者正所以为贪;大巧无巧术,用术者乃所以为拙。"由此可知,使用"话术"者往往心存贪念,善于掩盖自己的目的,并能利用别人的贪念达到自己的目的,但其不懂"己所不欲,勿施于人""骗得了一时,骗不了一世""害人终害己"的道理。

第四章 "谈说之术"和言语行为理论

"谈说之术"贯穿于《说苑》的每一章节,涉及治国理政、修身做人、重德立节、尊贤纳谏、辨物修文等方面。下面通过从微观视角分析《说苑》中劝谏和论辩两种言语行为实例,挖掘蕴含其中的语用学思想,阐述语用文化对于现代语言实践的意义和方法论价值。

第一节 《说苑》劝谏言语行为分析

《说苑》"正谏"章题目虽为"正谏",但实际上主要内容为对国君的劝谏。

一、《说苑》劝谏言语行为的分类、内涵及表达目的

劝谏言语行为是指通过言语来表达规劝意图,以使听话者改变某些做法的行为。

(一)《说苑》劝谏言语行为的分类、内涵

"正谏"章将劝谏分为五类,即"谏有五:一曰正谏,二曰降谏,三曰忠谏,四曰戆谏,五曰讽谏"。这五谏主要是按照表达方式确定的,古今字面意思基本相当。

正谏,就是正面直接的劝说,劝谏者地位、名望比较高,与受劝者的关系不一般,同时也有劝谏成功的自信。降谏,就是褒人贬己的劝说,劝谏者地位、名望不高,与受劝者的关系一般,对于劝谏成功缺乏自信。忠谏,就是忠心保国、舍己为君的劝说。戆谏,就是实话实说、不加掩饰的劝说,劝谏者比较憨直,就是俗话所说的"一根筋"。讽谏,就是利用拟喻等修辞手法让受劝者听出话中之话、弦外之音。这五种劝谏说法其实早已有之,只是大同小异,如孔子曰:"忠臣之谏君,有五义焉:一曰谲谏(王肃注:正其事以谲谏其君),二曰戆谏(王肃注:戆谏,无文饰也),三曰降谏(王肃注:卑降其体所以谏也),四曰直谏,五曰风谏('风'通'讽'。王肃注:风谏,依违远罪避害者也)。唯度主而行之,吾从其风谏乎。"(《孔子家语·辩政》)

南梁顾野王《玉篇》:"谲谏,依违不直言也。""依违"的字面意思是可依可违,在这里表示进退自如、伸缩两可。由此可知,"谲谏"即不直接说,而是分清是非、迂回曲折地劝说。直谏,是直接劝谏,应该与"正谏"相同或相近。孔子之所以选择"风谏"即"讽谏",是因为可以"依违远罪避害者",即不直接犯颜强谏,自己就不容易获罪,这样就可以做到进退自如。

(二)《说苑》劝谏言语行为的表达目的及结果

"正谏"章引《周易》的话说:"王臣蹇蹇,匪躬之故。"这就引出了劝谏的目的,即"谏其君者,非为身也,将欲以匡君之过,矫君之失也"。而"君有过失者,危亡之萌也;见君之过失而不谏,是轻君之危亡也。夫轻君之危亡者,忠臣不忍为也"。这是说臣子"蹇蹇"为难地进行劝谏,不是为了自身,而是为了匡正国君的过失,矫正失误,避免危亡。因为国君有过失,是国家危险灭亡的萌芽,不谏就是失职,而这是忠臣不忍心做的。劝谏言语行为的重要性由此可见一斑。

劝谏国君是有很大风险的,如果劝谏不成功,则劝谏者会面临两个结果:一个是离开,另一个是不离开而被杀害。那么,对此应该怎么办呢?"正谏"章指出,有些人认为"夫不谏则危君,固谏则危身,与其危君宁危身",但是"危身而终不用,则谏亦无功矣"。其意思是说宁可危害自身也要劝谏并没有意义,因为劝谏无效而把自身搭进去是一举两失:自己死了,劝谏也不起作用,只不过是白白送命。所以,劝谏者应该做到"三谏而不用则去,不去则亡身。亡身者,仁人所不为也"。这是说如果臣子再三劝谏而君王仍不听从,就应该离开,不离开就有被杀的危险，为此而死则是仁人不应该做的。

刘向不赞成死谏危身，认为应该讲求方式方法，根据劝谏对象的情况、事情的轻重缓急来适当把握劝谏的时机，就像他在"正谏"章所说，"智者度君权时，调其缓急，而处其宜，上不敢危君，下不以危身。故在国而国不危，在身而身不殆。昔陈灵公不听泄冶之谏而杀之，曹羁三谏曹君不听而去，《春秋》序义虽俱贤，而曹羁合礼"。这是通过举例来论证"三谏而不用则去"的观点，即曹羁三次劝谏曹君不听而离开是"合礼"的，而不是被陈灵公所杀的泄冶。可见，《说苑》的作者并不推崇因愚忠而杀身成仁，推重的是把握时机明智退出，尽忠尽职却不必亡身。

二、正谏言语行为分析

从表达方式看，正谏就是正面直接的劝说，即面对问题摆事实、讲道理，语言表达不遮掩、不拐弯抹角；从目的上说，正谏主要用于匡正国君的过失。因此，正谏言语行为有三个特点：一是正面劝谏，不避讳；二是直接劝谏，不兜圈子；三是劝谏者多为身份、地位较高的人。例如：

> （1）景公为台，台成，又欲为钟，晏子谏曰："君不胜欲，为台；今复欲为钟，是重敛于民，民必哀矣。夫敛民之哀，而以为乐，不祥。"
> 景公乃止。（《说苑·正谏》）

齐景公建造完高台后，又要铸造大钟。晏子劝谏说："国君不能控制自己的欲望而建造了高台，如今又要铸造大钟，这会加重对百姓的赋敛，百姓必定痛苦不堪。聚集百姓的痛苦，为了自己享乐，不会吉祥。"景公于是停止了铸钟。

晏子劝谏景公不要铸钟，先是正面直接指出既已建台又要铸钟，这是民众的悲哀；接着指出铸钟的结果是以民之哀为乐，是"不祥"之事。不祥，就意味着会带来灾祸，于是景公停止了铸钟。晏子是当时著名的贤臣良相，因此说话直接、不掩饰，景公也能接受。这是典型的正谏，是直接讲道理并得出结论。再如：

(2)晏子复于景公曰:"朝居严乎?"公曰:"朝居严,则曷害于治国家哉?"晏子对曰:"朝居严,则下无言;下无言,则上无闻矣。下无言,则谓之喑;上无闻则谓之聋;聋喑,则非害治国家如何也?且合菽粟之微,以满仓廪;合疏缕之纬,以成帷幕。太山之高,非一石也,累卑然后高也。夫治天下者,非一士之言也,固有受而不用,恶有距而不入者哉?"(《说苑·正谏》)

齐景公认为朝中政令严厉对国家不会有妨害,对此晏子直接讲明道理:朝政严厉,臣下不敢说话,君王就听不到意见,这就如同哑巴和聋子,对国家治理会有怎样的妨害? 治理国家像其他事情一样,都是一点一滴累积而成的,不能只听一人之言,应该集思广益,即使有的意见暂时不采纳,也不能拒绝不听。晏子以论代劝,劝谏齐景公改弦更张,即通过问话引出问题,再以具体的聋哑病症代指抽象的意见传达,又以泰山累石而高等暗喻国家应当重视从点滴处谋求发展,进而以此改变了景公的看法。

常言说"人不可貌相,海水不可斗量",但其实身份也是语境的一部分,其作用不容小觑,只有智者才能透过现象看本质。事实上,如果劝谏者身份、地位不高,劝谏往往不会被接受。例如:

(3)齐简公有臣曰诸御鞅,谏简公曰:"田常与宰予,此二人者甚相憎也,臣恐其相攻。相攻虽叛而危之,不可,愿君去一人。"简公曰:"非细人之所敢议也。"居无几何,田常果攻宰予于庭,贼简公于朝。简公喟焉太息曰:"余不用鞅之言,以至此患也。"故忠臣之言,不可不察也。(《说苑·正谏》)

诸御鞅劝谏齐简公,说朝中有两个相互敌视的人,可能会带来危害,但由于身份不高,劝谏未被采信。后来田常果然攻杀宰予,又在朝堂上杀害了简公。简公临死时的叹息之言值得警醒和借鉴。

有的时候,地位很高的朝臣劝谏国君也可能不被接受。例如:

(4)吴以伍子胥、孙武之谋,西破强楚,北威齐、晋,南伐越。越王勾践迎击之,败吴于姑苏,伤阖庐指。……是夕,阖庐死。夫差既立为王,以伯嚭为太宰,习战射,三年,伐越,败越于夫湫。越王勾践乃以兵五千人栖于会稽山上,使大夫种厚币遗吴太宰嚭以请和,委国为臣妾,吴王将许之。伍子胥谏曰:"越王为人能辛苦,今王不灭,后必悔之。"吴王不听,用太宰嚭计,与越平。(《说苑·正谏》)

吴国依靠伍子胥、孙武的计谋,向西攻破强大的楚国,向北威慑齐、晋两国,向南攻打越国。越王勾践领兵迎击,在姑苏打败吴军,击伤了吴王阖庐的脚拇趾。当天夜里,阖庐去世。夫差继位成为吴王后,任用伯嚭为太宰,操练战斗、射箭技巧,三年后攻打越国,在夫湫打败越军。越王勾践率领残兵五千人困守在会稽山上,派大夫文种送厚礼给吴国太宰伯嚭,请求和谈,表示愿意以整个越国做吴国的奴仆。吴王夫差准备答应,伍子胥劝谏说:"越王为人能忍受艰苦,现在大王不灭越国,以后一定会后悔的。"夫差不听,采纳伯嚭的计谋,与越国达成了和议。

至此,伍子胥的第一次灭越劝谏失败。

(5)其后五年,吴王闻齐景公死而大臣争宠,新君弱,乃兴师北伐齐。子胥谏曰:"不可。勾践食不重味,吊死问疾,且能用人。此人不死,必为吴患。今越,腹心之疾,齐犹疥癣耳,而王不先越,乃务伐齐,不亦谬乎?"吴王不听,伐齐,大败齐师于艾陵,遂与邹、鲁之君会以归。益疏子胥之言。其后四年,吴将复北伐齐,越王勾践用子贡之谋,乃率其众以助吴,而重宝以献遗太宰嚭。太宰嚭既数受越赂,其爱信越殊甚,日夜为言于吴王,王信用嚭之计。伍子胥谏曰:"夫越,腹心之疾,今信其游辞伪诈而贪齐,破齐譬犹石田,无所用之。《盘庚》曰:'有颠越不恭,劓殄灭之,俾无遗育,无使易种于兹邑。'是商所以兴也。愿王释齐而先越,不然,将悔之无及也已。"吴王不听,使子胥于齐。子胥谓其子曰:"吾谏王,王不我用,吾今见吴之灭矣,女与吴俱亡,无为也。"乃属其子于齐鲍氏,而归报吴王。(《说苑·正谏》)

五年后,吴王夫差要趁齐景公去世之际攻打齐国,伍子胥劝谏认为越国才是腹心之疾,夫差不听,打败了齐军,自此更少听伍子胥的话了。四年后,夫差又要攻打齐国,越王勾践除了贿赂伯嚭之外,还按照子贡的计谋率领部队帮助吴国。伍子胥再次劝谏,但夫差只信任伯嚭和越王,听不进他的话。

(6)太宰嚭既与子胥有隙,因谗曰:"子胥为人,刚暴少恩,其怨望猜贼,为祸也深。恨前日王欲伐齐,子胥以为不可,王卒伐之而有大功,子胥计谋不用,乃反怨望。今王又复伐齐,子胥专愎强谏,沮毁用事,徼幸吴之败,以自胜其计谋耳。今王自行,悉国中武力以伐齐,而子胥谏不用,因辍,佯病不行,王不可不备。此起祸不难。且臣使人微伺之,其使齐也,乃属其子于鲍氏。夫人臣内不得意,外交诸侯,自以先王谋臣,今不用,常怏怏。愿王蚤图之。"吴王曰:"微子之言,吾亦疑之。"乃使使赐子胥属镂之剑,曰:"子以此死。"(《说苑·正谏》)

伯嚭出于对伍子胥的怨恨,诋毁伍子胥刚愎暴躁,不知感恩,心怀怨恨和猜忌,将来后患无穷,并污蔑伍子胥劝谏不成而期望吴国战败,还把伍子胥送儿子到齐国作为他包藏祸心的根据。吴王正好对伍子胥也有疑虑,便赐他自刎而死。

(7)子胥曰:"嗟乎,谗臣宰嚭为乱,王顾反诛我!我令若父霸,又若立时,诸子弟争立,我以死争之于先王,几不得立。若既立,欲分吴国与我,我顾不敢当。然若之何听谗臣杀长者?"乃告舍人曰:"必树吾墓上以梓,令可以为器;而抉吾眼著之吴东门,以观越寇之灭吴也。"乃自刺杀。吴王闻之大怒,乃取子胥尸盛以鸱夷革,浮之江中。吴人怜之,乃为立祠于江上,因名曰胥山。后十余年,越袭吴,吴王还与战,不胜,使大夫行成于越,不许。吴王将死,曰:"吾以不用子胥之言至于此,令死者无知则已,死者有知,吾何面目以见子胥也!"遂蒙絮覆面而自刎。(《说苑·正谏》)

伍子胥临死,感叹自己居功至伟,忠心不二,却因谏获罪。吴王夫差最终落得个兵败自杀的下场,也感叹、后悔不听伍子胥劝谏之言,自觉没有脸面去见伍子胥。造成这个悲剧结果的原因是什么呢?既有话语问题,也有身份问题,还有背景语境问题。首先,话语不是主要原因。但伍子胥每一次劝谏都以越国为目标,理由单一,特别是吴王夫差两次不听之后,还再说同样的话。这样一来即使伍子胥说的都是对的,也会被夫差认为是强为之说或老生常谈。其次,身份不同才是主要原因。先王阖庐在位时,对伍子胥言听计从,但现在的吴王是夫差,所谓"一朝天子一朝臣"了。最后,语境改变是更为重要的原因。吴王夫差大败越国之后,没有斩草除根,似有恻隐之心,这就与前朝老臣伍子胥有了分歧。这是身份造成的,也是语境改变的结果。前朝老臣伍子胥对在自己帮扶下继位的吴王夫差实话直说,会让夫差认为"你自恃功高"或者"你这是盖主"。何况吴国打了胜仗,夫差根本不拿越国当回事儿。这些就构成了背景语境。再加上现实语境,即谗臣伯嚭被越国收买,成为内奸,以谗言在夫差面前诋毁伍子胥,如把伍子胥的功臣身份和劝诫语言视为刚愎自用、强行谏阻,并把伍子胥的话曲解为有私人图谋。于是,吴王夫差更加疏远伍子胥,不但置他的劝谏于不顾,反而逼死了他。

正谏不只用于君王,还可用于同僚。例如:

(8)鲁襄公朝荆①,至淮,闻荆康王卒,公欲还。叔仲昭伯曰:"君之来也,为其威也,今其王死,其威未去,何为还?"大夫皆欲还,子服景伯曰:"子之来也,为国家之利也,故不惮勤劳,不远道涂,而听于荆也,畏其威也。夫义人者,固将庆其喜而吊其忧,况畏而聘焉者乎?闻畏而往,闻丧而还,其谁曰非侮也?芈姓是嗣,王太子又长矣,执政未易,事君任政,求说其侮,以定嗣君,而示后人。其仇滋大,以战小国,其谁能止之?若从君而致患,不若违君以避难。且君子计而后行,二三子其计乎?有御楚之术,有守国之备,则可;若未有也,不如行。"乃遂行。(《说苑·正谏》)

---

① 楚国又称荆国,下文的荆康王即楚康王。

鲁襄公去朝见楚王,路上听说楚康王去世了,就打算返回。大夫叔仲昭伯以问话代劝谏,意思是国君因为惧怕楚王之威才去朝见,现在楚王虽死余威尚在,没理由返回。但是,其他随同的大夫都要跟着鲁襄公回去。这时另一位大夫子服景伯劝大家:现在不但鲁国所畏惧的楚国的威势仍在,而且不去吊丧也有失礼仪,会被认为是在侮辱楚国,楚太子继位后将把鲁国视为大仇,如果发起战争,谁能抵挡得了?最后提出了做出决定的条件:如果诸位有御楚的妙招,有守国的战备,可回;如果没有,应去。

这样,子服景伯就通过对比说理说服了大家。

正谏有时是直接正面给出结论,然后用故事比喻说理。例如:

> (9)吴王欲从民饮酒,伍子胥谏曰:"不可。昔白龙下清泠之
> 渊,化为鱼,渔者豫且射中其目。白龙上诉天帝,天帝曰:'当是之
> 时,若安置而形?'白龙对曰:'我下清泠之渊,化为鱼。天帝曰:'鱼
> 固人之所射也,若是,豫且何罪?'夫白龙,天帝贵畜也;豫且,宋国
> 贱臣也;白龙不化,豫且不射。今君弃万乘之位,而从布衣之士饮
> 酒,臣恐其有豫且之患矣。"王乃止。(《说苑·正谏》)

白龙化为鱼被渔民豫且射中,于是状告渔民。天帝认为:渔民不知道你是白龙,而鱼本就是人所要射的,所以渔民无罪。伍子胥以此讽谏吴王弃尊位而与布衣平民饮酒,恐怕会遇到豫且射鱼那样的祸患。吴王听明白了,也怕有这种遭遇发生,便听从了劝谏。

三、降谏言语行为分析

从表达方式看,降谏就是放低身段、谦卑进言的劝说,降谏者地位、威望都不高。例如:

> (10)孝景皇帝时,吴王濞反,郎中枚乘字叔闻之,为书谏王,其
> 辞曰:"君王之臣乘,窃闻得全者全昌,失全者全亡。舜无立锥之

地,以有天下;禹无十户之聚,以王诸侯;汤、武之地,方不过百里,上不绝三光之明,下不伤百姓之心者,有王术也。故父子之道,天性也。忠臣不敢避诛以直谏,故事无废业,而功留于万世也。臣诚愿披腹心而效愚忠,恐大王不能用之,臣诚愿大王少加意念恻怛之心于臣乘之言。夫以一缕之任,系千钧之重,上悬之无极之高,下垂之不测之渊,虽甚愚之人,且犹知哀其将绝也。马方骇而重惊之,系方绝而重镇之。系绝于天,不可复结;坠入深渊,难以复出。其出不出,间不容发。诚能用臣乘言,一举必脱。必若所欲为,危如重卵,难于上天;变所欲为,易于反掌,安于太山。今欲极天命之寿,弊无穷之乐,保万乘之势,不出反掌之易,以居太山之安;乃欲乘重卵之危,走上天之难,此愚臣之所大惑也。人性有畏其影而恶其迹者,却背而走,无益也,不如就阴而止,影灭迹绝。欲人勿闻,莫若勿言;欲人勿知,莫若勿为。欲汤之冷,令一人吹之,百人扬之,无益也,不如绝薪止火而已。不绝之于彼,而救之于此,譬犹抱薪救火也。养由基,楚之善射者也,去杨叶百步,百发百中。杨叶之小,而加百中焉,可谓善射矣,所止乃百步之中耳。比于臣,未知操弓持矢也。福生有基,祸生有胎。纳其基,绝其胎,祸何从来哉!泰山之溜穿石,引绳久之,乃以挈木。水非石之钻,绳非木之锯也,而渐靡使之然。夫铢铢而称之,至石必差;寸寸而度之,至丈必过。石称丈量,径而寡失。夫十围之木,始生于蘗,可引而绝,可擢而拔,据其未生,先其未形。磨砻砥砺,不见其损,有时而尽;种树畜长,不见其益,有时而大;积德修行,不知其善,有时而用;行恶为非,弃义背理,不知其恶,有时而亡。臣诚愿大王孰计而身行之,此百王不易之道也。"吴王不听,卒死丹徒。(《说苑·正谏》)

枚乘这段谏言的大意是:第一,做事周全的人可以保全自己,则兴;做事不周全的人不能保全自己,则亡。同时,援引舜禹汤武例证,指出"王术"之道。第二,以父子之道、忠臣之谏表露心迹,期望获得吴王刘濞的共情。第三,用不同的比喻说明就连傻子都知道一条绳子不可以承受千钧之重,不能让受惊的马再次受惊。然后对刘濞说:听我的话,就可以安然享乐,保有权势,这是易如反掌的;而不听我的话,为所欲为,情势必将危如累卵,想要成功难于上天。如果您选择后者的话,我会大惑不解。第四,用比喻说明若害怕暴露行迹,就应停在暗处,适可而止;若要人不知,除非己莫为。如果想让锅里的热汤冷却下来,就要撤柴止火,而不是扬汤止沸。第五,告诉刘濞:谏言再厉害的人,其能力也是有限的,更别说像我这样不厉害的人了。重要的是抓住幸福的根基,断绝祸患的萌芽。第六,用比喻说明水滴石穿、积小过而成大错的道理。大树在长成之前,很容易连根拔起;磨刀石每次磨不掉多少,但是总有被磨尽的一天。种一棵树,每天看不出它在长,但它总有长大的一天。积德、行恶与此同理。话说到这里,枚乘诚心地请求刘濞好好考虑再付诸行动,因为这是许多君王都不能改变的道理。结果"吴王不听,卒死丹徒"。

这是枚乘对刘濞的第二次劝谏,刘濞没有听从,以致兵败被杀。为避免刘濞认为自己代表汉廷进言,或者是居高临下强谏,枚乘使用了"臣""不敢""披腹心""效愚忠""恐""诚愿""愚臣"等词语,使表达尽显谦卑、恳切。

"七国之乱"平定后,枚乘因两次劝谏吴王刘濞而闻名于世。

四、忠谏言语行为分析

从表达方式看,忠谏出于忠君爱国,体现了为国为君直面生死的态度和决心。"正谏"章援引孔子的话表达了忠言劝谏的重要意义,并告诫劝谏对象不能讳疾忌医,以免使劝谏者处于危险之中。例如:

> (11)孔子曰:"良药苦于口利于病,忠言逆于耳利于行。"故武王谔谔而昌,纣嘿嘿而亡。君无谔谔之臣,父无谔谔之子,兄无谔谔之弟,夫无谔谔之妇,士无谔谔之友,其亡可立而待。故曰:"君失之,臣得之;父失之,子得之;兄失之,弟得之;夫失之,妇得之;士失之,友得之。故无亡国破家、悖父乱子、放兄弃弟、狂夫淫妇、绝交败友。"(《说苑·正谏》)

"良药苦于口利于病,忠言逆于耳利于行",这句话流传至今,因为它具有真理性。孔子通过列举周武王因有直言相谏的臣子而兴盛,纣王因臣子不敢直言而灭亡,来说明君臣、父子、兄弟、夫妇、士友之间无不如此,即有忠言相劝则会得益,没有则离亡乱之日不远了。

忠谏的突出特点就是劝谏者为了忠心保国,面对死亡威胁毫不畏惧,可以说是典型的冒死相谏。例如:

> (12)齐景公游于海上而乐之,六月不归,令左右曰:"敢有先言归者,致死不赦。"颜烛趋进谏曰:"君乐治海上,不乐治国,而六月不归,彼傥有治国者,君且安得乐此海也?"景公援戟将斫之。颜烛趋进,抚衣待之,曰:"君奚不斫也? 昔者桀杀关龙逢,纣杀王子比干;君之贤,非此二主也;臣之材,亦非此二子也;君奚不斫? 以臣参此二人者,不亦可乎?"景公说,遂归,中道闻国人谋不内矣。(《说苑·正谏》)

齐景公在海上游乐,六个月不理朝政,竟然还下令称谁敢先劝他回去,"致死不赦"。而颜烛则毫无畏惧地进谏:国君在海上游乐六个月不回去,倘若国内另有治理国家的人,那你还能安心地以海为乐吗? 言下之意是这么长时间不理朝政,国内生乱可怎么办? 景公欲用戟砍杀颜烛,他没有躲避,反而进前让景公砍,并举了夏桀和商纣杀害忠臣的事。这简直与孔子所说的"良药苦于口利于病,忠言逆于耳利于行"如出一辙。景公当然知道这两个君王的覆灭下场,因此转怒为喜,接受了颜烛的劝谏。果不其然,在回去的路上景公听说国内有人谋划不想让他回去。

有的忠谏目的非常明确,劝谏的话语也颇有技巧。例如:

> (13)楚庄王立为君,三年不听朝,乃令于国曰:"寡人恶为人臣而遽谏其君者。今寡人有国家,立社稷,有谏则死无赦。"苏从曰:"处君之高爵,食君之厚禄,爱其死而不谏其君,则非忠臣也。"乃入谏。庄王立钟鼓之间,左伏扬姬,右拥越姬;左裯衽,右朝服。曰:"吾钟鼓之不暇,何谏之听!"苏从曰:"臣闻之,好道者多资,好乐者多迷;好道者多粮,好乐者多亡。荆国亡无日矣,死臣敢以告王。"王曰:"善!"左执苏从手,右抽阴刀,刓钟鼓之悬,明日授苏从

为相。(《说苑·正谏》)

楚庄王三年不理朝政,吃喝玩乐,还公开发令:寡人讨厌臣下总是劝谏国君,如果有人劝谏就是死罪,不会赦免。但苏从却认为享受国君赐予的高官厚禄,如果贪生怕死而不敢劝谏国君,就不是忠臣,于是入朝进谏。见到苏从来了,楚庄王却说没时间听。苏从便以"臣闻之"开头,指出执迷享乐的人大都会落得迷乱、灭亡的下场,并以"死臣敢以告王"表示自己冒死相告的内容重于生死。也就是说,苏从不是一上来就直接劝谏,而是阐述社会公认的道理,从而增强了说服力。楚庄王认为苏从说得在理,不仅接受了劝谏,还重用了苏从。

上述忠谏的例子基本都还留有回旋余地,但在有些情况下的确很难做到,这时就需要劝谏者表现出置之死地而后生的勇气。例如:

(14)秦始皇帝太后不谨,幸郎嫪毐……毐败,始皇乃取毒四支车裂之,取其两弟囊扑杀之,取皇太后迁之于萯阳宫,下令曰:"敢以太后事谏者,戮而杀之,从蒺藜其脊肉干四支,而积之阙下。"谏而死者二十七人矣。齐客茅焦乃往上谒曰:"齐客茅焦愿上谏皇帝。"皇帝使使者出问:"客得无以太后事谏也?"茅焦曰:"然。"使者还白曰:"果以太后事谏。"皇帝曰:"走往告之:若不见阙下积死人邪?"使者问茅焦。茅焦曰:"臣闻之,天有二十八宿,今死者已有二十七人矣,臣所以来者,欲满其数耳。臣非畏死人也,走入白之!"茅焦邑子同食者,尽负其衣物行亡。使者入白之,皇帝大怒曰:"是子故来犯吾禁,趣炊镬汤煮之!是安得积阙下乎?趣召之入!"皇帝按剑而坐,口正沫出。使者召之入,茅焦不肯疾行,足趣相过耳。使者趣之,茅焦曰:"臣至前则死矣!君独不能忍吾须臾乎?"使者极哀之。茅焦至前,再拜谒起,称曰:"臣闻之,夫有生者不讳死,有国者不讳亡。讳死者不可以得生,讳亡者不可以得存。死生存亡,圣主所欲急闻也,不审陛下欲闻之不?"皇帝曰:"何谓也?"茅焦对曰:"陛下有狂悖之行,陛下不自知邪?"皇帝曰:"何等也?愿闻之!"茅焦对曰:"陛下车裂假父,有嫉妒之心;囊扑两弟,有不慈之名;迁母萯阳宫,有不孝之行;从蒺藜于谏士,有桀纣之治;今天下闻之,尽瓦

解无向秦者。臣窃恐秦亡,为陛下危之。所言已毕,乞行就质。"乃
解衣伏质。皇帝下殿,左手接之,右手麾左右曰:"赦之!先生就
衣,今愿受事。"乃立焦为仲父,爵之为上卿。皇帝立驾千乘万骑,
空左方,自行迎太后贲阳宫,归于咸阳。(《说苑·正谏》)

秦始皇因嫪毐生乱,把太后关在贲阳宫,下令称如果有谁因为太后的事进谏,就杀了他,然后就有二十七个人被杀于宫阙下。茅焦冒死来见,还说要和那二十七个人凑足二十八星宿,这就将自己置于了"死地"。秦始皇大怒,要用汤锅煮了茅焦,让他无法凑数。茅焦见到秦始皇后,却说起了生死存亡之道,并问他要不要听。秦始皇说愿意听,茅焦便说:"陛下以车裂之刑杀了义父,有嫉妒心理;将两个弟弟装在袋子中打死,有不仁慈的名声;把母亲关进贲阳宫,是不孝的行为;将劝谏者抛在蒺藜之上,是桀纣的做法。现在天下的人知道了这些事,人心思散,都不再心向秦国了。我茅焦怕秦国会灭亡,正在替陛下担忧这样的危险哪。"秦始皇听后表示愿意接受茅焦所说的道理,不但赦免了他,还尊他为仲父,并封他为上卿,然后亲自去将母亲接回咸阳。

茅焦劝谏之所以能够成功,主要是因为灵活运用了"谈说之术"。一方面,注意话语表达方式,先激后降。茅焦先激怒秦始皇,使气氛达到不能再紧张的程度。这样见面时换一个话题,就可以起到降温的作用。另一方面,能够说到秦始皇的心坎里。见面后换一个话题固然很重要,但是说什么话题更重要。因为如果直接进谏,秦始皇就不可能再让茅焦说下去了,所以茅焦说的必须是能打动秦始皇的。那么,怎样才能打动秦始皇呢?当然是关乎国家兴亡的大事了。秦始皇在意自己的名声,更重视国家的兴亡,自然就被茅焦的"臣窃恐秦亡,为陛下危之"打动了。

忠谏靠的不只是勇敢,还有智慧。例如:

(15)楚庄王筑层台,延石千里,延壤百里,士有反三月之粮者。大臣谏者七十二人,皆死矣。有诸御己者,违楚百里而耕,谓其耦曰:"吾将入见于王。"其耦曰:"以身乎?吾闻之,说人主者,皆闲暇之人也,然且至而死矣。今子特草茅之人耳。"诸御己曰:"若与子同耕,则比力也;至于说人主,则不与子比智矣。"委其耕而入见庄

王。庄王谓之曰:"诸御己来,汝将谏邪?"诸御己曰:"君有义之用,有法之行。且己闻之:土负水者平,木负绳者正,君受谏者圣。君筑层台,延石千里,延壤百型,民之釬笞,血成于通涂,然且未敢谏也,己何敢谏乎? 顾臣愚,窃闻昔者虞不用宫之奇而晋并之,陈不用子家羁而楚并之,曹不用僖负羁而宋并之,莱不用子猛而齐并之,吴不用子胥而越并之,秦不用蹇叔之言而秦国危,桀杀关龙逄而汤得之,纣杀王子比干而武王得之,宣王杀杜伯而周室卑。此三天子六诸侯,皆不能尊贤用辩士之言,故身死而国亡。"遂趋而出。楚王遽而追之,曰:"己,子反矣! 吾将用子之谏! 先日说寡人者,其说也不足以动寡人之心,又危加诸寡人,故皆至而死;今子之说,足以动寡人之心,又不危加诸寡人,故吾将用子之谏。"明日令曰:"有能入谏者,吾将与为兄弟。"遂解层台而罢民。楚人歌之曰:"薪乎,莱乎,无诸御己,讫无子乎! 莱乎,薪乎,无诸御己,讫无人乎!"

(《说苑·正谏》)

楚庄王耗费人力物力修筑高台,七十二位劝谏此事的大臣都被处死了。诸御己表示要去劝谏庄王,和他一起耕田的同伴劝他不要去,还说先前那些去进谏的都是闲人,而且都被杀死了。诸御己回答说耕田是比力气,而说服君王比的却是智慧。入宫见到庄王之后,诸御己的智慧在于开场话题是顺着庄王说的。庄王问他是不是来进谏的,他却赞扬庄王"有义""有法",还说自己不敢来进谏。这就顾及了庄王的威严,不驳他的面子。然后,诸御己说起了用人之道,通过列举各国不会用人而为他国所用的事例,得出了"三天子六诸侯,皆不能尊贤用辩士之言,故身死而国亡"的结论,理据充分,打动人心。至此,楚庄王心悦诚服地接受了诸御己的劝谏,并说出了原因:"先前来进谏的人,说辞不足以打动我的心,又以危险加于我,所以都是来送死的;现在先生的言论,足以打动我的心,又不以危险加于我,因此我将采纳先生的意见。"

五、戆谏言语行为分析

从表达方式看,戆谏就是表现戆直、不知变通的劝谏。有的戆谏甚至会直接揭对方的老底。例如：

> （16）齐桓公谓鲍叔曰："寡人欲铸大钟，昭寡人之名焉。寡人之行，岂避尧舜哉？"鲍叔曰："敢问君之行。"桓公曰："昔者，吾围谭三年，得而不自与者，仁也；吾北伐孤竹，划令支而反者，武也；吾为葵丘之会，以偃天下之兵者，文也；诸侯抱美玉而朝者九国，寡人不受者，义也。然则文武仁义，寡人尽有之矣。寡人之行，岂避尧舜哉？"鲍叔曰："君直言，臣直对。昔者，公子纠在上位而不让，非仁也；背太公之言而侵鲁境，非义也；坛场之上，诎于一剑，非武也；侄娣不离怀衽，非文也。凡为不善遍于物，不自知者，无天祸必有人害。天处甚高，其听甚下。除君过言，天且闻之。"桓公曰："寡人有过，子幸记之，是社稷之福也。子不幸教，几有大罪，以辱社稷。"
> （《说苑·正谏》）

齐桓公乃春秋五霸之首，把自己同圣人相比情有可原，但他要铸大钟以扬名，却遭到了鲍叔牙的诘问指责。齐桓公自诩"文武仁义，寡人尽有之矣"，不逊尧舜，鲍叔牙便直接揭他的老底以示提醒：与兄争位，"非仁"；违背先祖遗言而侵犯鲁国，"非义"；会盟台上屈服于曹沫的一把剑，"非武"；姊妹侄女不离怀，"非文"。有这些不良行为，即使没有天灾也会有人祸。苍天在上边看着呢，国君要是言过其实了，他也会知道。齐桓公接受了鲍叔牙的劝谏。

君王并不都像齐桓公那样通情达理，有的面对蠡谏会大怒。例如：

> （17）楚昭王欲之荆台游，司马子綦进谏曰："荆台之游，左洞庭之波，右彭蠡之水，南望猎山，下临方淮，其乐使人遗老而忘死。人君游者，尽以亡其国。愿大王勿往游焉。"王曰："荆台乃吾地也，有地而游之，子何为绝我游乎？"怒而击之。于是令尹子西驾安车四马，经于殿下，曰："今日荆台之游，不可不观也。"王登车而拊其背曰："荆台之游，与子共乐之矣。"步马十里，引辔而止，曰："臣不敢下车，愿得有道，大王肯听之乎？"王曰："第言之。"令尹子西曰："臣闻之，为人臣而忠其君者，爵禄不足以赏也；为人臣而谀其君者，刑

罚不足以诛也。若司马子綦者,忠君也;若臣者,谀臣也。愿大王杀臣之躯,罚臣之家,而禄司马子綦。"王曰:"若我能止,听公子,独能禁我游耳。后世游之,无有极时,奈何?"令尹子西曰:"欲禁后世易耳,愿大王山陵崩阤,为陵于荆台,未尝有持钟鼓管弦之乐而游于父祖之墓上者也。"于是王还车,卒不游荆台,令罢先置。孔子从鲁闻之,曰:"美哉,令尹子西!谏之于十里之前,而权之于百世之后者也。"(《说苑·正谏》)

楚昭王要游荆台,司马子綦进谏说:"荆台游乐使人忘记年龄生死,人君游者多因此而亡国了,希望大王不要去游玩。"楚昭王生气打了他,并说:"我的地盘我去游玩,你干吗说得那么难听,断绝我的游乐?"此时,令尹子西驾车来到宫殿下,要带楚昭王去荆台游玩,楚昭王很高兴,要与之共乐。但到了半路,令尹子西停下车,说:"希望大王能听我几句话。"在征得同意后,他接着说:"忠于君王的臣子,给多少官爵俸禄都不嫌多;阿谀奉承君王的臣子,用什么刑罚加以惩罚都不过分。司马子綦忠于大王,是忠臣,我这样的是谀臣。请大王杀了我,惩罚我的家人,并给司马子綦增加俸禄。"楚昭王说:"就算我听你的劝,不去了,但我的子孙后代还是要去,怎么办呢?"令尹子西回答道:"这个好办。大王驾崩后,就把陵墓修在荆台之上,还没有人会到祖辈的陵墓上去游玩的。"于是,楚昭王接受了劝谏。孔子听说后赞赏道:"太棒了,令尹子西!他不但在十里之内劝谏成功,而且考虑到了百世之后。"

楚昭王被司马子綦的戆谏惹怒了,但却被令尹子西的降谏化解了。令尹子西"卑降其体"说自己为"谀臣",以此突显司马子綦"忠君"的形象,使楚昭王更容易理解和接受。

有的戆谏非同寻常,不讲情面,甚至要求惩罚君王。例如:

(18)荆文王①得如黄之狗、菌簬之矰,以畋于云梦,三月不反;得丹之姬,淫,期年不听朝。保申谏曰:"先王卜,以臣为保吉。今王得如黄之狗,菌簬之矰,畋于云梦,三月不反;及得丹之姬,淫,期

① 即楚文王。

年不听朝;王之罪当笞,匍伏,将笞王。"王曰:"不穀免于襁褓,托于诸侯矣,愿请变更而无笞。"保申曰:"臣承先王之命,不敢废;王不受笞,是废先王之命也。臣宁得罪于王,无负于先王。"王曰:"敬诺。"乃席王,王伏,保申束细箭五十,跪而加之王背,如此者再,谓王:"起矣!"王曰:"有笞之名一也,遂致之。"保申曰:"臣闻之:君子耻之,小人痛之。耻之不变,痛之何益?"保申趋出,欲自流,乃请罪于王。王曰:"此不穀之过,保将何罪?"王乃变行从保申,杀如黄之狗,折菌蕗之矰,逐丹之姬,务治乎荆,兼国三十。令荆国广大至于此者,保申敢极言之功也。萧何、王陵闻之,曰:"圣主能奉先世之业而以成功名者,其唯荆文王乎!故天下誉之,至今明主忠臣孝子以为法。"(《说苑·正谏》)

楚文王得到有名的猎犬和利箭,在云梦狩猎,三个月不回宫;得到丹阳美女,淫乐不止,有一年的时间不理朝政。保申劝谏楚说:"先王占卜,认为让我做保傅是吉利的。现在大王得到了名叫如黄的猎犬、用菌蕗做成的箭,在云梦打猎,三月不归;得到了丹阳的美女,淫乐不休,一年都不理朝政。按罪应当受笞刑,请趴下,我要对大王施以笞刑。"楚文王说:"我已经脱离襁褓、位列诸侯了,希望变更惩罚方式。"保申说:"我受先王遗命之托,不敢废弃。大王不受笞刑,就是废了先王的遗命,我宁肯得罪大王也不敢有负于先王。"楚文王只好同意,趴到了席上。保申先后两次把竹条铺在他的背上又拿下,然后说:"起来吧。"楚文王说:"这同样有了受笞刑的名声,你还是真的打吧。"保申说:"君子知耻,小人知痛。如果羞耻都不能使人改变,那疼痛还有什么用?"言外之意是:大王是君子,知道羞耻,也就知道应该改变了。随后保申请罪,楚文王则说保申无罪,是自己有过,并痛改前非。

有的懫谏是直接用言语呛人。例如:

(19)晋平公使叔向聘于吴,吴人拭舟以逆之。左五百人,右五百人;有绣衣而豹裘者,有锦衣而狐裘者。叔向归以告平公,平公曰:"吴其亡乎?奚以敬舟?奚以敬民?"叔向对曰:"君为驰底之台,上可以发千兵,下可以陈钟鼓,诸侯闻君者,亦曰:'奚以敬台?

奚以敬民?' 所敬各异也。"于是平公乃罢台。(《说苑·正谏》)

叔向去吴国访问,上千吴国人坐着装饰好的大船迎接他。叔向回来告诉晋平公后,平公认为吴国过于讲排场,并说:"吴国这是不是要亡国呀? 为什么这么看重装饰大船呢? 又用什么来重视百姓呢?"对此,叔向反唇相讥道:"那对于大王建造高台,诸侯知道了是不是也可以问:'为什么这么看重建造高台呢? 又用什么来重视百姓呢?'"这一对比,使晋平公认识到了自己指责的恰是自己目前所做的,于是停止了建造高台。

六、讽谏言语行为分析

从表达方式看,讽谏就是利用言外之意进行的劝谏,属于一种高明的语言艺术。讽谏有时用于劝谏者面临危险的时候。例如:

> (20)晋平公好乐,多其赋敛,不治城郭,曰:"敢有谏者死。"国人忧之。有咎犯者,见门大夫曰:"臣闻主君好乐,故以乐见。"门大夫入言曰:"晋人咎犯也,欲以乐见。"平公曰:"内之。"止坐殿上,则出钟磬竽瑟。坐有顷,平公曰:"客子为乐。"咎犯对曰:"臣不能为乐,臣善隐。"平公召隐士十二人。咎犯曰:"隐臣窃愿昧死御。"平公曰:"诺。"咎犯申其左臂而诎五指,平公问于隐官,曰:"占之为何?"隐官皆曰:"不知。"平公曰:"归之!"咎犯则申其一指曰:"是一也,便游赭画,不峻城阙;二也,柱梁衣绣,士民无褐;三也,侏儒有余酒,而死士渴;四也,民有饥色,而马有粟秩;五也,近臣不敢谏,远臣不得达。"平公曰:"善。"乃屏钟鼓,除竽瑟,遂与咎犯参治国。(《说苑·正谏》)

在晋平公已经下令"敢有谏者死"的情况下,咎犯要进谏,既可以选择不惜身死的忠谏,也可以选择避其锋芒的讽谏。他选择了后者,以打哑谜并揭示谜底的方式进行了劝谏。巧妙的是,咎犯开始并没有说要打哑谜,而是说自己听闻平公喜好音乐,要觐见国君并为他奏乐。这就是所谓的"投其所好",果然奏效,于是来到了第一个转折。等到晋平公期待咎犯奏乐的时候,他才表示自己现在还不能演奏音乐,但却善于打哑谜。这就来到了第二个转折。于是,晋平公饶有兴致地请出十二个擅长隐语之士。咎犯弯曲五指,让他们猜,结果这十二个人都猜不出来。晋平公既然有了兴趣自然想知道谜底,这样又来到了第三个转折。见时机成熟,咎犯便揭开了谜底,全是对比:一个手指,是说君王只重视游乐设施,不重视城防;两个手指,是说君王只顾宫殿装饰,不顾百姓衣不蔽体;三个手指,是说宫里玩杂耍的矮人有喝不完的美酒,而前线拼死拼活的士兵却在忍受饥渴;四个手指,是说百姓面黄肌瘦,马却有粟米吃;五个手指,是说君王身边的臣子不敢进谏,远处的臣子有意见也不能上达。前四个是正反对比,第五个是远近对比,但效果是一样的。最终,晋平公接受了劝谏。

有的讽谏通过讲故事来说明道理、达到效果。例如:

(21)孟尝君将西入秦,宾客谏之百通则不听也,曰:"以人事谏我,我尽知之;若以鬼道谏我,我则试之。"谒者入曰:"有客以鬼道闻。"曰:"请客入。"客曰:"臣之来也,过于淄水上,见一土耦人方与木梗人语,木梗谓土耦人曰:'子先土也,持子以为耦人,遇天大雨,水潦并至,子必沮坏。'应曰:'我沮乃反吾真耳。今子东园之桃也,刻子以为梗,遇天大雨,水潦并至,必浮子泛泛乎不知所止。'今秦,四塞之国也,有虎狼之心,恐其有木梗之患。"于是孟尝君逡巡而退,而无以应,卒不敢西向秦。(《说苑·正谏》)

孟尝君要向西到秦国去,宾客劝谏上百次他都不听,还说:"用做人处事的道理来劝我,我都知道了;若以鬼神之道来劝我,我可以试着听一听。"侍从进来说:"有人求见要讲鬼道。"孟尝君说:"请客人进来。"来客说:"臣来时路过淄水,见一个土偶人正与木偶人对话。木偶人说:'你是泥做的,下大雨时,雨水河水一起冲过来,你就毁了。'土偶人答道:'这其实是恢复了我的本来面貌。而你要是遇到雨水河水一起冲过来,就会四处漂泊,不知去往何处了。'"讲到这里,来客自然地引出结论,说:"现在秦国四周都是屏障险阻,又有虎狼心肠,去那里恐怕会遭遇木偶人那样的祸患。"孟尝君听后没有说什么,但是终究没敢去秦国。

有的讽谏十分巧妙,会取得戏剧性效果。例如:

(22)吴王欲伐荆,告其左右曰:"敢有谏者死。"舍人有少孺子者,欲谏不敢,则怀丸操弹,游于后园。露沾其衣,如是者三旦。吴王曰:"子来,何苦沾衣如此?"对曰:"园中有树,其上有蝉。蝉高居悲鸣饮露,不知螳螂在其后也;螳螂委身曲附欲取蝉,而不知黄雀在其傍也;黄雀延颈欲啄螳螂,而不知弹丸在其下也。此三者,皆务欲得其前利,而不顾其后之有患也。"吴王曰:"善哉!"乃罢其兵。(《说苑·正谏》)

吴王要伐楚国,怕有人阻挡,就以死亡来威胁劝谏者。有个叫少孺子的舍人,想劝谏又不敢,就想出了一个巧妙的办法:第一步,他怀揣弹丸,操着弹弓,在后园走动,让露水打湿衣服。连续三个早上如此,终于引起了吴王的注意。第二步,他抓住创造的进谏机会开始讲故事。吴王问他何苦把衣服都弄湿了,他便讲了三个"不知":树上有蝉饮露,不知螳螂在后;螳螂欲捕蝉,不知黄雀在后;黄雀欲啄螳螂,不知我的弹丸在树下。第三步,得出结论:三者都是要得到眼前的利益,而不顾身后的祸患。最后,吴王说"善",并停止了军事行动。

这是一则非常独特的寓劝谏于演戏的例子,对话全程没有一句话提及吴王出兵伐楚的事,也没有告诉吴王应该做什么或不做什么,而是让对方去联想。这是以不谏之形,行劝谏之实,达到劝谏目的的经典范例。退一步来说,少孺子即使没有达到劝谏目的,也能一举三得:一是可以避祸,自己不当三者之一;二是尽了为臣之忠心;三是不伤吴王的尊严。这或许正是孔子说"吾从其风谏乎"的原因吧。

有的讽谏是言他而讽此。例如:

(23)楚庄王伐阳夏,师久而不罢,群臣欲谏而莫敢。庄王猎于云梦,椒举进谏曰:"王所以多得兽者,马也;而王国亡,王之马岂可得哉?"庄王曰:"善。不穀知诎强国之可以长诸侯也,知得地之可以为富也,而忘吾民之不用也。"明日饮诸大夫酒,以椒举为上客,罢阳夏之师。(《说苑·正谏》)

　　楚庄王攻打阳夏，军队长时间不撤回，大臣们想劝谏又都不敢。椒举趁庄王在云梦打猎的机会，进谏道："大王之所以能够猎获这么多野兽，是因为有马呀，但若大王的国家灭亡了，大王想用马还能得到吗？"庄王答："说得好。"于是撤回了打阳夏的军队。椒举讽谏的逻辑是：多猎获，靠有马；有马，靠有国。听了椒举的话，楚庄王马上"理论联系实际"：自己只想着打胜仗可以凌驾于诸侯之上，夺土地可以增加财富，没想到这些都得依靠百姓，百姓没了，一切就都没了。

　　上例讽谏是以小见大，两者具有相关性，还有同样是以小见大，但两者却没有相关性的例子：

> 　　（24）赵简子举兵而攻齐，令军中有敢谏者罪至死。被甲之士名曰公卢，望见简子大笑。简子曰："子何笑？"对曰："臣乃有宿笑。"简子曰："有以解之则可，无以解之则死。"对曰："当桑之时，臣邻家夫与妻俱之田，见桑中女，因往追之，不能得。还反，其妻怒而去之。臣笑其旷也。"简子曰："今吾伐国失国，是吾旷也。"于是罢师而归。（《说苑·正谏》）

　　这仍然是劝谏停止战争的例子。公卢望见赵简子后大笑，意图引起简子的注意，为进谏创造机会。简子果然感到奇怪，问他："你为什么笑？"公卢答道："我想起了以前发生的笑话。"简子便让他说明："你解释清楚还行，否则就得死。"这正中公卢下怀，于是趁机讽喻："那是正值采桑的时候，我家邻居夫妻俩一起去桑田，丈夫看见桑树中间有个女子，就过去追她，没追到，就回来了。结果他的妻子愤怒地离他而去了。我是笑他太荒唐了。"简子听后联系到了自己的处境，说："我现在征伐别国而不得，还有可能失去自己的国家，这是我太荒唐了。"于是撤军回国。

　　有的讽谏是明褒暗贬，指桑骂槐。例如：

> 　　（25）景公有马，其圉人杀之，公怒，援戈将自击之。晏子曰："此不知其罪而死，臣请为君数之，令知其罪而杀之。"公曰："诺。"晏子举戈而临之曰："汝为吾君养马而杀之，而罪当死；汝使吾君以

马之故杀圉人,而罪又当死;汝使吾君以马故杀人,闻于四邻诸侯,
汝罪又当死。"公曰:"夫子释之,夫子释之! 勿伤吾仁也。"(《说
苑·正谏》)

　　齐景公的马被养马人杀了,他大怒,要用戈击杀养马人。晏子以列举养马
人罪行的方式,指出养马人的罪过不在于杀了马,而在于他这样做会让齐景公
因马而杀人,而且还会被其他诸侯知道,以此暗示这会影响齐景公的名声。齐
景公听出了晏子的言外之意:这哪里是指出养马人的罪行啊,明明是在指责我
因马而杀人是不应该的,况且这还会产生不良的影响。于是放过了养马人。

　　(26)景公好弋,使烛雏主鸟而亡之,景公怒而欲杀之。晏子
曰:"烛雏有罪,请数之以其罪,乃杀之。"景公曰:"可。"于是乃召烛
雏数之景公前,曰:"汝为吾君主鸟而亡之,是一罪也;使吾君以鸟
之故杀人,是二罪也;使诸侯闻之,以吾君重鸟而轻士,是三罪也。"
数烛雏罪已毕,请杀之。景公曰:"止。"勿杀而谢之。(《说苑·正
谏》)

　　齐景公喜好用弋射禽鸟,派烛雏掌管禽鸟,但他却让禽鸟飞走了。景公大
怒,要杀死烛雏。晏子说:"烛雏有罪,请让我列举他的罪过,然后再杀他。"景公
同意了。于是,晏子把烛雏叫到景公面前,开始数说他的罪过:"你为国君掌管
禽鸟却让它们飞走了,这是第一重罪;你使国君因禽鸟而杀人,这是第二重罪;
你使诸侯知道这件事,从而认为我们的国君看重禽鸟而轻贱士人,这是第三重
罪。"晏子数说完烛雏的罪过,请景公杀死他。景公说:"算了吧。"不仅没有杀烛
雏还向他致歉。

　　此例与上例如出一辙,都是晏子讽谏齐景公的故事。不过,此例最后明确
指出了"使诸侯闻之"的结果:大家会以为我们的国君"重鸟而轻士"。这才是
劝谏的重点。

　　上两例所用讽谏手法相同,此外还有一种变相的讽谏,如:

　　(27)景公夜饮酒,移于晏子家,前驱报间,曰:"君至。"晏子被

玄端，立于门，曰："诸侯得微有故乎？国家得微有故乎？君何为非时而夜辱？"公曰："酒醴之味，金石之声，愿与夫子乐之。"晏子对曰："夫布荐席、陈簠簋者有人，臣不敢与焉。"公曰："移于司马穰苴之家。"前驱报闾，曰："君至。"司马穰苴介胄操戟，立于门，曰："诸侯得微有兵乎？大臣得微有叛者乎？君何为非时而夜辱？"公曰："酒醴之味，金石之声，愿与夫子乐之。"对曰："夫布荐席、陈簠簋者有人，臣不敢与焉。"公曰："移于梁丘据之家。"前驱报闾，曰："君至。"梁丘据左操瑟，右挈竽，行歌而至。公曰："乐哉！今夕吾饮酒也。微彼二子者，何以治吾国？微此一臣者，何以乐吾身？"君子曰："贤圣之君，皆有益友，无偷乐之臣，景公弗能及，故两用之，仅得不亡。"（《说苑·正谏》）

晏子和司马穰苴都借口需要专门人员布置宴饮，劝退了齐景公。这样的讽谏也可归入孔子所说的谲谏。最后，刘向借君子之口评价了齐景公，说他未完全听劝，还是去找人喝酒了，表现平庸，并不是圣贤之君，成不了什么大业，不亡国就不错了。

七、戆谏与讽谏言语行为对应

"正谏"章中有一段先后出现了戆谏与讽谏两种不同的言语行为：

（28）景公正昼被发，乘六马，御妇人，以出正闺。刖跪击其马而反之，曰："尔非吾君也。"公惭而不朝。晏子睹裔款而问曰："君何故不朝？"对曰："昔者，君正昼被发，乘六马，御妇人，出正闺，刖跪击其马而反之，曰：'尔非吾君也。'公惭而反，不果出，是以不朝。"晏子入见，公曰："昔者，寡人有罪。被发，乘六马以出正闺，刖跪击其马而反之，曰：'尔非吾君也。'寡人以子大夫之赐，得率百姓以守宗庙，今见戮于刖跪，以辱社稷，吾犹可以齐于诸侯乎？"晏子对曰："君无恶焉。臣闻之，下无直辞，上有隐君；民多讳言，君有骄行。古者，明君在上，下有直辞；君上好善，民无讳言。今君有失行,而刖跪有直辞,是君之福也,故臣来庆。请赏之,以明君之好善;礼之,以明君之受谏。"公笑曰:"可乎?"晏子曰:"可。"于是令刖跪倍资无正,时朝无事。(《说苑·正谏》)

齐景公白天披散着头发带妇人坐马车出宫,刖跪拦车打马让他们返回,还说:"你不是我的国君。"景公感到惭愧而不上朝。晏子看见裔欵,问:"国君为什么不上朝?"裔欵便说了景公不上朝的原因。晏子入宫去见景公,景公向晏子诉说了自己的愧疚,并问他:"我还可以同诸侯平起平坐吗?"晏子换了个角度劝道:"国君不要记恨。我听说,下无耿直言辞,上有不明昏君;民多忌讳言辞,君有骄纵行为。古时候,上有明君,下有耿直言辞;君王好善,百姓讲话就没有忌讳。现在国君行为失当,而刖跪有耿直言辞,这是国君的福气,因此我来庆贺。请奖赏他,以表明国君好善;请礼待他,以表明国君愿听劝谏。"景公笑着问:"这样可行吗?"晏子答:"可行。"于是景公下令加倍奖赏刖跪财产,并不得征税。

晏子的讽谏不但使齐景公心悦诚服地认识了错误,而且没有迁怒于懿谏者刖跪,还弥合了君臣关系,足见讽谏之高明。

八、不同劝谏言语行为占比及评价

(一)不同劝谏言语行为占比情况

梳理《说苑》不同劝谏言语行为占比情况(见表4-1),可知讽谏最多,降谏最少,正谏、忠谏、懿谏差不多。

表4-1 《说苑》不同劝谏言语行为占比情况

言语行为	例句数量	占比/%
讽谏	9	35
正谏	6	23
忠谏	5	19
懿谏	5	19
降谏	1	4
合计	26	100

　　由表4-1亦可看出，讽谏最值得重视。孔子说"吾从其风谏乎"，本书也推崇讽谏，原因就在于讽谏具有艺术性，可以在既不伤害自己又不伤害对方的情况下，达到劝谏的目的。当然，如果劝谏者有较高的身份、地位，且与劝谏对象关系较好，那么也可以进行正谏，而不必拐弯抹角。

（二）劝谏言语行为结果评价

　　多数情况下，《说苑》都会给出劝谏的结果，如"景公乃止""于是罢师而归"等均表明劝谏成功；如果劝谏失败，为证明劝谏者是正确的，则会在说明劝谏失败的同时，给出劝谏对象没有接受谏言而导致的不良后果，以使人警醒，如"简公喟焉太息曰：'余不用鞅之言，以至此患也。'故忠臣之言，不可不察也""吴王将死，曰：'吾以不用子胥之言至于此，令死者无知则已，死者有知，吾何面目以见子胥也！'遂蒙絮覆面而自刎"等。这就是通过劝谏对象后悔不听劝谏造成不良后果后说出的悔恨之言，来说明不接受劝谏的危害性之大。

　　只有个别例句没有给出接受或不接受劝谏的结果：

　　　　（29）晏子复于景公曰："朝居严乎？"公曰："朝居严，则曷害于治国家哉？"晏子对曰："朝居严，则下无言；下无言，则上无闻矣。下无言，则谓之喑；上无闻则谓之聋；聋喑，则非害治国家如何也？且合菽粟之微，以满仓廪；合疏缕之纬，以成帷幕。太山之高，非一石也，累卑然后高也。夫治天下者，非一士之言也，固有受而不用，恶有距而不入者哉？"（《说苑·正谏》）

　　齐景公认为政令严厉对国家无害，晏子则认为这不利于下边的意见上达，治理天下不能只听一个人的意见，要广开言路。由此可以推知，景公对晏子是言听计从的，因为晏子威望极高，而且从未说错过。此例被置于"正谏"章的最后部分，似乎有意要说给其他可能受到劝谏的人听。

　　劝谏失败不一定是劝谏者的问题，也有可能是劝谏对象的问题。对此，一些例句给出了中肯的评价，如"景公弗能及，故两用之，仅得不亡"，这就是对劝谏对象齐景公不能完全听劝的评价。

在评价劝谏结果时,有的例句借口传音,很有感染力,如"楚人歌之曰:'薪乎,莱乎,无诸御己,讫无子乎! 莱乎,薪乎,无诸御己,讫无人乎!'"这是借用无名氏的话来歌颂诸御己的劝谏之功。

有的例句还通过引用名人的话评价劝谏结果,来增强其权威性、可信性:

> (30)孔子从鲁闻之,曰:"美哉,令尹子西! 谏之于十里之前,而权之于百世之后者也。"(《说苑·正谏》)
>
> (31)萧何、王陵闻之,曰:"圣主能奉先世之业而以成功名者,其唯荆文王乎! 故天下誉之,至今明主忠臣孝子以为法。"(《说苑·正谏》)

例(30)借孔子之口赞美令尹子西谏于"十里之前",功达"百世之后"。例(31)借萧何、王陵之口赞美楚文王虚心受谏,成为一代"明主"。

总之,上述语用实例不仅对劝谏者有学习价值,而且对于劝谏对象来说也有借鉴意义。

第二节 《说苑》论辩言语行为理论与实践

论辩言语行为是指为阐明某一观点或就某一论题而进行的论说,它讲究语言的逻辑性,注重论证的方法。需要指出的是,本书所指的论辩言语行为包含了游说言语行为。

一、《说苑》论辩言语行为理论

(一)君子必辩

荀子首先提出了"君子必辩"的观点,并将辩说分为"圣人之辩""君子之辩""小人之辩"三类。《荀子·非相》指出,圣人之辩,"不先虑,不早谋,发之而当,成文而类,居错迁徙,应变不穷";君子之辩,"先虑之,早谋之,斯须之言而足听,文而致实,博而党正";小人之辩,"听其言则辞辩而无统,用其身则多诈而无功,上不足以顺明王,下不足以和齐百姓,然而口舌之均,嚅唯则节,足以为奇伟偃却之属"。也就是说,荀子认为君子应善辩,善辩应用"仁言",并且主张"士君子之辩",反对"奸言"和"小人之辩"。

《说苑》推崇的"谈说之术"深受荀子的影响,刘向在书中曾借祁奚的话表达自己的观点:"小人得位,不争不义;君子在忧,不救不祥。"由此可知,刘向认为君子有责任为正义而辩。

(二)辞不可不修,说不可不善

《说苑》"善说"章开篇就谈及了"善说"的重要性,并提出了论说的规律:"说之不行,言之不从者,其辩之不明也;既明而不行者,持之不固也;既固而不行者,未中其心之所善也。"其意为:论说行不通,是因为讲不清楚辩论的道理;道理讲清楚了还是行不通,是因为没有牢固地坚持道理;牢固地坚持道理了还是行不通,是因为没有契合对方心中的喜好。继而,刘向又提出了论说的方法:"辩之、明之、持之、固之,又中其人之所善,其言神而珍,白而分,能入于人之心。如此而说不行者,天下未尝闻也。此之谓善说。"其意为:辩白道理,明确道理,坚持道理,巩固道理,又能契合对方的喜好,言辞就能神奇而珍贵、清楚而分明,并深入对方的心中。像这样论说还不能成功的,天下未曾听说过。这就叫作善说。

二、《说苑》论辩言语行为实践

(一)为正义而辩

刘向注重雄辩和智辩,主张为正义而辩,反对诡辩、不义之辩。例如:

(1)魏文侯使舍人毋择献鹄于齐侯,毋择行道失之,徒献空笼。见齐侯曰:"寡君使臣毋择献鹄,道饥渴,臣出而饮食之,而鹄飞冲天,遂不复反。念思非无钱以买鹄也,恶有为其君使轻易其币者乎?念思非不能拔剑刎颈,腐肉暴骨于中野也,为吾君贵鹄而贱士也;念思非不敢走陈、蔡之间也,恶绝两君之使。故不敢爱身逃死,来献空笼,唯主君斧质之诛。"齐侯大悦曰:"寡人今者得兹言三,贤于鹄远矣。寡人有都郊地百里,愿献子大夫以为汤沐邑。"毋择对曰:"恶有为其君使而轻易其币,而利诸侯之地乎?"遂出不反。(《说苑·奉使》)

魏文侯派遣舍人毋择献天鹅给齐侯,毋择在半路给天鹅饮水喂食时,天鹅一飞冲天跑了,于是只好向齐侯献上空笼。面对齐侯,毋择先是讲述了丢失天鹅的过程,继而道出了仅献空笼的三个原因:如果自己出钱再买一只天鹅,则是轻率地改变了国君的礼物;如果自己因此而自刎,则会让别人认为我的国君重视天鹅而轻贱士;如果自己逃到陈、蔡两国,则会担心断绝了两国的往来。所以,自己只好献上空笼,任凭齐侯处置。

其实毋择并非在为自己的过错开脱,而是在坚守原则和正义,即在为正义而辩,这也就是刘向所推崇的"君子之辩"。故此,齐侯才称"寡人今者得兹言三,贤于鹄远矣",并要封赏毋择,但被毋择拒绝。

(2)晏子侍于景公,公曰:"朝寒,请进热食。"对曰:"婴非君之厨养臣,敢辞。"公曰:"请进服裘。"对曰:"婴非君田泽之臣也,敢辞。"公曰:"然,夫子于寡人奚为者也?"对曰:"社稷之臣也。"公曰:"何谓社稷之臣?"对曰:"社稷之臣,能立社稷:辨上下之宜,使得其理;制百官之序,使得其宜;作为辞令,可分布于四方。"自是之后,君不以礼不见晏子也。(《说苑·臣术》)

晏子侍于齐景公,景公想让晏子为自己进热食、拿皮衣,却被晏子分别以"婴非君之厨养臣""婴非君田泽之臣"为由拒绝。继而晏子引出了作为"社稷之臣",自己的职责是"能立社稷"。从此以后,景公凡事都要合乎礼节才会召见晏子。纵观晏子诸多论辩的典故,可以发现晏子一生处处以"社稷之臣"要求自己,克己奉公,终成一代贤臣的典范。

刘向是反对诡辩的,认为无论是劝谏还是论辩,都是正义的君子之为,或为解救自己,或为解困他人,或为国家利益而据理力争。这都是"谈说之术"的核心内容,也是中华优秀传统文化的重要组成部分。而如何将其与当今的社会现实相结合,以实现中华优秀传统文化的创造性转化和创新性发展,应该是值得我们思考的重要问题。

(二)随机应变,因言而对

论辩时的布局构思一般难以提前做好周密的准备,因此论辩的内容、方式和言辞必须在实际的对话中根据情况及时调整。善于论辩者,常会"以子之矛,攻子之盾",抓住对方言语当中的漏洞发起反击。《说苑》"善说"章和"奉使"章收入了大量这样的例子。例如:

> (3)越使诸发执一枝梅遗梁王①,梁王之臣曰韩子,顾谓左右曰:"恶有以一枝梅以遗列国之君者乎?请为二三子惭之。"出谓诸发曰:"大王有命:客冠,则以礼见;不冠,则否。"诸发曰:"彼越亦天子之封也,不得冀、兖之州,乃处海垂之际,屏外蕃以为居,而蛟龙又与我争焉,是以剪发文身,烂然成章,以像龙子者,将避水神也。今大国其命冠则见以礼,不冠则否。假令大国之使,时过弊邑,弊邑之君亦有命矣,曰:'客必剪发文身,然后见之。'于大国何如?意而安之,愿假冠以见;意如不安,愿无变国俗。"梁王闻之,被衣出以见诸发,令逐韩子。(《说苑·奉使》)

越王派诸发出使魏国,魏国大臣韩子要求诸发戴上帽子才能以礼相见。诸发借"借韩子之矛,攻韩子之盾":越国的习俗是"剪发文身,烂然成章",假如贵国使者有机会经过我国,我国国君也让贵国使者剪除毛发、彩绘身体,然后才接见他,贵国以为如何?如果贵国对此心安理得,我愿借顶帽子戴上;如果不能心安理得,请不要改变我国的习俗。魏王听到诸发的话之后,披衣出宫前来接见,并下令赶走了韩子。

(三)语言灵活多变,修辞手法多样

在与人论辩时,如果大量使用譬喻以及说寓言、讲故事等手法来说明道理,

---

① 魏国又称梁国,梁王即魏王。

则不仅可以使我们的言辞风趣幽默、机警睿智,还可以使论说的问题具体形象、真实感人,更可以使对方心悦诚服。例如:

> (4)林既衣韦衣而朝齐景公。齐景公曰:"此君子之服也? 小人之服也?"林既逡巡而作色曰:"夫服事何足以端士行乎? 昔者荆为长剑危冠,令尹子西出焉;齐短衣而遂沟之冠,管仲、隰朋出焉;越文身剪发,范蠡、大夫种出焉;西戎左衽而椎结,由余亦出焉。即如君言,衣狗裘者当犬吠,衣羊裘者当羊鸣,且君衣狐裘而朝,意者得无为变乎?"景公曰:"子真为勇悍矣! 今未尝见子之奇辩也。"
> (《说苑·善说》)

林既穿着兽皮短衣去朝见齐景公,景公因他穿着不当而质疑道:"这是君子的服装,还是小人的服装呢?"林既并未着急回答,而是先摆事实,运用类比的手法列举了楚国人佩长剑戴高帽、齐国人穿短衣戴一种名叫"遂沟"的帽子、越国人在身上刺刻花纹并剪短毛发、西戎人衣襟向左并扎成锥形的发髻这些看似粗鄙的装扮,却仍产生了令尹子西、管仲、隰朋、范蠡、文种、由余等有才华的人的例子来说明衣着风俗并不影响人才产生的道理。继而,又以"衣狗裘者当犬吠,衣羊裘者当羊鸣"进行类比,正面回应了景公的言论:"您穿狐皮衣上朝,想来应该也会有变化吧?"最终获得了论辩的胜利。齐景公也不由得佩服,赞叹道:"至今我还未曾见过像你这样奇异的论辩。"

> (5)西闾过东渡河,中流而溺,船人接而出之。问曰:"今者子欲安之?"西闾过曰:"欲东说诸侯王。"船人掩口而笑,曰:"子渡河中流而溺,不能自救,安能说诸侯乎?"西闾过曰:"无以子之所能相伤为也。子独不闻和氏之璧乎? 价重千金,然以之间纺,曾不如瓦砖;随侯之珠,国之宝也,然用之弹鹊,曾不如泥丸;骐骥騄駬,倚衡负轭而趋,一日千里,此至疾也,然使捕鼠,曾不如百钱之狸;干将镆铘,拂钟不铮,试物不知,扬刃离金,斩羽契铁斧,此至利也,然以之补履,曾不如两钱之锥。今子持楫乘扁舟,处广水之中,当阳侯之波而临渊流,适子所能耳。若试与子东说诸侯王,见一国之主,

子之蒙蒙,无异夫未视之狗耳!"(《说苑·杂言》)

西闾过东渡黄河,却在经过河的中流时掉进水里,船夫把他救了上来。听说西闾过要东去游说各诸侯国的国君后,船夫掩着口笑,说:"你渡河掉进水中连自己都救不了,怎么能游说诸侯呢?"对此,西闾过辩驳道:"和氏璧价值千金,但用来纺线,却不如陶土纺锤;随侯珠也是国宝,但用作射杀鹊鸟的弹丸,却不如泥弹子;骐骥騄骊这样的良马,驾车赶路能日行千里,这是跑得最快的了,但让它捕捉老鼠,还不如一百文钱买的黄鼠狼;干将镆铘这样的宝剑,砍钟时没有声响,拭物时感觉不到,挥起剑刃就能断金,还能斩羽毛、切铁斧,这是最锋利的了,但拿它补鞋,还不如两文钱买的锥子。"在列举了一系列大材小用的例子后,西闾过表示驾船是适合船夫的才能,而自己的才能则在于可以游说诸侯。这个例子通过多重对比,借喻做大事的人不一定具有做小事的能力,很有说服力。

《说苑》中还有许多类似的例子,如晏子使楚等就是运用类比、比喻等修辞手法进行论辩的成功案例。

（四）知识底蕴深厚

古今论辩,皆是建立在一定的知识底蕴基础之上的,或旁征博引,或据理力争,既不必伤了和气,又要鲜明地表达自己的观点和反驳对方的诘问。例如:

(6)赵简子问于翟封荼曰:"吾闻翟雨谷三日,信乎?"曰:"信。""又闻雨血三日,信乎?"曰:"信。""又闻马生牛、牛生马,信乎?"曰:"信。"简子曰:"大哉! 妖亦足以亡国矣。"对曰:"雨谷三日,蚕风之所飘也。雨血三日,鸷鸟击于上也。马生牛、牛生马,杂牧也。此非翟之妖也。"(《说苑·辨物》)

赵简子先是连续三问:"翟国一连三天降下谷雨,是真的吗?""翟国一连三天降下血雨,是真的吗?""翟国马生牛、牛生马,是真的吗?"翟封荼均如实回答:"是真的。"于是,赵简子说:"妖异真大呀! 完全可以使国家灭亡了。"这时如果没有强有力的证据,就很难反驳对方了,但翟封荼凭借丰富的知识底蕴答道:"降谷雨三天,是疾风吹来的;下血雨三天,是鸷鸟在天空搏击造成的;马生牛、牛生马,是混杂放牧造成的。这些都不是翟国的妖祸。"

(五)逻辑清晰,直击要害

例如:

> (7)秦王以五百里地易鄢陵,鄢陵君辞而不受,使唐且谢秦王。秦王曰:"秦破韩灭魏,鄢陵君独以五十里地存者,吾岂畏其威哉?吾多其义耳。今寡人以十倍之地易之,鄢陵君辞而不受,是轻寡人也。"唐且避席对曰:"非如此也!夫不以利害为趣者,鄢陵也。夫鄢陵君受地于先君而守之,虽复千里不得当,岂独五百里哉?"秦王忿然作色,怒曰:"公亦尝见天子之怒乎?"唐且曰:"主臣,未曾见也。"秦王曰:"天子一怒,伏尸百万,流血千里。"唐且曰:"大王亦尝见夫布衣韦带之士怒乎?"秦王曰:"布衣韦带之士怒也,解冠徒跣,以头颡地耳。何难知者!"唐且曰:"此乃匹夫愚人之怒耳,非布衣韦带之士怒也。夫专诸刺王僚,彗星袭月,奔星昼出;要离刺王子庆忌,苍隼击于台上;聂政刺韩王之季父,白虹贯日。此三人皆夫布衣韦带之士怒矣,与臣将四。士含怒未发,揩厉于天。士无怒即已,一怒,伏尸二人,流血五步。"即案其匕首,起视秦王曰:"今将是矣!"秦王变色长跪曰:"先生就坐,寡人喻矣:秦破韩灭魏,鄢陵独以五十里地存者,徒用先生之故耳!"(《说苑·奉使》)

面对秦王的步步紧逼,唐且逻辑清晰,一一予以反击。秦王说:"我用十倍的土地来交换鄢陵,鄢陵君竟然拒不接受,这是小看我。"唐且回答:"鄢陵君从先君那里接受封地并保有它,即使有千里之地也不能相抵,难道会看重五百里土地吗?"至此秦王显露本色,威胁道:"天子一发怒,就会死人百万,血流千里。"以此暗示如果鄢陵君不同意的话,就将发动战争。这时唐且已经开始为反击做准备了,问秦王是否见过贫贱之士发怒,继而步步引出自己的核心观点:"专诸刺杀吴王僚时,彗星扫过月亮,流星白天出现;要离刺杀王子庆忌时,苍鹰扑在高台上;聂政刺杀韩王的叔父侠累时,一道白气直冲太阳。这三个都是贫贱之士的发怒,我将成为第四个。贫士满含怒气没有发作,激愤震动上至云天。贫士不发怒则罢,一发怒,两具尸体倒地,血流眼前五步。"唐且说完立即手握匕首,站起来注视着秦王,说:"现在就会出现这样的局面!"秦王大惊失色,挺直身子说:"先生请坐下。我明白了:秦国破韩灭魏,鄢陵君却凭五十里土地保存下来,只是因为先生的缘故罢了。"

唐且凭借勇气和智慧,直击秦王要害,成就了一段论辩佳话。

第五章 《说苑》"君道""臣术"章言说内容解析

言说内容是为言说目的服务的,而解决、回答有关问题就是言说的目的。《说苑》以各章的题目为该章言说内容的主旨,既涉及言说的内容,又涉及言说的目的。"君道"章和"臣术"章为全书之首,言说内容围绕君道、臣术进行,主要通过君臣之间的经典对话,展现如何做好国君、如何当好臣下的见解。

第一节 "君道"章言说主旨与内容分析

所谓君道,就是为君之道。道,在这里是指经过事实验证的亘古不变的道理,也涉及部分言说的方式方法。这就要求进行言说时首先应当认识到遵循什么样的规律,其次才是采取什么样的方式方法。正因如此,《说苑》"君道"章的内容基本都是德高望重的智者总结的要点。

"君道"章共有 46 则,其中对话为 43 则、直接论述的为 3 则。下面选取主要例句进行解读分析。

一、相对全面的"君道"说

"君道"章的言说内容主要以"道""德"为核心价值观,这也是君道的价值所在。例如:

> (1)晋平公问于师旷曰:"人君之道如何?"对曰:"人君之道:清净无为,务在博爱,趋在任贤;广开耳目,以察万方;不固溺于流俗,不拘系于左右;廓然远见,踔然独立;屡省考绩,以临臣下。此人君之操也。"平公曰:"善!"(《说苑·君道》)

晋平公问师旷:"国君应该遵循的道理有哪些?"师旷回答:"国君应该遵循的道理是:自己清心寡欲不多事,对广大百姓有仁爱之心,急于选贤任能;重视使自己见闻广远,以明察各方情况;不拘泥于世俗偏见,不受身边亲信影响羁绊;视野开阔、目光远大,见解独立超群;经常考察官吏的政绩,做到心中有数,以此统御臣下。这就是国君所应掌握的方法。"晋平公说:"说得好!"

师旷在论说为君之道时,修辞手法多样,表达生动。比如,用"清静"比喻清心寡欲、洁身自好,用"耳目"借代用耳倾听、用眼观察,用"万方"夸张比喻多方,用"溺""拘系""踔"分别比拟思想的沉沦、受限、超越,用"流俗"暗喻世俗的偏见,等等。

> (2)齐宣王谓尹文曰:"人君之事何如?"尹文对曰:"人君之事,无为而能容下。夫事寡易从,法省易因,故民不以政获罪也。大道容众,大德容下,圣人寡为而天下理矣。《书》曰:'睿作圣。'诗人曰:'岐有夷之行,子孙其保之。'"宣王曰:"善!"(《说苑·君道》)

齐宣王问尹文:"国君的政务如何处理?"尹文回答:"国君的政务,要无为而治,宽待臣下。劳民的事务少,百姓就容易顺从;法令简明,百姓容易遵守,便不会因政事而获罪。最大的君道就是宽待百姓,最大的美德就是包容臣下,圣明的国君少做扰民的事,天下就能得到治理了。《书》说:'宽容能使人成为圣人。'诗人说:'岐山有平坦的道路,子孙要保全它。'"齐宣王说:"好!"

尹文的回答主要分为两点:一是无为而治、要求少,法律简明;二是善待臣民。最后,又用比喻周文王宽简清平的政务治理的"夷行"来加以佐证。

> (3)成王封伯禽为鲁公,召而告之曰:"尔知为人上之道乎?凡处尊位者,必以敬下:顺德规谏,必开不讳之门,蹲节安静以藉之。谏者勿振以威,毋格其言,博采其辞,乃择可观。夫有文无武,无以威下;有武无文,民畏不亲;文武俱行,威德乃成。既成威德,民亲以服;清白上通,巧佞下塞;谏者得进,忠信乃畜。"伯禽再拜受命而辞。(《说苑·君道》)

周成王分封伯禽为鲁国国君,召见并告诉他为君之道:一是凡身处尊位的人,一定要恭敬地对待下属。二是顺应道德,听取规劝,必须打开毫无忌讳的进谏之门。三是节制谦让,安然平静,要抚慰进谏的人。四是对进谏的人不要显露威势,也不要挑剔其言辞,而应广收博取,选出值得采纳的。五是文治武功同时并用,威望与德政才会建立:如果只懂文治而无武功,就没有什么可以用来威慑臣民的;如果只有武功而不懂文治,臣民就会害怕而不亲近你。威望和德政建立起来之后,臣民就会亲近和服从你,清正廉明的人就能向上升迁,奸猾谄媚的人就会被阻挡在下层,进谏的人就能进得来,忠直诚信的人也会聚集起来。

这些为君之道出自周成王之口,可以看成是经验之谈。其中,善待臣民、从德听劝、节制谦让以及要清正廉明之人而不要奸猾谄媚之人等,与前例所说大同小异。所不同的是,增加了兼用文治武功的意见,这很符合君王治国的心理。

二、合乎君道的言说内容解析

"君道"章中合乎君道的言说内容,有的认识深刻,有的表达巧妙,都很有借鉴价值。下面选择有代表性的例子进行解读分析。

例如,河间献王赞颂尧彰显仁爱,树立道义,德泽广博,教化深远:

（4）河间献王曰："尧存心于天下，加志于穷民，痛万姓之罹罪，忧众生之不遂也。有一民饥，则曰：'此我饥之也。'有一人寒，则曰：'此我寒之也。'一民有罪，则曰：'此我陷之也。'仁昭而义立，德博而化广，故不赏而民劝，不罚而民治。先恕而后教，是尧道也。"（《说苑·君道》）

河间献王说："尧心系天下，记挂穷苦百姓，痛心百姓遭罪，担忧民众生活不顺遂。有一人挨饿受冻，他就说；'这是我使他挨饿受冻啊。'有一人犯了罪，他就说：'这是我害了他呀。'仁爱彰显而道义树立，德泽博大而教化深远。所以，不用奖赏百姓也会努力，不施刑罚百姓也能守法。先体谅而后教化，这就是尧治理天下的道理呀。"

通过尧看见百姓遇到困难时自责的话来展现他的仁爱情怀，而不是颂扬他的历史功绩，手法颇为巧妙。

再如，周公劝谏周成王要言必有信：

（5）成王与唐叔虞燕居，剪梧桐叶以为珪而授唐叔虞，曰："余以此封汝。"唐叔虞喜，以告周公。周公以请，曰："天子封虞耶？"成王曰："余一与虞戏也。"周公对曰："臣闻之，天子无戏言，言则史书之，工诵之，士称之。"于是遂封唐叔虞于晋。周公旦可谓善说矣，一称而成王益重言，明爱弟之义，有辅王室之固。（《说苑·君道》）

周成王与弟弟唐叔虞玩耍时，剪下梧桐叶当作玉珪授予弟弟，说："我用这个来封赏你。"唐叔虞很高兴，告诉了周公。周公请求见成王，问："天子封赏虞了？"成王说："我偶尔和虞开的玩笑。"周公说："我听说天子无戏言。说过的话有史官记载，有乐工吟诵，有士人称说。"成王听后，接受了周公的意见，真的分封了晋地给唐叔虞。

这里对周公的评价是：可以称为"善说"了。实际上，周公并没有直接劝谏周成王应该做什么，只是引用"天子无戏言"这一名言说明天子必须慎言，言必有信。同时，又解释了为什么"天子无戏言"：天子说过的话要记载于史书，传之于世人。至于成王怎么做，是他听了周公陈述的内容，受到启发后自己的选择。

周公仅用一句话就让成王懂得了言必有信对于天子的重要性,称其"善说"毫不为过。又如:

> (6)汤问伊尹曰:"三公九卿、二十七大夫、八十一元士,知之有道乎?"伊尹对曰:"昔者,尧见人而知,舜任人然后知,禹以成功举之。夫三君之举贤,皆异道而成功,然尚有失者,况无法度而任己直意用人,必大失矣。故君使臣自贡其能,则万一之不失矣。"(《说苑·君道》)

商汤问伊尹知人善任的方法,伊尹回答:"从前,尧见到一个人就可以了解他了,舜是任用一个人后就了解他了,禹则根据功绩选拔人才。三位君王选拔贤才,用不同的方法都取得了成功,然而还是有失误,何况不依法度而根据自己的意愿随意用人,一定会有重大失误啊。因此,如果君王让臣下表现出自己的才能再予以任用,就万无一失了。"

看来伊尹已经认识到选拔人才应该经过实践的检验,他通过分析评判圣贤的选人方法总结得出的结论,极具说服力。又如:

> (7)齐景公出猎,上山见虎,下泽见蛇。归,召晏子而问之曰:"今日寡人出猎,上山则见虎,下泽则见蛇,殆所谓之不祥也?"晏子曰:"国有三不祥,是不与焉。夫有贤而不知,一不祥;知而不用,二不祥;用而不任,三不祥也。所谓不祥,乃若此者也。今上山见虎,虎之室也;下泽见蛇,蛇之穴也;如虎之室,如蛇之穴,而见之,曷为不祥也?"(《说苑·君道》)

这是一则比较典型的破除迷信、改变思想的对话。齐景公出猎时遇猛虎、毒蛇而感到害怕,以为是不祥之兆。而晏子的解释不但破除了迷信,还劝说齐景公要真正做到选贤任能。晏子说:"你来到虎窝、蛇穴当然就会看到猛虎和毒蛇了,这有什么值得大惊小怪的呢?"既然知道这是正常现象,也就会明白这不是什么凶兆,而不当使用人才才是真正的不祥。此外,晏子这番话的语用妙处还体现在拈连修辞手法的灵活使用上,如把占卜吉凶时所用的"不祥"信手拈来,用于表示国家发展前景的不乐观。

值得注意的是,"君道"章对君王的爱民爱国行为特别推崇。例如:

> (8)邾文公卜徙于绎,史曰:"利于民,不利于君。"君曰:"苟利于民,寡人之利也。天生蒸民而树之君,以利之也。民既利矣,孤必与焉。"侍者曰:"命可长也,君胡不为?"君曰:"命在牧民,死之短长,时也。民苟利矣,吉孰大焉。"遂徙于绎。(《说苑·君道》)

邾文公占卜迁徙到峄山的吉凶,太史告诉:"有利于百姓,但不利于君王。"而文公说:"若是利民,对我就有利。天生万民并给他们立了国君,就是要有利于他们。百姓既然能够得利,那么我的利益必在其中。"侍者问:"不迁徙可延长寿命,国君为何不这样做呢?"文公说:"我活着就是为了管好百姓,死亡得早或晚在于时间。如果百姓能够得到利益,还有什么吉利的事情比得了呢?"这是完全站在民众立场上说的话,甚至将自己的生死置之度外,在那个古老的年代更是尤为可贵。

三、论说用例解读分析

"君道"章中非交谈对话的论说内容共有4例,论述的主要是尧舜的为君之道。例如:

> (9)当尧之时,舜为司徒,契为司马,禹为司空,后稷为田畴,夔为乐正,倕为工师,伯夷为秩宗,皋陶为大理,益掌驱禽。尧体力便巧,不能为一焉。尧为君而九子为臣,其何故也?尧知九职之事,使九子者各受其事,皆胜其任,以成九功,尧遂成厥功,以王天下。是故知人者,主道也;知事者,臣道也。主道知人,臣道知事,毋乱旧法,而天下治矣。(《说苑·君道》)

尧主持天下的时候,舜做掌管土地和户籍的司徒,契做掌管军政赋税的司马,禹做掌管水土工程的司空,后稷做掌管耕作的农官,夔做掌管礼乐教化的乐官,倕做能工巧匠的总管,伯夷做掌管宗庙祭祀的秩宗,皋陶做掌管刑狱的大理,益做掌管狩猎的官。尧虽身体轻便灵巧,却不能承担其中任何一件事。但尧成为君王,而这九人却做了他的臣子,这是什么原因呢?尧懂得执掌九种职务的事情,任命这九个人各自承担相应的职务,而他们也都能胜任,完成了"六府三事"之功,这样尧才终于成就了一番功业,因此称王天下。可见,知人善任是君王之道,掌管具体事务是臣子之道。君王之道是知人善任,臣子之道是掌管事务,不打乱固有的法制,天下就太平了。

这是通过列举尧任用舜等九人为大臣而他们都能胜任的例子,来论证为君之道在于知人、为臣之道在于知事,以及不打乱固有的法制而天下大治的道理。

(10)王者何以选贤?夫王者得贤才以自辅,然后治也。虽有尧、舜之明,而股肱不备,则主恩不流,化泽不行。故明君在上,慎于择士,务于求贤,设四佐以自辅,有英俊以治官。尊其爵,重其禄,贤者进以显荣,罢者退而劳力,是以主无遗忧,下无邪慝。百官能治,臣下乐职;恩流群生,润泽草木。虞舜左禹右皋陶,不下堂而天下治,此使能之效也。(《说苑·君道》)

做君王的为什么要选用贤才呢?因为君王只有得到贤才的辅佐才能治理好天下。否则即使像尧、舜那样英明而没有股肱之臣,君王的恩德也不能传布,教化惠泽也不能施行。所以,英明的君王居于上位,就应谨慎地挑选官吏,务求贤才,设置疑、丞、辅、弼四位大臣来辅佐自己,让才智超群的俊逸之才来管理百官。要使他们爵位尊贵,给他们优厚的俸禄;要进用贤才并使他们显赫荣耀,黜退无能的人并让他们从事劳作。这样君王就不会留下忧患,臣民中也不会有奸邪之人。百官胜任,臣下乐于职守;恩泽遍布众生,连草木都能滋润。从前虞舜左有禹右有皋陶辅佐,不下庙堂而天下得到治理,这就是任用贤能的功效啊!

此例以君王为何选贤为论题,论证了正是因为有贤才的辅佐,君王才能治理好天下,否则即使是尧舜也不行,从而证明了选贤任能的重要性。

(11)夫天之生人也,盖非以为君也;天之立君也,盖非以为位也。夫为人君,行其私欲而不顾其人,是不承天意,忘其位之所以宜事也。如此者,《春秋》不予能君而夷狄之,郑伯恶一人而兼弃其师,故有"夷狄不君"之辞。人主不以此自省惟,既以失实,心奚因知之?故曰:"有国者不可以不学《春秋》。"此之谓也。(《说苑·君道》)

上天生出人不是为了让他做君王,而上天设立君王也不是为了让他拥有权位。作为君王,只放任私欲而不顾及百姓,是不承天道,是忘记了在这个位置上应该做的事情。《春秋》不会褒扬这样的人,而会把他当作野蛮人记录下来。如果君王不能以此自我反省,就已经失去作为君王的实质了,他的内心哪还能知道这个道理呢?所以说:"掌有国家的人不可不学《春秋》。"

"夷狄"即东夷北狄,古人用以代指野蛮落后,这里把利己不利人的国君看作野蛮人。

(12)尊君卑臣者,以势使之也。夫势失则权倾,故天子失道,则诸侯尊矣;诸侯失政,则大夫起矣;大夫失官,则庶人兴矣。由是观之,上不失而下得者,未尝有也。(《说苑·君道》)

君王尊贵而臣子卑贱,是权势地位使然。地位丧失,权力也就倾覆了,所以天子丧失道统,诸侯就尊贵了;诸侯丧失政权,大夫就崛起了;大夫丧失官位,平民就兴盛了。由此看来,在上的不丧失权势而在下的能够得到权势,是未曾有过的事情。

这里论述了势失权倾的道理,而"势"是由权力地位和人心向背决定的。

四、违背君道的不良后果

"君道"章用6个事例讲述了违背君道的不良后果,严重的甚至遭到覆灭,以此证明君道不可违背。

孔子论"君子不博",十分深刻:

(13)鲁哀公问于孔子曰:"吾闻君子不博,有之乎?"孔子对曰:

"有之。"哀公曰:"何为其不博也?"孔子对曰:"为其有二乘。"哀公曰:"有二乘则何为不博也?"孔子对曰:"为行恶道也。"哀公惧焉,有间曰:"若是乎,君子之恶恶道之甚也!"孔子对曰:"恶恶道不能甚,则其好善道亦不能甚。好善道不能甚,则百姓之亲也亦不能甚。《诗》云:'未见君子,忧心惙惙。亦既见止,亦既觏止,我心则悦。'《诗》之好善道之甚也如此!"哀公曰:"善哉! 吾闻君子成人之美,不成人之恶。微孔子,吾焉闻斯言也哉!"(《说苑·君道》)

鲁哀公一句一句地问,孔子一句一句地答,循循善诱,体现了"不愤不启,不悱不发"(《论语·述而》)的道理。哀公问为什么"君子不博",孔子答因为两个人互相博弈,就会互行恶道。哀公感到震惊,说:"这样看来君子特别憎恶恶道啊!"孔子说:"如果不是特别憎恶恶道,就不能特别喜欢善道;如果不是特别喜欢善道,就不会得到百姓特别的亲近。"接着孔子又举了《诗经》的句子为例,证明《诗经》也特别推崇善道。哀公为之叫好,并引用"君子成人之美,不成人之恶"表明自己对君子言论的认同,还说:"没有孔子,我哪能听到这番言论哪!"

"博"为古代一种类似下棋的游戏。"恶道"在这里有两重含义:前面的是指争强好胜、玩弄手段;后面的与"善道"对应,即不善之道,主要指违背德行的恶劣行径。

陈灵公"行僻而言失",不听忠告结果被杀:

(14)陈灵公行僻而言失,泄冶曰:"陈其亡矣! 吾骤谏君,君不吾听,而愈失威仪。夫上之化下,犹风靡草,东风则草靡而西,西风则草靡而东,在风所由,而草为之靡。是故人君之动不可不慎也。夫树曲木者,恶得直影? 人君不直其行、不敬其言者,未有能保帝王之号、垂显令之名者也。《易》曰:'夫君子居其室出其言,善则千里之外应之,况其迩者乎? 居其室出其言,不善则千里之外违之,况其迩者乎? 言出于身,加于民;行发乎迩,见乎远。言行,君子之枢机。枢机之发,荣辱之主。君子之所以动天地,可不慎乎?'天地动而万物变化。《诗》曰:'慎尔出话,敬尔威仪,无不柔嘉。'此之谓也。今君不是之慎,而纵恣焉,不亡必弑。"灵公闻之,以泄冶为妖

言而杀之。后果弑于徵舒。(《说苑·君道》)

陈灵公行为邪僻而且言谈放纵,大夫泄冶说:"陈国将要灭亡了!我多次劝谏国君,可是国君不听我的,反而越来越丧失威仪。国君教化臣民,就像风吹草伏一样。吹东风草就倒向西,吹西风草就倒向东,草完全随风而倒伏。因此,国君的举止不可不谨慎。如果树木是弯曲的,哪来的直影?国君如果不端正自己的行为,不谨慎自己的言语,就不能保全帝王的称号和留下显赫而美好的名声。"泄冶在论说"行僻而言失"的后果时,运用了"犹风靡草"、"曲木"与"直影"、"言行"与"枢机"等一系列比喻,不可谓不生动;引用了《周易》《诗经》进行说理,不可谓不深刻。殊为可惜的是,泄冶一番苦口婆心却换来了杀身之祸。陈灵公违背君道,不听劝谏,反害忠臣,其下场果如泄冶所言,"不亡必弑",被徵舒杀死夺位。

齐国国君违背君道自取灭亡:

(15)齐人弑其君,鲁襄公援戈而起曰:"孰臣而敢杀其君乎?"师惧曰:"夫齐君治之不能,任之不肖,纵一人之欲,以虐万夫之性,非所以立君也。其身死,自取之也。今君不爱万夫之命,而伤一人之死,奚其过也!其臣已无道矣,其君亦不足惜也。"(《说苑·君道》)

齐国人杀了他们的国君,为什么呢?师惧指出,他不但没有治理国家的才能,也不知选贤任能,还纵欲虐人,因此"其身死,自取之也"。

朝代更迭是因为前朝道德衰亡:

(16)孔子曰:"夏道不亡,商德不作;商德不亡,周德不作;周德不亡,《春秋》不作。《春秋》作,而后君子知周道亡也。"(《说苑·君道》)

新朝兴起而取代旧朝,是因为旧朝道德衰亡。直到《春秋》面世,后世君子才知道周朝衰亡是因为它违背了君道。

君王选贤纳谏没有主见，也是有违君道的：

> （17）司城子罕相宋。谓宋君曰："国家之危定，百姓之治乱，在君之行赏罚也。赏当则贤人劝，罚得则奸人止。赏罚不当，则贤人不劝，奸人不止。……夫赏赐让与者，人之所好也，君自行之；刑罚杀戮者，人之所恶也，臣请当之。"……居期年，子罕逐其君而专其政。……《老子》曰："鱼不可脱于渊，国之利器不可以借人。"（《说苑·君道》）

司城子罕当上宋国的国相后，向宋国国君论说了赏罚的重要性，即其关系着国家的安危、百姓的治乱，这无疑是对的。但是，没有想到子罕藏了私货，他建议招人喜欢的赏赐之事让国君来干，得罪人的刑罚之事让他来干。国君听了之后表示赞同，还觉得自己很聪明。然而，一年后子罕树立起了威严，就赶走国君，自己掌握了宋国政权。宋国国君失国的教训在于，选贤纳谏必须有自己的主见，而且自己的权力不能给予别人，否则也是有违君道的。

君王依靠别人的话做决断会遭殃：

> （18）武王问太公曰："得贤敬士，或不能以为治者，何也？"太公对曰："不能独断。以人言断者，殃也。"武王曰："何为以人言断？"太公对曰："不能定所去，以人言去；不能定所取，以人言取；不能定所为，以人言为；不能定所罚，以人言罚；不能定所赏，以人言赏；贤者不必用，不肖者不必退，而士不必敬。"武王曰："善！其为国何如？"太公对曰："其为人恶闻其情，而喜闻人之情；恶闻其恶，而喜闻人之恶。是以不必治也。"武王曰："善！"（《说苑·君道》）

周武王问太公："得到贤才、礼遇贤士，有的还是不能以此治理好国家，为什么呢？"太公回答："这是因为君王不独立、不果断。依靠他人的意见做决断，会招致祸殃。"武王又问："什么叫依靠他人的意见做决断？"太公说："不能决定自己应该舍弃什么，而以别人的意见来决定舍弃什么；不能决定自己应该选取什么，而以别人的意见来决定选取什么；不能决定自己应该做什么，而以别人的意见来决定做什么;不能决定自己应该惩罚谁,而以别人的意见来决定惩罚谁;不能决定自己应该奖赏谁,而以别人的意见来决定奖赏谁;贤能的人不一定受到信任和使用,不贤的人不一定被黜退,而且贤士也不一定会受到礼遇。"武王说:"对! 这样的君王治国又会怎样呢?"太公说:"他为人处世厌恶知道自己的实情,而喜欢知道他人的实情;厌恶听到自己的缺点,而喜欢听到别人的缺点。因此,这种人不一定能够治理好国家。"武王说:"讲得好!"

这段话是说如果君王的取舍、作为、赏罚都依靠别人的话来做决定,就会导致远贤才而近小人,喜欢听好话而不愿意听刺耳的话,这样国家也不会得到很好的治理。

第二节 "臣术"章言说内容解析

"臣术"就是为臣之术,与"君道"有一定的对应性。无须讳言,对君王的认识离不开臣子,对臣子的认识自然也离不开君王,因此在谈论臣术的时候也免不了要涉及对君王的选择和辅佐。"术"在这里更倾向于方式方法,同时也涉及规律认识。也就是说,"臣术"当然必须符合对于如何"为臣"的道理和方法的认识。

"臣术"章共有 25 则,其中直接论述或引述名言的为 3 则、谈说的为 22 则。谈说的内容涉及贤能人才的为 8 则,主要论说什么是贤能人才以及如何成为贤臣。

一、人臣之术论证

"臣术"章第一则解释、论述了人臣之术,这不是人物之间的对话,而是直接进行论证。

(1)人臣之术,顺从而复命,无所敢专;义不苟全,位不苟尊,必有益于国,必有补于君,故其身尊而子孙保之。故人臣之行有"六正""六邪",行"六正"则荣,犯"六邪"则辱。夫荣辱者,祸福之门

也。(《说苑·臣术》)

"人臣之术"就是"为臣之术",即"臣术"。如何为臣？这里说了四个方面：一是遵命行事，有始有终，丝毫不敢独断专行；二是秉持忠义，不徇私保全，在其位谋其政，不妄自尊大；三是所作所为必须有利于国家、有利于君王，这样才能使自身尊贵，并荫庇子孙；四是分清正邪两种行为，实行"六正"而摒弃"六邪"。

何谓"六正""六邪"？

> (2)"六正"者：一曰萌芽未动，形兆未见，昭然独见存亡之机，得失之要，预禁乎未然之前，使主超然立乎显荣之处，天下称孝焉；如此者，圣臣也。二曰虚心白意，进善通道，勉主以礼义，谕主以长策，将顺其美，匡救其恶；功成事立，归善于君，不敢独伐其劳；如此者，良臣也。三曰卑身贱体，夙兴夜寐，进贤不解；数称于往古之行事，以厉主意；庶几有益，以安国家社稷宗庙；如此者，忠臣也。四曰明察幽，见成败，早防而救之，引而复之；塞其间绝其源，转祸以为福，使君终以无忧；如此者，智臣也。五曰守文奉法，任官职事，辞禄让赐，不受赠遗；衣服端齐，饮食节俭；如此者，贞臣也。六曰国家昏乱，所为不谀，然而敢犯主之严颜，面言主之过失，不辞其诛；身死国安，不悔所行；如此者，直臣也。是为"六正"也。(《说苑·臣术》)

所谓"六正"：一是圣臣之术，即独具慧眼，能够预见"存亡之机，得失之要"，并防患于未然，使君王超然物外，尊荣显耀。二是良臣之术，即心地高洁，讲道德、懂规律，能使君王注重礼义和懂得长远发展之策，而且不居功自傲。三是忠臣之术，即呕心沥血，鞠躬尽瘁，能够不断地推荐贤士并鉴古励今，使国家社稷安然无恙。四是智臣之术，即能够明察细微、隐蔽之事，预见成败，并早做防备，同时堵塞漏洞，转祸为福，使君王无忧。五是贞臣之术，即遵循礼仪，奉行法治，尽职尽责，大公无私，清正廉明，庄重简朴。六是直臣之术，即当国家政治混乱时，不做阿谀逢迎的事，而是敢于犯颜强谏，冒死指出君王的过失；只要能使国家安然无恙，即便身死也不后悔自己的所作所为。

（3）"六邪"者：一曰安官贪禄，营于私家，不务公事；怀其智、藏其能，主饥于论、渴于策，犹不肯尽节；容容乎与世沉浮，上下左右观望；如此者，具臣也。二曰主所言皆曰善，主所为皆曰可；隐而求主之所好，即进之以快主之耳目；偷合苟容，与主为乐，不顾其后害；如此者，谀臣也。三曰中实颇险，外貌小谨，巧言令色，又心嫉贤；所欲进则明其美而隐其恶，所欲退则明其过而匿其美；使主妄行过任，赏罚不当，号令不行；如此者，奸臣也。四曰智足以饰非，辩足以行说，反言易辞而成文章；内离骨肉之亲，外妒乱朝廷；如此者，谗臣也。五曰专权擅势，持抔国事，以为轻重于私门；成党以富其家，又复增加威势，擅矫主命，以自贵显；如此者，贼臣也。六曰谄主以邪，坠主不义；朋党比周，以蔽主明；入则辩言好辞，出则更复异其言语；使白黑无别，是非无间，伺候可推，因而附然；使主恶布于境内，闻于四邻；如此者，亡国之臣也。是谓"六邪"。（《说苑·臣术》）

所谓"六邪"：一是具臣的贪禄营私，尸位素餐。二是谀臣的阿谀奉承，不顾后害。三是奸臣的内心阴险狡诈，外表伪善；巧言令色，嫉贤妒能；用人赏罚全凭自身好恶，误导君王。四是谗臣的善于掩饰过错，能言善辩，颠倒黑白，令人眼花缭乱；在宫内离间君王的亲人，在宫外嫉贤妒能扰乱朝廷。五是贼臣的专权仗势，把持国事；结党营私，擅改君令，显示自身的高贵。六是亡国之臣的邪恶媚惑君王，陷君王于不义；拉帮结伙，蒙蔽君王，当面一套背后一套；颠倒黑白，混淆是非；诿过于人，败坏君王的名声。

通过对"正"与"邪"的对比，刘向得出结论："贤臣处'六正'之道，不行'六邪'之术，故上安而下治；生则见乐，死则见思，此人臣之术也。"意思是说贤臣走"六正"的道路，不走"六邪"的道路，所以君王安然、百姓太平。这样贤臣活着的时候会感到快乐，死后会被人们思念。这就是"臣术"。

纵观历史，凡是掌握臣术的往往都能成为贤臣。那么，为什么需要贤臣呢？从正面看，君王只有得到贤臣的辅佐，才能较好地治理天下；从反面看，即使圣明如尧舜，如果没有股肱之臣襄助，则君王的英明也不能流布天下，教化也不能润泽民众。因此,英明的君王大多会审慎地选择士人,务求贤才。比如,舜就因禹、皋陶等的辅佐而天下大治,这就是选贤任能的功效。

"臣术"章还通过对比,论证了"顺忠谀乱""谏诤辅弼"的道理。例如:

> (4)从命利君谓之顺,从命病君谓之谀;逆命利君谓之忠,逆命病君谓之乱。君有过,不谏诤,将危国殒社稷也。有能尽言于君,用则留之,不用则去之,谓之谏;有能尽言于君,用则可生,不用则死,谓之诤;有能比知同力,率群下相与强矫君,君虽不安,不能不听,遂解国之大患,除国之大害,成于尊君安国,谓之辅;有能亢君之命,反君之事,窃君之重,以安国之危,除主之辱,攻伐足以成国之大利,谓之弼。故谏诤辅弼之人,社稷之臣也,明君之所尊礼,而暗君以为己贼;故明君之所赏,暗君之所杀也。明君好问,暗君好独;明君上贤使能而享其功,暗君畏贤妒能而灭其业。罚其忠而赏其贼,夫是之谓至暗,桀、纣之所以亡也。《诗》云:"曾是莫听,大命以倾。"此之谓也。(《说苑·臣术》)

遵从君命而有利于君王,称为顺;遵从君命而有害于君王,称为谀。违背君命而有利于君王,称为忠;违背君命而有害于君王,称为乱。君王有过错却不劝谏,将危害国家社稷。为君王尽言成破利害,采用则留下,不用则离去,这称为谏;为君尽言成破利害,采用则活着,不采用就以死抗争,这称为诤;团结起来,同心协力,带领群臣一起坚决矫正君王的失误,君王即使不满也不能不听从,从而消除国家的大患和大害,使君王尊贵、国家安定,这称为辅;违抗君王的命令,反对君王所做的事,甚至假借君权来安定国家、解除危险,从而为君王雪耻并使攻战征伐都成为国家的重大利好,这称为弼。因此,能够做到谏诤辅弼的人,是关乎社稷安危的重臣。这样的臣子是明君所尊重和礼遇的,也是被昏君视为大害的,因此明君与昏君对待贤臣的态度也是截然相反的。《诗经》所说的"不听从良言,国家就会衰亡",指的正是昏君的下场。

可见,"顺忠""谀乱"是贤臣与奸臣的对比,"谏诤辅弼"都是社稷重臣的行为,而对"谏诤辅弼"之臣的态则决定了君王是明君还是昏君。

"臣术"章还借助引文证明了臣术的作用及违背臣术的危害。例如:

（5）《泰誓》曰："附下而罔上者死，附上而罔下者刑，与闻国政而无益于民者退，在上位而不能进贤者逐。"此所以劝善而黜恶也。故传曰："伤善者，国之残也；蔽善者，国之谗也；愬无罪者，国之贼也。"（《说苑·臣术》）

《泰誓》说："附和臣下而欺骗主上的人应当处死，附和主上而陷害臣下的人应当判刑，参与国政而无益于百姓的人应当辞退，身居高位而不能举贤荐能的人应当贬逐。这就是劝善去恶的策略。"所以，《尚书大传》说："伤害好人的是祸害国家的坏人；埋没善行的是危害国家的谗臣；诽谤无罪的是危害国家的坏人。"这是对违背臣术的乱臣贼子的谴责与惩罚。再如：

（6）《王制》曰："假于鬼神、时日、卜筮以疑于众者，杀也。"（《说苑·臣术》）

《礼记·王制》说："假借鬼神、吉日凶日、占卜来迷惑众人的，应当杀掉。"可见，即使是在崇尚鬼神的古代，也不允许妖言惑众。

二、论说贤臣的臣术及行为

贤臣基本都遵循臣术，符合"六正"要求而耻于"六邪"之行。"臣术"章特别重视举荐贤能，相关内容占比超过四分之一，但令人颇感意外的是，不仅几乎未见强调对君王忠心的例子，反倒为反对"死忠"进行了辩说。例如：

（7）子贡问孔子曰："今之人臣孰为贤？"孔子曰："吾未识也。往者，齐有鲍叔，郑有子皮，贤者也。"子贡曰："然则齐无管仲，郑无子产乎？"子曰："赐，汝徒知其一，不知其二。汝闻进贤为贤耶，用力为贤耶？"子贡曰："进贤为贤。"子曰："然。吾闻鲍叔之进管仲也，闻子皮之进子产也，未闻管仲、子产有所进也。"（《说苑·臣术》）

子贡问孔子："如今的大臣中谁是贤人?"孔子说："我还没看出来。以前齐国有鲍叔牙,郑国有子皮,他们都是贤臣。"子贡问："那么齐国的管仲、郑国的子产都不算吗?"孔子说："你只知其一不知其二。你听说的是引荐贤人的为贤呢,还是出力做事的为贤呢?"子贡说："引荐贤人的为贤。"孔子说："对。我听说鲍叔牙引荐了管仲,子皮引荐了子产,没有听说管仲、子产引荐过什么贤人。"

这是孔子识别人才的杰出思想,既有理论意义,也有现实意义。理论意义上,"千里马常有,而伯乐不常有",说的正是识别人才的伯乐更为重要;现实意义上,一个人在自己的位置上将事情做好固然重要,但毕竟力量单薄,若能引荐更多的人才加盟,则会壮大己方的力量,这样他就是贤人;相反,不识人才或嫉贤妒能者,不仅不是贤人,而且很可能成事不足,败事有余。由此例可以看出,孔子循循善诱,并不直接说现在没有贤臣,而是举例说明什么样的人是贤臣。这必然会引发学生的追问,因为他想确认自己的认识同老师的看法是否一致。孔子在学生提出疑问的时候给出了判别标准,让他自己去判定。标准一致了,结论自然也就一致了。

(8)魏文侯且置相,召李克而问焉,曰:"寡人将置相,置于季成子与翟触,我孰置而可?"李克曰:"臣闻之:贱不谋贵,外不谋内,疏不谋亲。臣者疏贱,不敢闻命。"文侯曰:"此国事也,愿与先生临事而勿辞。"李克曰:"君不察故也,可知矣。贵视其所举,富视其所与,贫视其所不取,穷视其所不为。由此观之,可知矣。"文侯曰:"先生出矣,寡人之相定矣。"李克出,过翟黄。翟黄问曰:"吾闻君问相于先生,未知果孰为相?"李克曰:"季成子为相。"翟黄作色不说曰:"触失望于先生。"李克曰:"子何遽失望于我? 子之言我于子之君也,岂与我比周而求大官哉? 君问相于我,臣对曰:'君不察故也。贵视其所举,富视其所与,贫视其所不取,穷视其所不为。由此观之,可知也。'君曰:'出矣,寡人之相定矣。'以是知季成子为相。"翟黄不说曰:"触何遽不为相乎? 西河之守,触所任也;计事内史,触所任也;王欲攻中山,吾进乐羊;无使治之臣,吾进先生;无使傅其子,吾进屈侯鲋。触何负于季成子?"李克曰:"不如季成子。

季成子食采千钟,什九居外一居中,是以东得卜子夏、田子方、段干木。彼其所举,人主之师也;子之所举,人臣之才也。"翟黄逡然而惭,曰:"触失对于先生,请自修然后学。"言未卒,而左右言季成子立为相矣。于是翟黄默然变色,内惭不敢出,三月也。(《说苑·臣术》)

魏文侯要选国相,召李克问道:"我要选任国相,在季成子与翟触中选一个,我应该选谁?"李克说:"我听说,低贱的人不替高贵的人谋划,外人不替内部人谋划,关系疏远的人不替关系亲近的人谋划。我是关系疏远又卑贱的人,不敢受命。"

李克的回答有两层意思。一是避嫌,因为这两个人自己推荐谁都有可能被曲解,何况季成子还是魏文侯的弟弟。二是说出了客观事实:在高贵的人眼中,低贱的人说的话一钱不值;内部人会认为"你作为一个外人不可能真心为我着想,要么说话不痛不痒,要么另有所图";关系疏远的人替关系亲近的人谋划,会被认为挑拨离间。

文侯说:"这是国家大事,希望与先生一起谋划,请勿推辞。"李克说:"国君没有详察因此难以抉择,对比一下就能知道:一个人在显贵时,看他所举荐的人;富有时,看他所结交的人;贫贱时,看他不求取什么;穷困时,看他不做什么。由此观察,就可以知道了。"文侯说:"先生可以走了,我选的国相确定了。"李克出去,遇到翟黄。翟黄问:"我听说国君问先生选国相的事,不知道结果选谁了?"李克说:"季成子被选为国相了。"翟黄变了脸色,不高兴地说:"我对先生感到失望。"李克说:"你为何对我失望?你把我推荐给你的国君,难道是要与我结党共谋大官吗?国君问我怎么选国相,我回答说:'国君没有详察所以难抉择,对比一下就可以知道:高贵的人看他所举荐的人,富有的人看他所结交的人,贫贱的人看他不求取的,穷困的人看他所不做的。由此观察,就可以知道了。'国君说:'你出去吧,我的国相已经确定了。'我因此知道季成子被选为国相。"翟黄不高兴地说:"我为什么就不能做国相呢?西河太守是我引荐的;计事内史是我引荐的;国君欲攻打中山国,我举荐了乐羊;没有能使国家得到治理的大臣,我举荐了您;没人教导国君的儿子,我举荐了屈侯鲋。我怎么就不如季成子?"李克说:"你不如季成子。季成子俸禄有千钟,但是十分之九的时间在外边奔忙,只有十分之一住在城中,因此从东方得到了卜子夏、田子方、段干木。他所举荐的,都是国君的老师;你所举荐的,只是做臣子的人才。"翟黄局促不安且惭愧地说:"我无法与先生对答,请让我提高修养后再向您学习。"话还没说完,左右的人便报告说季成子被选为国相了。翟黄默不作声并变了脸色,从此内心惭愧,不敢出门达三个月之久。

其实翟黄也是一个著名的伯乐,引荐了很多贤能人士,下面举一段他和田子方的对话:

> (9)子方曰:"可。子勉之矣。魏国之相不去子而之他矣。"翟黄对曰:"君母弟有公孙季成者,进子夏而君师之,进段干木而君友之,进先生而君敬之。彼其所进师也、友也、所敬者也。臣之所进者,皆守职守禄之臣也,何以至魏国相乎?"子方曰:"吾闻身贤者,贤也;能进贤者,亦贤也。子之五举者尽贤,子勉之矣,子终其次也。"(《说苑·臣术》)

田子方拜访翟黄,知道他推荐过几位著名的大臣,就说:"可以呀,努力吧,魏国的国相舍你其谁呀。"翟黄说:"国君的弟弟季成子举荐的人更是了不起,包括先生您在内都是受国君敬重的,我不能比。"田子方说:"努力吧,您终究会继季成子之后做国相的。"由这段对话可以看出,田子方对翟黄的评价很高,而翟黄对季成子也是心悦诚服。

"臣术"章还有通过抖"包袱"先抑后扬地论述忠臣之道要义的例子:

> (10)齐侯①问于晏子曰:"忠臣之事其君何若?"对曰:"有难不死,出亡不送。"君曰:"裂地而封之,疏爵而贵之,君有难不死,出亡不送,可谓忠乎?"对曰:"言而见用,终身无难,臣何死焉?谋而见从,终身不亡,臣何送焉?若言不见用,有难而死之,是妄死也;谋而不见从,出亡而送,是诈为也。故忠臣者,能纳善于君,而不能与君陷难者也。"(《说苑·臣术》)

———————————

① 即齐景公。

晏子在回答齐景公提出的"忠臣怎么辅佐国君"的问题时,埋了一个包袱,即"有难不死,出亡不送"。景公果然入彀,责问他:"国君封给土地,赐给高贵的爵位,可是国君有难却不拼死,国君逃亡也不跟随,这能说是忠臣吗?"于是晏子抖开了"包袱",说:"忠言被采纳,国君终身都没有灾难,忠臣怎么会死呢?谋略被听从,国君终身也不会逃亡,忠臣还怎么跟随?"然后,又从反面揭示结果:"如果忠言不被采纳,发生危难追随国君而死,就是枉送性命;如果谋略不被听从,追随国君而逃亡,则是奸诈虚伪的行为。因此,忠臣应该做的就是能让国君听取和采纳自己的忠言妙策,从而不让国君与自己陷于危难之中。"晏子层层深入,从正反两个方面论述了忠臣之道的要义所在。

三、论说违背臣术的行为

臣下对君王应当尊崇有礼,但有时也会当面提出批评。例如:

> (11)简子有臣尹绰、赦厥,简子曰:"厥爱我,谏我必不于众人
> 中;绰也不爱我,谏我必于众人中。"尹绰曰:"厥也爱君之丑,而不
> 爱君之过;臣爱君之过,而不爱君之丑。"孔子曰:"君子哉,尹绰!
> 面訾不面誉也。"(《说苑·臣术》)

赵简子的家臣赦厥从不当众劝说简子,简子认为这说明赦厥爱他,而尹绰一定要当着众人的面劝谏简子,简子认为这说明尹绰不爱他。对此,尹绰的解释道理十分深刻:"赦厥爱您,顾及的是怕您面子难看,而不在意您的过错;我爱您,在意的是您的过错,而不是怕您面子难看。"这受到了孔子的夸奖:"尹绰真是君子呀!当面纠正过错,而不是当面奉承。"尹绰是通过对比他与赦厥对待问题的差异来揭示问题实质的,即主上的面子是小事,过错则是大事,由此谁对主上才是真爱就可以辨别清楚了。孔子的话更进一步证明:尹绰是君子。

尹绰劝谏正确,只不过方式欠妥,以致引发了不满。但这终究还是进行了劝谏,而"臣术"章中载有臣下干脆不劝谏,竟然招致除名的例子:

（12）高缭仕于晏子，三年无故，晏子逐之。左右谏曰："高缭之事夫子三年，曾无以爵位，而逐之，其义可乎？"晏子曰："婴，反陋之人也，四维之然后能直。今此子事吾三年，未尝弼吾过，是以逐之也。"（《说苑·臣术》）

高缭给晏子做家臣，三年间并没有什么过错却被晏子赶走了。晏子身边的人不理解，就劝他说这么做不好。晏子解释道："我是一个浅薄的人，需要礼义廉耻的约束才能不犯错，可是他为我办事三年却从未在这些方面匡正过我的过失，因此才赶走他。"由此可知，做臣下的不对主上进行劝谏是非常严重的过错。

此外，"臣术"章中还有好心办了错事的例子：

（13）子路为蒲令，备水灾，与民春修沟渎，为人烦苦，故予人一箪食、一壶浆。孔子闻之，使子贡复之。子路忿然不悦，往见夫子曰："由也以暴雨将至，恐有水灾，故与人修沟渎以备之，而民多匮于食，故人予一箪食、一壶浆。而夫子使赐止之，何也？夫子止由之行仁也。夫子以仁教，而禁其行仁也，由也不受。"子曰："尔以民饿，何不告于君，发仓廪以给食之，而以尔私馈之，是汝不明君之惠，见汝之德义也。速已则可矣，否则尔之受罪不久矣。"子路心服而退也。（《说苑·臣术》）

子路作为蒲邑的地方官，为防备水灾，让百姓在春天修整沟渠。见百姓劳烦辛苦，他便发给每人一篮子饭、一壶汤。孔子听说后，让子贡去倒掉了那些食物。子路很生气，去见孔子，说："为了防备水灾，我让百姓修整沟渠，百姓缺少饮食，所以才给他们发放。老师为什么让我停止呢？您教导我们要仁爱，却禁止我行仁政，这不能接受。"子路认为自己这样做是仁爱之举，而仁爱正是老师所倡导的，现在老师这样做不是自相矛盾吗？于是对老师进行了反驳，而且看似有理有据。孔子说："你看到百姓饥饿，为什么不禀告国君，然后打开粮仓发放粮食给百姓吃？你拿自己的食物给百姓吃，就不能彰显国君的恩惠，而只是显示你的恩德仁义了。现在赶紧停止还不晚，否则你领受罪罚的日子就不远了。"

孔子所说的道理是子路没有想到的：国家的百姓应由国家救助，作为官员，自己有责任向国家反映百姓的困难。自己不反映而是直接实施救助，看起来是好心，但却办了坏事。第一，不让国君知道民情是失职；第二，会导致百姓误以为国君不在意他们；第三，会让百姓感激自己的恩德而遮蔽了国君的仁爱；第四，有收买人心之嫌。也就是说，做臣下的不能超越本分。最后子路接受了老师的教诲，心悦诚服地回去了。

第六章 《说苑》"善说"章
内容及表达解析

"善说"是《说苑》"谈说之术"的核心,在全书中占据着十分重要的地位。

第一节 "善说"的含义、特点与作用

《说苑》"善说"章开篇就引荀子和鬼谷子的话,解释了什么是善说,又引子贡、主父偃的话,说明了善说的重要作用:

> 孙卿①曰:"夫谈说之术,齐庄以立之,端诚以处之,坚强以持之,譬称以谕之,分别以明之,欢欣愤懑以送之。宝之、珍之、贵之、神之,如是,则说常无不行矣。夫是之谓能贵其所贵。传曰:'唯君子为能贵其所贵也。'"《诗》云:"无易由言,无曰苟矣。"鬼谷子曰:"人之不善而能矫之者,难矣。说之不行,言之不从者,其辩之不明也;既明而不行者,持之不固也;既固而不行者,未中其心之所善也。辩之、明之、持之、固之,又中其人之所善,其言神而珍,白而

---

① 荀子被尊称为荀卿,汉宣帝刘询以后,汉朝人为避讳,改称孙卿。

分,能入于人之心。如此而说不行者,天下未尝闻也。此之谓善说。"子贡曰:"出言陈辞,身之得失,国之安危也。"《诗》云:"辞之绎矣,民之莫矣。"夫辞者,人之所以通也。主父偃曰:"人而无辞,安所用之?"昔子产修其辞而赵武致其敬,王孙满明其言而楚庄以惭,苏秦行其说而六国以安,蒯通陈其说而身得以全。夫辞者,乃所以尊君、重身、安国、全性者也。故辞不可不修,而说不可不善。(《说苑·善说》)

荀子说:"所谓谈说之术,就是要严肃庄重地立论,端正诚实地对待论题,坚定有力地进行论证说理,善用譬喻进行解释说明,对比、辨析以清楚鉴别差异,用欢欣或愤懑的情感进行表达,并注重让人明白其中值得珍惜的、宝贵的裨益和非凡之处。如果是这样的话,言说的主张就会一直通行天下,这就叫作能使自己视为贵重的东西贵重起来。古书上说:'只有君子才能做到使自己视为贵重的东西贵重起来。'《诗经》说:"不要轻易地进行言说,不能随便乱说。"

总结荀子的论述可知,所谓"谈说之术",就是谈说的方法艺术。这里的"方法"是指普通的、简单的方式和办法;这里的"艺术"是指方法的升华,即技术性、技巧性的处理,相当于现代所说的"学"。我们知道,学术都是"学"与"术"并用的,只不过相较而言"术"更侧重于实践上的技术技巧,"学"更侧重于认识上的理论知识。"谈说之术"之于"语用学"应该也不例外,这样看来"谈说之术"的概念也就清楚了,即它是关于谈说的实践艺术或技巧。

鬼谷子说:"别人有不好的地方你要去纠正他是很难的。劝说行不通,言论不被听从,那是因为你道理讲得不够清楚;道理讲清楚了还是不行,那是因为你持论不够坚定;持论坚定了还是不行,那是因为你没有切合他内心的喜好。总之,明确道理,说理清楚,坚持论点并巩固它,同时又能切合对方内心的喜好,那么你的言说就会神奇而珍贵,清楚而分明,并深入对方的内心。如此一来,你的主张还是行不通天下未曾听说过。这就叫善说。"

根据鬼谷子的论述,所谓"善说",就是善于谈说、擅长谈说,即会说、说得好。而掌握了"谈说之术"自然就会说得好,可见"善说"是运用"谈说之术"的结果。换言之,"谈说之术"的要求就是"善说"。需要强调的是,"谈说之术"和"善说"中的"说",应该是包含"言说""劝说""论说""辩说""陈说""求问""应对"等意义在内的广义的概念,而不是狭义的概念。这也意味着"谈说之术"和"善说"中的"说"包含但不限于"游说"义,上述引文中的"说"所涉及的内容大都不能翻译成"游说",就是证明。

就"谈说之术"和"善说"的特点而言,两者有相同之处,即:理据坚实,明辨是非;用对方容易理解和接受的方式,运用出神入化的修辞手法;突出内容值得珍视的高贵价值。同时,两者也各有侧重。相较而言,"谈说之术"更注重主观上对待谈说的态度,要求态度严谨、庄重。荀子就非常重视这一点。"善说"则更重视客观上抓住对方的心理,要求不能只考虑自己怎么想,更要考虑对方怎么想,即要善于心理制胜。

综上可知,荀子的"谈说之术"所要求的其实就是"善说",而若做到鬼谷子的"善说",也就基本掌握了"谈说之术"。

第二节 "善说"章"全身""重身"内容解析

"全身",主要是指通过谈说艺术保障自己的安全,做到全身而退;"重身",则既包括使自己的身份地位更加重要,也包括使别人的身份地位更加重要。下面结合例文进行分析。

一、缓兵之计,死地后生

例如:

(1)赵使人谓魏王曰:"为我杀范痤,吾请献七十里之地。"魏王曰:"诺。"使吏捕之,围而未杀。痤自上屋骑危,谓使者曰:"与其以死痤市,不如以生痤市。有如痤死,赵不与王地,则王奈何? 故不若与定割地,然后杀痤。"魏王曰:"善!"痤因上书信陵君曰:"痤故魏之免相也,赵以地杀痤而魏王听之,有如强秦亦将袭赵之欲,则君且奈何?"信陵君言于王而出之。(《说苑·善说》)

赵国以"七十里之地"作为交易筹码,请求魏王杀死范痤。魏王同意了,派官吏带兵前去抓捕范痤,包围了范痤的房子。范痤爬上房顶,骑在屋脊上,对派来抓他的人说:"与其用一个死范痤做交易,不如用一个活的做交易。假如我死了而赵国却不给大王土地,那么大王怎么办? 因此,不如与赵国先确定好割让的土地,再杀我也不晚。"魏王听后,说:"很好!"于是,范痤趁机向信陵君上书,说:"我范痤是魏国已被免职的国相,赵国想以割让土地作为交换条件来杀我,魏王竟然同意了,如果强大的秦国也如法炮制赵国的做法,那您将怎么办呢?"信陵君听明白了其中的含义,便向魏王求情,释放了范痤。

范痤临危不乱,为自己创造了向人求助的机会,他的思路是:既然赵国想让我范痤死,那么秦国也可能想让信陵君死,而信陵君肯定不会让自己处于危险之中,所以必然会劝谏赵王放弃杀死我范痤。可见,范痤的请求建立在类比推理的基础上。其巧妙之处在于:第一,他请求魏王不杀自己,不是为了自己,而是为了使魏王不受欺骗。这是站在对方的角度说话,所以马上就被接受了。第二,他请信陵君出手相助也不是站在自己的角度,而是站在对方的角度,但又不是让对方获益,而是使对方免受危害。

二、无说则死,有说则生

例如:

(2)孝武皇帝时,汾阴得宝鼎而献之于甘泉宫,群臣贺,上寿曰:"陛下得周鼎。"侍中虞丘寿王独曰:"非周鼎。"上闻之,召而问曰:"朕得周鼎,群臣皆以为周鼎,而寿王独以为非,何也? 寿王有说则生,无说则死。"对曰:"臣寿王安敢无说。臣闻周德始产于后稷,长于公刘,大于太王,成于文、武,显于周公。德泽上洞天,下漏泉,无所不通。上天报应,鼎为周出,故名曰周鼎。今汉自高祖继周,亦昭德显行,布恩施惠,六合和同,至陛下之身逾盛,天瑞并至,征祥毕见。昔始皇帝亲出鼎于彭城而不能得。天昭有德,宝鼎自至,此天之所以予汉,乃汉鼎非周鼎也。"上曰:"善!"群臣皆称万岁。是日,赐虞丘寿王黄金十斤。(《说苑·善说》)

汉武帝时,汾阴有人得到宝鼎进献到甘泉宫,群臣庆贺说:"陛下得到了周鼎。"而侍中虞丘寿王却说:"这不是周鼎。"武帝听说后,召见他并问道:"朕得到了周鼎,群臣也都认为这是周鼎,只有你认为不是,为什么?你有说法就能活命,没有说法就是死罪。"虞丘寿王回答说:"臣怎么敢没有说法。臣听说周朝的国运是从后稷开始的,在公刘时成长,在太王时壮大,在文王、武王时形成,在周公时显赫。周朝的德泽上通天宇、下达九泉,没有什么地方不能通达。上天给予回报,鼎就为周朝而出现,所以取名叫周鼎。如今汉朝自高祖继承周朝起,光大德行,布施恩惠,天地四方和睦同心,到陛下这一代就更加兴盛了,所以上天的祥瑞一起到来,吉祥的征兆全部出现。从前秦始皇在彭城斋戒祈祷,想得到周鼎却没有得到。上天佑助有德行的人,宝鼎自动到来,这是上天给予汉朝的宝鼎,因此是汉鼎而不是周鼎。"武帝说:"讲得好!"群臣都欢呼万岁。当天,武帝赏赐给虞丘寿王黄金十斤。

虞丘寿王独持异议,说这个宝鼎不是周鼎,汉武帝不乐意了,让他说出理由,否则就是死罪。然而,虞丘寿王不紧不慢的一套说辞却赢得了武帝和大臣们喝彩,并获得了黄金赏赐。为什么会是这样的结果呢?简单来说,原因在于虞丘寿王借此赞颂了汉朝及武帝的功绩。那么,这算不算阿谀之辞呢?应该不算,至少可列入"善说"的经典案例,而不会被视为谀辞。第一,虞丘寿王属于另辟蹊径,做法不同凡响。第二,他独排众议,并不是想标新立异,而是胸有成竹。第三,他改周鼎为汉鼎,可谓是一举两得、一语双关,即在赞颂汉朝及汉武帝的同时,暗示周鼎变成汉鼎有赖于施行仁政,因为上天佑助的是有德性的人。

三、择吏平法,赈济敬长

例如:

（3）齐宣王出猎于社山,社山父老十三人相与劳王。王曰:"父老苦矣!"谓左右:"赐父老田不租。"父老皆拜,闾丘先生独不拜。王曰:"父老以为少耶?"谓左右:"复赐父老无徭役。"父老皆拜,闾丘先生又不拜。王曰:"拜者去,不拜者前。"曰:"寡人今日来观,父老幸而劳之,故赐父老田不租。父老皆拜,先生独不拜,寡人自以为少,故赐父老无徭役。父老皆拜,先生又独不拜,寡人得无有过乎?"闾丘先生对曰:"惟闻大王来游,所以为劳大王。望得寿于大王,望得福于大王,望得贵于大王。"王曰:"天杀生有时,非寡人所得与也,无以寿先生;仓廪虽实,以备灾害,无以富先生;大官无缺,小官卑贱,无以贵先生。"闾丘先生对曰:"此非人臣所敢望也。愿大王选良富家子有修行者以为吏,平其法度,如此,臣少可以得寿焉;春秋冬夏,振之以时,无烦扰百姓,如是,臣可少得以富焉;愿大王出令,令少者敬长,长者敬老,如是,臣可少得以贵焉。今大王幸赐臣田不租,然则仓廪将虚也;赐臣无徭役,然则官府无使焉。此固非人臣之所敢望也。"齐王曰:"善。愿请先生为相。"(《说苑·善说》)

齐宣王到社山打猎,有十三个社山父老前来慰劳宣王。宣王高兴地说:"父老们辛苦了!"并对左右的人说:"赏赐这些父老不用交田税。"父老们都拜谢宣王,只有闾丘先生不拜谢。于是宣王又说:"父老们是嫌太少了吗?"又对左右的人说:"再赏赐他们不服徭役。"父老们又都拜谢,唯独闾丘先生还不拜谢。宣王说:"拜谢的人都回去吧,不拜谢的人上前来。"然后对闾丘先生说:"我今天来巡视,有幸父老们前来慰劳我,因此赏赐父老们不用交田租。父老们都拜谢,只有先生您不拜谢,我还以为赏赐得太少,所以又赏赐了父老们不服徭役。父老们又都拜谢,只有先生您还不拜谢。难道是我有什么过错吗?"这一段,齐宣王提出问题:你为什么不感谢赏赐? 难道是我做错了吗?

闾丘先生回答:"因为听说大王要来巡游,所以我们才来慰劳大王,希望从大王这里得到长寿、富裕和显贵。"宣王说:"人的生死有一定时间,不是我所能给予的,所以无法使先生长寿;粮仓虽然充实,但却是用来防备灾害的,所以无法使先生富裕;大官没有缺额,小官又太低贱,所以无法使先生显贵。"这一段,闾丘先生提出要长寿、要富裕、要显贵三个希望,而齐宣王逐一说明了理由并予以拒绝。

闾丘先生回答说:"这些并不是我所敢奢望的,只希望大王选拔优秀的富家子弟中有修养的人做官吏,使法令制度公平,这样我就可以稍微多活几年了;春

夏秋冬,按时赈济百姓,不要烦扰百姓,这样我就可以稍微得到富足了;希望大
王下令,让年轻的尊敬年长的,年长的尊敬年老的,这样我就可以稍微获得显贵
了。如今有幸得到大王赐我们不交田租,但这样国库就将空虚了;赐我们不服
徭役,但这样官府就没人可供役使了。这些当然不是我所敢希望的。"宣王说:
"讲得好! 我愿请先生做国相。"

最后一段,闾丘先生所说的希望与宣王所想的并不一样,而是希望国家选
贤任能、公平法治、按时赈济而不烦扰百姓、孝敬长者,这样自己就能过上好一
些的日子。至此齐宣王明白了,原来闾丘先生是以此为谏,并由此认为他是一
个不同凡响的人。这种"善说"的奇妙之处在于借题发挥,言此而意彼,尤其是
先引发对方欲知下文的兴趣,再慢慢道来,达到了一波三折、引人入题的效果。

四、请闻国计,立为国师

例如:

> (4)晋献公之时,东郭民有祖朝者,上书献公曰:"草茅臣东郭
> 民祖朝,愿请闻国家之计。"献公使使出告之曰:"肉食者已虑之矣,
> 藿食者尚何与焉?"祖朝对曰:"大王独不闻古之将曰桓司马者,朝
> 朝其君,举而晏。御呼车,骖亦呼车。御肘其骖曰:'子何越云为
> 乎? 何为藉呼车?'骖谓其御曰:'当呼者呼,乃吾事也。子当御正
> 子之辔衔耳。子今不正辔衔,使马卒然惊,妄轹道中行人。必逢大
> 敌,下车免剑,涉血履肝者,固吾事也,子宁能辟子之辔,下佐我乎?
> 其祸亦及吾身,与有深忧,吾安得无呼车哉?'今大王曰:'食肉者已
> 虑之矣,藿食者尚何与焉?'设使食肉者一旦失计于庙堂之上,若臣
> 等之藿食者,宁得无肝胆涂地于中原之野与? 其祸亦及臣之身,臣
> 与有其忧深,臣安得无与国家之计乎?"献公召而见之,三日与语,
> 无复忧者,乃立以为师也。(《说苑·善说》)

晋献公的时候,城东有个名叫祖朝的人上书献公,说:"草野小民城东之人
祖朝,请求了解国家大事。"献公命使者出去对他说:"当官的已在考虑国家大事

了,平民百姓还有什么必要参与其中?"祖朝回答道:"国君难道没有听说过古代大将桓司马的事吗? 他早上去朝见国君,动身晚了,车夫叫备车,侍卫也叫备车。车夫用胳膊肘触碰侍卫,说:'你为什么越职呢? 为什么重复叫备车呢?'侍卫对车夫说:'时间紧,该叫就叫,这也是我的职责。你应该调整和控制好马笼头和马缰绳。你现在不调整和控制好马笼头和马缰绳,如果马突然受惊,车轮就会胡乱碾压路上的行人。一旦面临大敌,下车拿剑浴血奋战,当然是我的事,你难道能放开手中的缰绳,下车来帮我吗? 那时祸患会危及我的生命,对此我很担忧,怎么能不着急叫备车呢?'如今国君说:'当官的已在考虑国家大事了,平民百姓还有什么必要参与其中?'假设当官的在朝堂上一旦谋划失误,我们这些平民百姓难道不会在中原荒野上肝脑涂地吗? 那时祸患也会危及我的生命,对此我也很担忧,怎么能不参与国家大事呢?"献公听后召见了祖朝,并与他交谈了三日,然后不再有担忧的事,于是拜他为师。

侍卫参与叫车是为了赶时间,怕忙中出错。祖朝以小比大,道理相同,用逻辑的力量说服了晋献公。正是由于这段说理,晋献公才认为祖朝不同于一般的平民百姓,继而通过与他长谈,认可了他的能力,遂拜为国师。

五、把君之手,礼敬受教

例如:

(5)襄成君始封之日,衣翠衣,带玉剑,履缟舄,立于流水之上。大夫拥钟锤,县令执桴号令,呼谁能渡君者。于是也,楚大夫庄辛过而说之,遂造托而拜谒,起立曰:"臣愿把君之手,其可乎?"襄成君忿然作色而不言。庄辛迁延沓手而称曰:"君独不闻夫鄂君子晳之泛舟于新波之中也? 乘青翰之舟,极慢芘,张翠盖,而犀尾,班丽褂衽;会钟鼓之音毕,榜枻越人拥楫而歌,歌辞曰:'滥兮抃草,滥予昌枑,泽予昌州,州锴州焉乎,秦胥胥缦予乎,昭澶秦逾,渗惿随河湖。'鄂君子晳曰:'吾不知越歌,子试为我楚说之。'于是乃召越译,乃楚说之曰:'今夕何夕兮,搴舟中流;今日何日兮,得与王子同舟? 蒙羞被好兮,不訾诟耻;心几顽而不绝兮,得知王子。山有木兮木

有枝,心悦君兮君不知。'于是鄂君子晳乃揄修袂,行而拥之,举绣
被而覆之。鄂君子晳亲楚王母弟也,官为令尹,爵为执珪,一榜枻
越人犹得交欢尽意焉。今君何以逾于鄂君子晳?臣独何以不若榜
枻之人?愿把君之手,其不可何也?"襄成君乃奉手而进之曰:"吾
少之时,亦尝以色称于长者矣,未尝遇僇如此之卒也。自今以后,
愿以壮少之礼谨受命。"(《说苑·善说》)

襄成君开始接受封邑的那天,穿着翠羽装饰的衣服,佩带着嵌玉的宝剑,脚
穿白绢鞋,站立在流水边。大夫们抱着钟锤,县令拿着鼓槌,高声呼喊:"有谁能
将国君渡过河去?"这时楚国大夫庄辛经过这里,他很喜欢襄成君,于是托词前
去求见。他拜谒后站起来说:"我希望拉住您的手,这样行吗?"襄成君生气地变
了脸色,没有理他。庄辛退后,两手相拱并大声说:"您难道没有听说过鄂君子
晳在新波上划船游乐的事吗?他乘坐的是刻有黑色大鸟的船,挂着帐幔,张着
翠羽的伞盖,旌旗上插有犀牛尾,服装斑斓艳丽。当鼓乐停止后,越国船夫抱着
桨唱起了歌,歌词是:'滥兮抃草,滥予昌枑,泽予昌州,州𩜁州焉乎,秦胥胥缦予
乎,昭澶秦逾,渗惿随河湖。鄂君子晳说:'我不懂越国的歌,请你试着用楚国的
话为我解说它。'于是召来越人翻译,用楚国的话解说道:'今夜是怎样的夜晚
哪,泛舟江中流;今天是什么日子呀,能与王子同舟?含羞露美呀,不顾诟骂羞
耻;心里多么痴迷不止呀,盼能见到王子。山有树啊树有枝,心里爱慕您哪您不
知。'这时鄂君子晳挥挥长袖,走过去抱住那越国船夫,还拿锦绣被子盖在他身
上。鄂君子晳与楚王是同母的亲兄弟,官职做到令尹,爵位是执珪,还能与一个
划船的越人交欢尽意。现在您凭什么能超过鄂君子晳呢?我又有什么比不上
那划船的船夫呢?想握一下您的手,为什么就不行呢?"襄成君于是伸出手,走
上前对庄辛说:"我小的时候也曾因容貌好看而受到长辈的称赞,从来不曾像今
天这样突然受辱。从今以后,我愿以年轻人对成年人的礼节恭谨地接受您的
教诲。"

这也是一个通过讲述别人相遇交流的情形来类比和解释自己的要求并不
过分的例子。时至今天,陌生人之间见面握手似乎已经很平常了,但是想和身
份地位高的人握手还是会常常遭到拒绝。可见,庄辛能够在那个年代让一个身
份地位高于自己的人认识到与地位低的人握手并不会辱没自己,实属不易。这

就是"善说"的力量和魅力所在。

第三节 "善说"章保全国家内容解析

一、吴未有福，荆未有祸

例如：

> （1）吴人入荆，召陈怀公。怀公召国人曰："欲与荆者左，欲与吴者右。"逢滑当公而进曰："吴未有福，荆未有祸。"公曰："国胜君出，非祸而奚？"对曰："小国有是犹复，而况大国乎？楚虽无德，亦不斩艾其民。吴日弊兵，暴骨如莽，未见德焉。天其或者正训荆也。祸之适吴，何日之有！"陈侯从之。（《说苑·善说》）

吴国攻入楚国，吴王召见了陈怀公。之后陈怀公召集臣下，说："想要跟从楚国的站在左边，想要跟从吴国的站在右边。"逢滑面对着怀公上前说道："吴国未必有福运，楚国未必有祸患。"怀公说："吴国打了胜仗，而楚国国君却出逃了，这不是灾祸又是什么？"逢滑答道："小国遇到这种情况还能复国，何况大国呢？楚国虽无德政，但却不会宰割自己的人民，而吴国每天疲于用兵，抛尸荒野如同草木，让人看不到它的德行在哪里。上天或许是要教训楚国吧。灾祸降临到吴国，说不定会在哪天呢！"陈怀公听从了他的话。

楚国战败，吴国战胜，从此陈国是投奔吴国还是继续跟从楚国，这是一个两难的选择，如果选错了，就可能遭遇灭亡的祸患。于是，陈怀公想让臣下通过投票来决定，而逢滑的"善说"使他做出了抉择。

二、适当放权，以防不测

例如：

（2）桓公立仲父，致大夫曰："善吾者，入门而右；不善吾者，入门而左。"有中门而立者。桓公问焉，对曰："管子之知，可与谋天下；其强，可与取天下。君恃其信乎？内政委焉，外事断焉，驱民而归之，是亦可夺也。"桓公曰："善！"乃谓管仲："政则卒归于子矣。政之所不及，唯子是匡。"管仲故筑三归之台，以自伤于民。（《说苑·善说》）

齐桓公要立管仲为仲父，召集大夫说："赞成我的，进门站右边；不赞成我的，进门站左边。"有个人却站在了大门中间，桓公问他这是为什么，他说："凭管仲的智慧，可与他共谋天下大事；凭他的强大能力，可与他取得天下。但是，您能依靠他的诚信吗？把内政托付给他，外交事务由他决断，驱使百姓的事也归他，这些也是可以收回的。"桓公说："好！"然后对管仲说："政事就全部由您管了，有不足的地方，只追究您的责任。"于是管仲修筑了"内政、外事、驱民"三归之台，以此使自己时时想着百姓。

故事一开头就颇有猜谜的意思，赞成立管仲为仲父的和不赞成的各站一边，而这个人却站在了中间。这既引起了齐桓公的兴趣，也引起了大家的兴趣：他这葫芦里卖的到底是什么药？所以，桓公必然会问他，还会耐心听他给出答案。他的"善说"体现在三个方面：第一，夸赞管仲有智慧、能力强，可与之谋取天下；第二，担心管仲的诚信会发生变化；第三，给出解决的对策，即不可集权于一人，应适当分权、放权。这就是所谓的防患于未然。

三、重禄顾宠，不言为患

例如：

（3）晋平公问叔向曰："岁饥民疫，翟人攻我，我将若何？"对曰："岁饥，来年而反矣；疾疫，将止矣；翟人，不足患也。"公曰："患有大于此者乎？"对曰："夫大臣重禄而不极谏，近臣畏罪而不敢言，左右顾宠于小官而君不知，此诚患之大者也。"公曰："善！"于是令国中

曰："欲有谏者为隐,左右言及国吏,罪。"(《说苑·善说》)

晋平公问叔向:"年成不好,百姓遭遇瘟疫,狄人又来攻打我国,我该怎么办呢?"叔向回答:"年成不好,明年就恢复了;疾病瘟疫,也会停止;狄人的进攻也不值得担心。"平公问:"还有比这更大的祸患吗?"叔向回答:"大臣贪恋厚禄而不极力进谏,身边的近臣怕得罪国君而不敢说话,左右的侍从被小官收买讨好国君却不知道,这些才真正是最大的祸患。"平公说:"讲得好!"于是向全国下令,说:"想要进谏的人被故意隐瞒而不报,国君左右的人以其个人好恶来谈论国家的官吏,都要治罪。"

四、预见报复,停战讲和

例如:

> (4)赵简子攻陶,有二人先登,死于城上。简子欲得之,陶君不与。承盆疽谓陶君曰:"简子将掘君之墓以与君之百姓市曰:'逾邑梯城者,将赦之;不者,将掘其墓,朽者扬其灰,未朽者辜其尸。'"陶君惧,请效二人之尸以为和。(《说苑·善说》)

赵简子攻打陶邑,有两人抢先登城,战死在城上。赵简子想要得到这两人的尸体,陶君不给。承盆疽对陶君说:"赵简子将会挖掘您的祖坟,并以此作为条件来和您的百姓进行交易,到时候会说:'翻城越墙来投降的人,将会赦免他;否则,就要挖掘他的祖坟,尸骨腐朽了的把骨灰扬掉,没有腐朽的把它碎裂。'"陶君十分恐惧,便请求献出那两人的尸体以达成和议。

陶君不给赵简子阵亡将士的尸体,承盆疽便以"赵简子将会挖掘你的祖坟"这一结果来进行劝谏。在那个年代,祖坟是至高无上的,于是陶君接受劝谏,归还尸体并与赵简子达成了和议。可见,这种预见到对方报复结果的"善说"十分有力。

第四节 "善说"章说理辨别内容解析

"善说"章谈说论理的内容,一般来说篇幅都不太长,但其有一个显著特点,即能够根据具体情况,运用巧妙的修辞手法进行论证。

一、归谬推理,还治其人

例如:

(1)林既衣韦衣而朝齐景公。齐景公曰:"此君子之服也?小人之服也?"林既逡巡而作色曰:"夫服事何足以端士行乎?昔者荆为长剑危冠,令尹子西出焉;齐短衣而遂沟之冠,管仲、隰朋出焉;越文身剪发,范蠡、大夫种出焉;西戎左衽而椎结,由余亦出焉。即如君言,衣狗裘者当犬吠,衣羊裘者当羊鸣,且君衣狐裘而朝,意者得无为变乎?"景公曰:"子真为勇悍矣!今未尝见子之奇辩也。一邻之斗也,千乘之胜也?"林既曰:"不知君之所谓者何也。夫登高临危,而目不眴,而足不陵者,此工匠之勇悍也;入深渊,刺蛟龙,抱鼋鼍而出者,此渔夫之勇悍也;入深山,刺虎豹,抱熊黑而出者,此猎夫之勇悍也;不难断头裂腹,暴骨流血中原者,此武夫之勇悍也。今臣居广廷,作色端辩,以犯主君之怒,前虽有乘轩之赏,未为之动也;后虽有斧质之威,未为之恐也。此既之所以为勇悍也。"(《说苑·善说》)

林既穿着兽皮衣去朝见齐景公,这种情形很少见。景公问他这是君子的衣服还是小人的衣服,既是因为觉得异常,也有揶揄他的意味。然而,这可能就是林既想要的效果,因为他顺势提出了论题:看一个人穿的衣服能否判断他是君子还是小人?只见林既板起脸来反驳景公,说道:"衣服穿戴的事怎么能够用来观察士人的品行呢?从前楚国人好佩长剑、戴高帽,那里出了令尹子西;齐国人好穿短衣、戴名为'遂沟'的帽子,那里出了管仲、隰朋;越国人文身、剪短发,那里出了范蠡、文种;西戎人衣襟向左、梳锥形发髻,那里出了由余。这些都是名士。倘若如您所说,穿狗皮衣的人应会狗叫,穿羊皮衣的人应会羊叫,那么您穿狐皮衣上朝,想来应该也会有变化吧?"

显然,齐景公认为君子应该与自己的着装相匹配,不能穿山野之人、小人的衣装。于是,林既对景公的观点进行了归谬引申:穿狗皮衣就有狗样,穿狐皮衣就有狐狸样。这样做虽然有一些矫枉过正,但给景公造成的印象却极其深刻。景公听了林既的话后,说:"你可真够勇敢强悍的!至今我还没有见识过像你这样奇谈怪论的。你这是在跟一个乡邻斗嘴,还是与千乘之尊的国君争胜呢?"意思是林既拿他当作普通邻居了,而不是千乘之尊的国君。对此,林既开始装糊涂:"我不明白您所说的是什么意思。攀登高山,面临危崖而眼不花、脚不颤,这是工匠的勇敢强悍;潜入深渊刺杀蛟龙,捉住大鳖或鳄鱼而出,这是渔夫的勇敢强悍;进入深山刺杀虎豹,捉住熊罴而出,这是猎人的勇敢强悍;尸骨暴露,血洒原野,这是武夫的勇敢强悍。现在我站在宽敞的朝堂上,脸色严肃地直言正辩,不惜触犯国君的怒气,眼前即使有乘坐高车的官位封赏,我也不会为此而动心;之后即使有杀头的威胁,我也不会为此而恐惧。这就是我所认为的勇敢强悍。"

齐景公指责林既争强好胜而且不分场合,林既则认为不同的人有不同的强悍,并指出自己的强悍在于直言正辩,不为封赏而动心,不为威胁而恐惧。

二、有令必行,令行禁止

例如:

(2)魏文侯与大夫饮酒,使公乘不仁为觞政,曰:"饮不釂者,浮以大白。"文侯饮而不釂,公乘不仁举白浮君,君视而不应。侍者曰:"不仁退,君已醉矣。"公乘不仁曰:"《周书》曰:'前车覆,后车戒。'盖言其危。为人臣者不易,为君亦不易。今君已设令,令不行,可乎?"君曰:"善!"举白而饮,饮毕,曰:"以公乘不仁为上客。"
(《说苑·善说》)

魏文侯与大夫一起饮酒,让公乘不仁主持行酒令,说:"饮酒不干杯的人,用大杯罚酒。"文侯没有饮尽杯中的酒,公乘不仁举杯要罚他,文侯看到了却不理睬。侍者说:"不仁退下,国君已经喝醉了。"公乘不仁说:"周朝的谚语说:'前车翻覆,后车警戒。'大概说的是要防止类似的危险。做臣子不容易,做国君也不容易。现在国君既已立下酒令,却又不执行,这样能行吗?"文侯说:"讲得好!"说完举杯而饮,饮完酒又说:"让公乘不仁做贵宾。"

公乘不仁利用谚语阐释了负面先例的影响、前车之鉴的作用,同时坚持认为执法应从小事做起,无论贵贱,契约都应得到执行。这样的"善说"不能不令魏文侯信服。

三、善用引证,使人受益

例如:

> (3)蘧伯玉使至楚,逢公子皙濮水之上,子皙接草而待,曰:"敢问上客将何之?"蘧伯玉为之轼车。公子皙曰:"吾闻上士可以托色,中士可以托辞,下士可以托财。三者固可得而托耶?"蘧伯玉曰:"谨受命!"蘧伯玉见楚王,使事毕,坐谈语,从容言至于士。楚王曰:"何国最多士?"蘧伯玉曰:"楚最多士。"楚王大悦。蘧伯玉曰:"楚最多士,而楚不能用。"王造然曰:"是何言也?"蘧伯玉曰:"伍子胥生于楚,逃之吴,吴受而相之,发兵攻楚,堕平王之墓。伍子胥生于楚而吴善用之。釁蚡黄①生于楚,走之晋,治七十二县,道不拾遗,民不妄得,城郭不闭,国无贼盗。蚡黄生于楚而晋善用之。今者臣之来,逢公子皙濮水之上,辞言:'上士可以托色,中士可以托辞,下士可以托财。三言者,固可得而托身耶?'又不知公子皙将何治也?"于是楚王发使一驷,副使二乘,追公子皙濮水之上。子皙还,重于楚,蘧伯玉之力也。故《诗》曰:"谁能烹鱼? 溉之釜鬵;孰将西归,怀之好音?"此之谓也。物之相得,固微甚矣。(《说苑·善

---

① 即苗贲皇。

说》）

　　蘧伯玉出使到楚国,在濮水岸上遇见公子皙。公子皙在野外拔草迎接他,说:"请问贵客将要到哪里去?"蘧伯玉在车上扶轼向公子皙表示敬意。公子皙说:"我听说可以通过神色委托上士,可以借助言语委托中士,可以利用财物委托下士。这三种方式真的能够托付自身吗?"蘧伯玉说:"我恭谨地接受您的嘱托。"公子皙借口传音,以听说的话间接表达了自己的请托。看来蘧伯玉是上士,至少是中士,他接受了公子皙的请托。

　　蘧伯玉拜见了楚王,待出使的公事完毕后,与楚王坐下来交谈,并从容地谈到了士人。楚王问:"哪个国家的士人最多?"蘧伯玉答道:"楚国士人最多。"楚王十分高兴。蘧伯玉又说:"楚国士人最多,但楚国却不能任用。"楚王惊惧不安地问:"这话怎么讲?"蘧伯玉说:"伍子胥生长在楚国,逃亡到吴国,吴国接纳他并任用他为国相,他带兵攻打楚国,毁坏了楚平王的坟墓。伍子胥生在楚国,而吴国却能很好地任用他。苗贲皇生在楚国,跑到了晋国,他治理好了七十二个县,路不拾遗,百姓不妄取,城门不关闭,都城无盗贼。苗贲皇生在楚国,而晋国却能很好地任用他。这次我来楚国,在濮水上遇见了公子皙,他对我说:'可以通过神色委托上士,可以借助言语委托中士,可以利用财物委托下士。这三种方式真的能够托付自身吗?'不知道公子皙将有什么打算吗?"

　　蘧伯玉在推荐公子皙之前,先提出两个问题让楚王考虑:一是楚国士人最多,但却不能用;二是别国用了楚国的人才,而且都发挥了重要作用。接着说了公子皙请托的话,并以不知道公子皙将有什么打算结束了对话。话外之音是:楚国人才虽多却不能用,只不过是墙里开花墙外香罢了。这是在暗示楚王应该改变这种状况,像公子皙这样的人才应该任用,而不能再让他流落国外,为他国所用。楚王听出了蘧伯玉的话外之音,于是派出使者驾上驷车一辆、副使车两辆,去追赶公子皙。公子皙回到楚国并受到重用,全靠蘧伯玉的力量。因此《诗经》说:"谁能烹鱼? 我就为他洗刷好锅灶;谁将从西方归来,给我带来好消息?"说的就是这样心意相通的事。人与人之间能够相互投合,的确很是微妙啊。

　　当然,楚王能够心有灵犀一点通,也离不开蘧伯玉"善说"之功。

四、路在人走，得之固道

例如：

> (4)卫将军文子问子贡曰："季文子三穷而三通，何也？"子贡曰："其穷事贤，其通举穷，其富分贫，其贵礼贱。穷而事贤则不侮，通而举穷则忠于朋友，富而分贫则宗族亲之，贵而礼贱则百姓戴之。其得之固道也，失之命也。"曰："失而不得者，何也？"曰："其穷不事贤，其通不举穷，其富不分贫，其贵不礼贱。其得之命也，其失之固道也。"（《说苑·善说》）

卫国将军文子问子贡："季文子三次穷困，又三次通达，原因是什么？"子贡说："他穷困的时候能事奉贤人，他通达的时候能举荐困厄的人，他富有的时候能分财物给贫苦人，他尊贵的时候能礼待低贱的人。穷困时，事奉贤人就不会受到欺侮；通达时，举荐困厄的人就是忠于朋友；富有时，分财物给穷人就会使宗族亲近；尊贵时，礼待低贱的人就会使百姓拥戴。季文子能获得这些当然是因为道义，而失去则是由于命运。"子贡得出的这个结论其实就是所谓的"路在人走，事在人为"。行事合乎道义，往往会有好的回报，但若没有赶上好的时机、没有遇上恰当的人而失去，也就只能说是命运不济了。

卫将军文子又问："有人失去这些却不能得到，又是因为什么呢？"子贡答道："那是因为他在穷困时不事奉贤人，他在通达时不举荐困厄的人，他在富有时不分财物给穷人，他在尊贵时不礼待低贱的人。"这个结论与上述正好相反，即不能得到回报，往往是由于时运不济，而得到了又失去，则是因为行事没有道义。

五、分析辨别，由表及里

例如：

（5）子路问于孔子曰："管仲何如人也？"子曰："大人也。"子路曰："昔者管子说襄公，襄公不说，是不辩也；欲立公子纠而不能，是无能也；家残于齐而无忧色，是不慈也；桎梏而居槛车中无惭色，是无愧也；事所射之君，是不贞也；召忽死之，管子不死，是无仁也。夫子何以大之？"子曰："管仲说襄公，襄公不说，管子非不辩也，襄公不知说也；欲立公子纠而不能，非无能也，不遇时也；家残于齐而无忧色，非不慈也，知命也；桎梏居槛车而无惭色，非无愧也，自裁也；事所射之君，非不贞也，知权也；召忽死之，管子不死，非无仁也；召忽者，人臣之材也，不死则三军之虏也，死之则名闻天下，夫何为不死哉？管子者，天子之佐，诸侯之相也，死之则不免为沟中之瘠，不死则功复用于天下，夫何为死之哉？由，汝不知也。"（《说苑·善说》）

子路问孔子："管仲是什么样的人呢？"孔子说："德高望重的人。"子路说："从前管仲游说齐襄公，襄公不喜欢，这是不善辩；要拥立公子纠为国君却没有办到，这是没有能力；家人在齐国受到残害却无忧伤的表情，这是不慈爱；戴上刑具被关在囚车中却无羞惭之色，这是不知惭愧；后来又事奉他所射过的国君，这是没有贞节；召忽为公子纠而死，管仲却不死，这是不仁。先生凭什么认为他德行高尚呢？"孔子说："管仲游说齐襄公，襄公不赏识他，不是管仲不善辩，而是襄公不懂得他的主张；要拥立公子纠却失败了，不是他无能，而是因为时运不济；家人在齐国受到残害而面无忧色，不是他不慈爱，而是他知道这是命该如此；戴上刑具被关在囚车中却无羞惭表情，不是他不知道惭愧，而是他心中已有决断；后来又事奉他所射过的国君，不是他没有贞节，而是他知道权衡时势；召忽为公子纠而死，管仲不殉死，不是他不仁。召忽这样的人，只是做臣子的材料，不死就会成为三军的俘虏，为主而死却可以名闻天下，那为何不去死呢？管仲这样的人，是天子的佐臣、诸侯的辅相，死了就难免成为沟中的尸体，不死却可以在天下建立功业，那为何还要去死呢？仲由啊，你不懂得这个道理呀！"

子路试图否定孔子对于管仲德高望重的评价，并摆出了事实，而孔子则一条一条地予以辨析，为他说明了道理。

六、对比评价,有理有据

例如:

　　(6)晋平公问于师旷曰:"咎犯与赵衰孰贤?"对曰:"阳处父欲臣文公,因咎犯三年不达,因赵衰三日而达。智不知其士众,不智也;知而不言,不忠也;欲言之而不敢,无勇也;言之而不听,不贤也。"(《说苑·善说》)

　　晋平公向师旷问道:"咎犯与赵衰哪一个贤明?"师旷说:"阳处父想做晋文公的臣子,通过咎犯引荐,三年都未达到目的,后来通过赵衰引荐,三天就达到了目的。不能了解士子民众,就不算有才智;了解贤士却不举荐,是不忠的表现;想要举荐却又不敢,是没勇气的表现;举荐了贤士而不被采纳,是不贤的表现。"师旷没有直接回答问话,而是通过对比两人举荐贤才的做法、态度来说明问题。古人认为,能够举荐贤才的人更贤。

七、道遇有时,旁征博引

例如:

　　(7)陈子说梁王,梁王说而疑之曰:"子何为去陈侯之国,而教小国之孤于此乎?"陈子曰:"夫善亦有道,而遇亦有时。昔傅说衣褐带索,而筑于秕傅之城,武丁夕梦旦得之,时王也;宁戚饭牛康衢,击车辐而歌《硕鼠》,桓公得之,时霸也;百里奚自卖五羊之皮,为秦人虏,穆公得之,时强也。论若三子之行,未得为孔子骏徒也。今孔子经营天下,南有陈、蔡之厄,而北干景公,三坐而五立,未尝离也。孔子之时不行,而景公之时怠也。以孔子之圣不能以时行说之怠,亦独能如之何乎?"(《说苑·善说》)

陈子游说梁王,梁王虽高兴却又心怀疑虑,便问道:"你为什么要离开陈侯的国家,来到小国教诲我呢?"陈子说:"德行需要发挥的途径,而遇合也需要时机。从前傅说穿短衣、扎草绳,修筑了秕傅的城墙,武丁晚上做梦,早上便得到了他,应时而称王;甯戚在大路上喂牛,敲着车辐唱《硕鼠》歌,齐桓公得到他,应时而称霸;百里奚以五张羊皮卖身,做了秦国的奴隶,秦穆公得到他,应时而成为强国。若要评论这三个人的德行,则他们还不能成为孔子的高徒。孔子周游列国,在南面的陈、蔡两国陷入困境,而北上求见齐景公,也多次受到冷遇,没有被重用。这是因为孔子所处的时代不对,他的学说无法实行,而齐景公当时又怠慢了他。以孔子的圣明尚且不能在当时说服齐景公改变怠慢的态度,我面对这样的形势又能怎么样呢?"

梁王心怀疑虑的问话,提出了一个难以回答的问题:你大材小用不合常理,那你是不是不堪大用? 陈子的论点是:德行要有发挥的途径,而且有没有途径、能走多远,还要看时机。陈子举例说,傅说、甯戚、百里奚这三个有才德的人在遇到时机之前都遭受了困厄,然而一旦有了时机就会光芒四射。继而又以比他们才德更高的孔子的际遇,进一步论证了自己的观点。

第五节 "善说"章修辞艺术内容解析

一、善说譬喻,谕所不知

例如:

(1)客谓梁王曰:"惠子之言事也,善譬。王使无譬,则不能言矣。"王曰:"诺。"明日见,谓惠子曰:"愿先生言事则直言耳,无譬也。"惠子曰:"今有人于此而不知弹者,曰:'弹之状何若?'应曰:'弹之状如弹。'则谕乎?"王曰:"未谕也。"于是更应曰:"'弹之状如弓,而以竹为弦。'则知乎?"王曰:"可知矣。"惠子曰:"夫说者,固以其所知谕其所不知,而使人知之。今王曰'无譬',则不可矣。"

王曰:"善。"(《说苑·善说》)

有宾客对梁王说:"惠子言说事情善用譬喻,如果大王不让他用譬喻,他就不能说什么了。"梁王说:"好。"第二天,梁王召见惠子,对他说:"希望先生说事时就直接说事,不要用譬喻。"惠子说:"如果这里有人不了解弹弓,问道:'弹弓的形状像什么?'而告诉他:'弹弓的形状像弹弓。'这样他能明白吗?"梁王说:"不能明白。"惠子又说:"如果更改一种方式,告诉他:'弹弓的形状像弓,并且用竹子做弦。'这样他能知道吗?"梁王说:"能够知道。"惠子说:"说话的人,当然要用人们所知道的来譬喻所不知道的,以使人懂得自己所说的东西。现在大王却说'不要用譬喻',那是不行的。"梁王说:"讲得好。"

譬喻相当于比喻,但这里的"譬"还包含对比等其他辞格。此例表明,辞格或者修辞手法可以帮助人们更好地理解言说内容。

二、借口传音,引证救人

例如:

> (2)叔向之弟羊舌虎善栾逞。逞有罪于晋,晋诛羊舌虎,叔向为之奴。既而,祁奚曰:"吾闻小人得位,不争不义;君子在忧,不救不祥。"乃往见范桓子而说之曰:"闻善为国者,赏不过,刑不滥。赏过则惧及淫人,刑滥则惧及君子。与不幸而过,宁过而赏淫人,无过而刑君子。故尧之刑也,殛鲧于羽山而用禹;周之刑也,僇管、蔡而相周公:不滥刑也。"桓子乃命吏出叔向。救人之患者,行危苦而不避烦辱,犹不能免;今祁奚论先王之德,而叔向得免焉,学岂可已哉!(《说苑·善说》)

叔向的弟弟羊舌虎与栾逞交好。栾逞在晋国犯了罪,晋国杀了羊舌虎,叔向受牵连而成为奴隶。不久,祁奚说:"我听说小人得势,不去规劝他就是不义;君子处于难中,不去拯救他就不吉祥。"于是前去求见范桓子,并劝谏道:"听说善于治国的人,赏不过度,刑不滥罚。奖赏过度,恐怕会赏到邪恶的人;滥施刑罚,恐怕会祸及君子。如果发生了意外的过错,则应宁肯错误地赏赐邪恶的人,也不要错误地惩罚君子。因此,尧时的刑罚,比如将鲧流放到羽山而又任用他的儿子禹;西周时的刑罚,比如惩罚管叔、蔡叔而任用周公为国相。这都说明不能滥用刑罚。"范桓子听后,就命令狱吏释放了叔向。要拯救处于危难中的人,即使所做的事危险艰苦而且不嫌繁重杂乱,有时还是不能将其解救出来;祁奚只是论说了先王的德政,就使叔向摆脱了危难。难道我们可以停止学习吗!

三、暗喻暗示,利人利己

例如:

(3)张禄掌门见孟尝君曰:"衣新而不旧,仓庾盈而不虚,为之有道,君亦知之乎?"孟尝君曰:"衣新而不旧,则是修也;仓庾盈而不虚,则是富也。为之奈何? 其说可得闻乎?"张禄曰:"愿君贵则举贤,富则振贫,若是则衣新而不旧,仓庾盈而不虚矣。"孟尝君以其言为然,说其意,辩其辞,明日使人奉黄金百斤,文织百纯,进之张先生,先生辞而不受。后先生复见孟尝君,孟尝君曰:"前先生幸教文曰:'衣新而不旧,仓庾盈而不虚,为之有说,汝亦知之乎?'文窃说教,故使人奉黄金百斤,文织百纯,进之先生,以补门内之不赡者,先生曷为辞而不受乎?"张禄曰:"君将掘君之偶钱,发君之庾粟以补士,则衣弊履穿而不赡耳,何暇衣新而不旧,仓庾盈而不虚乎?"孟尝君曰:"然则为之奈何?"张禄曰:"夫秦者,四塞国也,游宦者不得入焉。愿君为吾为丈尺之书,寄我与秦王。我往而遇乎,固君之入也;往而不遇乎,虽人求间谋,固不遇臣矣。"孟尝君曰:"敬闻命矣。"因为之书,寄之秦王。往而大遇,谓秦王曰:"自禄之来,入大王之境,田畴益辟,吏民益治,然而大王有一不得者,大王知之乎?"王曰:"不知。"曰:"夫山东有相,所谓孟尝君者,其人贤人。天下无急则已,有急则能收天下英义雄俊之士,与之合交连友者,疑独此耳。然则大王胡不为我友之乎?"秦王曰:"敬受命。"奉千金以遗孟尝君。孟尝君辍食察之而窹,曰:"此张生之所谓衣新而不旧,

仓庾盈而不虚者也。"（《说苑·善说》）

张禄拜见孟尝君说："使衣服常新而不旧，使粮仓常满而不空，有办法做到这样，您知道吗？"孟尝君说："衣服常新而不旧，那是因为修整；粮仓常满而不空，那是因为富足。怎么才能做到你说的那样？可以说来听听吗？"张禄说："希望您显贵时能举荐贤人，富足时能赈济穷人，这样就会使衣服常新而不旧，粮仓常满而不空了。"

看起来张禄是在讲一个道理，但其实这是一个暗示。孟尝君认为张禄说得对，欣赏他的用意，也觉得他的言辞有才辩，于是第二天派人奉送他黄金百斤和带有彩色花纹的丝绸百匹，结果张禄拒而不受。后来张禄又见到孟尝君，孟尝君说："上次有幸听您教诲我说：'使衣服常新而不旧，使粮仓常满而不空，有办法做到这样，您知道吗？'我欣赏您的教诲，所以派人奉送先生黄金百斤和带有彩色花纹的丝绸百匹，以补充先生家中用度不足的人，先生为什么不接受呢？"张禄说："如果为了资助士人您掘出了陪葬的钱，打开了您的粮仓，那么破衣烂鞋您都会觉得供给不足，怎么还能有时间顾及衣服常新而不旧，粮仓常满而不空呢？"孟尝君问："既然如此，该怎么办呢？"张禄说："秦国，是四面地势险要的国家，游学求官的人难以进入。请您为我写一封简短的书信，把我推荐给秦王。我去了之后如果受到礼遇，那当然就是您帮助我进的；如果没有受到礼遇，即使求人从中谋划也不行，那当然就是我时运不济了。"孟尝君说："就按您的吩咐办吧。"于是为张禄写了书信，将他推荐给秦王。

张禄拒绝了孟尝君的资助，并用夸张的手法表示这样帮助不了士人，然后直接提出了请求。由此可知，张禄之前的暗示，意在希望孟尝君把自己推荐给秦王。

张禄到秦国后大受礼遇，便对秦王说："自从我来到秦国，秦国的田地开拓得更多，吏民也治理得更好了，然而大王却有一样东西没有得到，大王知道是什么吗？"秦王说："不知道。"张禄说："齐国的国相叫孟尝君，是个贤人。天下没有紧急情况则罢，一旦发生紧急情况，能够召集天下的英雄俊杰，并与他们联合、结交成为朋友的，想来也就只有此人吧。那么，大王为什么不为了自己而与他结为朋友呢？"秦王说："恭敬地接受您的指教。"于是派人奉送千金给孟尝君。孟尝君当时正在吃饭，便停下来仔细想这究竟是怎么回事，然后醒悟道："这就是张先生所说的衣服常新不旧、粮仓常满不空的道理呀!"

张禄在秦国大受礼遇,但并未忘记孟尝君的推荐之功,只不过他没有直接说,而是告诉秦王还有一样东西秦王没有得到,即与贤人孟尝君成为朋友。秦王赠送千金给孟尝君,不只是金钱上的回报,其意更在政治上的交好。至此,孟尝君终于知道了衣服常新不旧、粮仓常满不空的道理。此例暗喻人们在推荐人才的同时,也等于是在推荐自己,会获得丰厚的回报。

四、远水近渴,暗喻说理

例如:

(4)庄周贫者,往贷粟于魏文侯。曰:"待吾邑粟之来而献之。"周曰:"乃今者周之来见,道傍牛蹄中有鲋鱼焉,大息谓周曰:'我尚可活也!'周曰:'须我为汝南见楚王,决江、淮以溉汝。'鲋鱼曰:'今吾命在盆瓮之中耳,今为我见楚王,决江、淮以溉我,汝即求我枯鱼之肆矣。'今周以贫故来贷粟,而曰:'须我邑粟来也而赐臣',即来,亦求臣佣肆矣。"文侯于是乃发粟百钟,送之庄周之室。(《说苑·善说》)

庄周贫穷的时候,去找魏文侯借粮。魏文侯说:"等我封地的粮食收上来再给您送去。"庄周说:"今天我来求见您时,看见路旁牛蹄踩出的水坑中有一条鲋鱼,它长叹一声对我说:'我还可以活命吗?'我说:'等我为你南去求见楚王,挖开长江、淮河的水来浇灌你。'鲋鱼说:'如今我只要有一盆一瓮水就能活命,你却说要为我去求见楚王,等决开长江、淮河的水再来浇灌我,那你就要到卖干鱼的市场去找我了。'现在我因为贫困无米才来借粮,您却说'要等我封地上的粮食收上来才能赏赐你',等粮食收上来,您也只能到佣工市场上去找我了。"于是魏文侯开仓,拿出粟米百钟,派人送到庄周的家中。

庄周以牛蹄坑里的鱼需要水,暗喻自己需要粮食。急需用水、需要少量的水与急需用粮、需要少量粮食相似,不能满足的结果也相似,显然魏文侯认可了这个比喻。

五、先抑后扬，壤不增山

例如：

（5）子贡见太宰嚭。太宰嚭问曰："孔子何如？"对曰："臣不足以知之。"太宰曰："子不知，何以事之？"对曰："惟不知，故事之。夫子其犹大山林也，百姓各足其材矣。"太宰嚭曰："子增夫子乎？"对曰："夫子不可增也。夫赐其犹一累壤也，以一累壤增大山，不益其高，且为不知。"太宰嚭曰："然则子有所酌也？"对曰："天下有大樽，而子独不酌焉，不识谁之罪也？"（《说苑·善说》）

子贡拜见吴国太宰嚭。太宰嚭问他："孔子这人怎么样？"子贡回答："我还不能够了解他。"太宰嚭问："你不了解他，为什么还要以他为师呢？"子贡说："正是因为不了解他，我才拜他为师。先生就像大森林一样，人们能够从他那里获取各自需要的东西。"太宰嚭又问："你对先生有什么增益吗？"子贡回答："先生是不可以增益的。我就像一堆泥土，用一堆泥土来使大山增高，不仅不能达到目的，而且是不明智的。"太宰嚭又问："那么，你能得到什么呢？"子贡回答："天下有大酒樽，但只有你不去斟饮，不知道这是谁的过错呀？"

子贡的"不能够了解他"这一回答令太宰嚭感到意外，因此必然会引起进一步的追问："你不了解他，为什么还要以他为师？"这就正好给了子贡弘扬老师德行的机会，于是他用大森林来比喻自己的老师：可以满足人们的各种需要。太宰嚭认为能够满足人们的需要还不行，就问子贡能不能为老师增益。对此，子贡的比喻就更加具体了：用一堆土来使大山增高，不但不能达到目的，而且是不明智的。太宰嚭还不放弃，最后问道："你能得到什么呢？"于是子贡又用大的酒樽做比喻：人人都可以从这个大酒樽中斟饮获益，只有你不去喝，那又是谁的过错呢？

六、间接回答，渴饮江海

例如：

（6）赵简子问子贡曰："孔子为人何如？"子贡对曰："赐不能识也。"简子不说，曰："夫子事孔子数十年，终业而去之，寡人问子，子曰'不能识'，何也？"子贡曰："赐譬渴者之饮江海，知足而已。孔子犹江海也，赐则奚足以识之？"简子曰："善哉，子贡之言也！"（《说苑·善说》）

赵简子问子贡："孔子为人怎么样？"子贡回答："我不能了解。"赵简子不高兴了，说："先生事奉孔子几十年，完成学业才离开他，我问你，你却说'不能了解'，这是为什么？"子贡说："我就像那口渴的人到大江大海里去饮水，只知道自己满足罢了。孔子就像大江大海一样，我又怎么能够了解他呢？"赵简子说："子贡这番话讲得真好啊！"

七、反衬贤圣，天高几何

例如：

（7）齐景公谓子贡曰："子谁师？"曰："臣师仲尼。"公曰："仲尼贤乎？"对曰："贤。"公曰："其贤何若？"对曰："不知也。"公曰："子知其贤，而不知其奚若，可乎？"对曰："今谓天高，无少长愚智皆知高。高几何？皆曰不知也。是以知仲尼之贤而不知其奚若。"（《说苑·善说》）

齐景公对子贡说："你以谁为师？"子贡说："我拜仲尼为师。"齐景公说："仲尼贤明吗？"子贡回答："贤明。"齐景公问："他如何贤明？"子贡回答："不知道。"齐景公说："你知道他贤明，却不知道他怎样贤明，这说得通吗？"子贡说："如果说天很高，那么无论年幼年长的人还是愚笨聪明的人，都知道天很高。但是究竟高到什么程度呢？人们都会说不知道。因此，我也只是知道孔子贤明，却不知道他究竟贤明到什么程度。"

八、问而不答，侧面解惑

例如：

> （8）赵襄子谓仲尼曰："先生委质以见人主，七十君矣，而无所通。不识世无明君乎？意先生之道固不通乎？"仲尼不对。异日，襄子见子路，曰："尝问先生以道，先生不对。知而不对，则隐也。隐则安得为仁？若信不知，安得为圣？"子路曰："建天下之鸣钟而撞之以梃，岂能发其声乎哉？君问先生，无乃犹以梃撞乎？"（《说苑·善说》）

赵襄子对孔子说："先生托身求见诸侯，经历七十多个国君了，但没有什么地方行得通。不知是这世上没有英明的国君，还是先生的主张本来就行不通？"孔子没有回答他。后来，赵襄子见到子路，问道："我曾经就先生的主张问过先生，先生没有回答。知道却不回答，那就是故意隐瞒；隐瞒自己的主张，怎么能称得上仁厚呢？如果是真的不知道，那又怎么能称为圣人呢？"子路说："假如用草茎去撞击天下的鸣钟，难道能让它发出声音吗？您这样问先生，不就像是用草茎去撞钟吗？"

赵襄子问孔子的话其实是给孔子出了个两难选择的问题，或者没有明君，或者自己的主张行不通，怎么回答都不妥。当然也可以另辟蹊径，如说时运问题等，但是孔子什么都没有说，因为"非其人而语之，弗听也"。子路也很聪明，没接赵襄子的那些问题，而是用一个比喻作答，从而既表明了赵襄子问孔子的问题没有意义，也隐含了对孔子的崇敬和肯定。

九、设定情境，触碰心灵

例如：

> （9）雍门子周以琴见乎孟尝君。孟尝君曰："先生鼓琴，亦能令

文悲乎?"雍门子周曰:"臣何独能令足下悲哉! 臣之所能令悲者:有先贵而后贱,先富而后贫者也;不若身材高妙,适遭暴乱无道之主,妄加不道之理焉;不若处势隐绝,不及四邻,诎折傒厌,袭于穷巷,无所告愬;不若交欢相爱,无怨而生离,远赴绝国,无复相见之时;不若少失二亲,兄弟别离,家室不足,忧戚盈胸。当是之时也,固不可以闻飞鸟疾风之声,穷穷焉固无乐已。凡若是者,臣一为之,徽胶援琴而长太息,则流涕沾衿矣。今若足下,千乘之君也。居则广厦邃房,下罗帷,来清风,倡优侏儒处前,迭进而谄谀;燕则斗象棋而舞郑女,激楚之切风,练色以淫目,流声以虞耳;水游则连方舟,载羽旗,鼓吹乎不测之渊;野游则驰骋弋猎乎平原广圃,格猛兽;入则撞钟击鼓乎深宫之中。方此之时,视天地曾不若一指,忘死与生,虽有善鼓琴者,固未能令足下悲也。"孟尝君曰:"否,否! 文固以为不然。"雍门子周曰:"然臣之所以为足下悲者,一事也:夫声敌帝而困秦者,君也;连五国之约南面而伐楚者,又君也。天下未尝无事,不从则横。从成则楚王,横成则秦帝。楚王秦帝,必报仇于薛矣。夫以秦、楚之强而报仇于弱薛,譬之犹摩萧斧而伐朝菌也,必不留行矣。天下有识之士,无不为足下寒心酸鼻者。千秋万岁之后,庙堂必不血食矣。高台既以坏,曲池既以渐,坟墓既已平而青廷矣,婴儿竖子樵采薪莸者,踽踽其足而歌其上。众人见之,无不愀焉为足下悲之,曰:'夫以孟尝君尊贵,乃可使若此乎?'"于是孟尝君泫然,泣涕承睫而未殒。雍门子周引琴而鼓之,徐动宫徵,微挥羽角,切终而成曲。孟尝君涕浪汗增欷,下而就之曰:"先生之鼓琴,令文立若破国亡邑之人也。"(《说苑·善说》)

　　雍门子周以弹琴来求见孟尝君,对孟尝君说的话可谓是先抑后扬。先表示自己弹琴不能打动孟尝君,然后通过铺排情境、深入对比引发共鸣。雍门子周说:"听到琴声能够感到悲痛的,应该是那些贫贱、穷苦、受欺压的人,应该是那些爱而不能、生离死别的人,而像您这样主政千乘大国的人是不会感到悲痛的,为什么呢? 因为您享尽人间富贵,声色犬马;不知天高地厚,醉生梦死。"雍门子周的这段话看似褒扬孟尝君,实则是通过强烈的对比诉说了民间的疾苦,痛斥了社会的不公。而孟尝君之所以对此极力否定,是因为他觉得不是这样的,然而雍门子周的话这时其实已经引起了他对百姓遭受苦难的同情。

接着雍门子周话锋一转,回到了孟尝君本人身上,把孟尝君现在的光鲜与将来的凄惨进行了对比,虽是想象却也毫不夸张。雍门子周说:声望与君王相当并使秦国疲困的人,是您;联合五国结盟并攻打楚国的人,是您。那么,这到底是您的功还是过呢? 现在看是功劳,将来看也许是过错。合纵成功,楚国就称王;连横成功,秦国就称帝。无论如何,您都是两国的敌人,都会遭殃。到那时,您可能就尸骨无存了,连宗庙也没有人祭祀了,下场凄凉啊! 人们都会为您感到悲伤。

听到这里,孟尝君也不能不有所思量,并且随着琴音的波动,黯然神伤,悲从中来。雍门子周"善说"的威力竟至如斯。

上述所举的"善说"章实例大致可以体现出"谈说之术"和"善说"的特点,既有实用性,又有思想性,更有艺术性。

第七章 《说苑》"谈丛"章
格言警语解析

  《说苑》"谈丛"章专收具有警世明理、修身处事教益功能的格言警语,多选自古代典籍。所谓"谈丛",就是谈说方面的经典语言片段的汇集。这些经典语言片段是具有一定的哲理性、教育性的名言警语,可以为学习者提供借鉴。首先,可以使学习者提升认识水平和分辨能力;其次,可以成为学习者谈说时引证的材料,从而增强论证的说服力。

  令人感叹的是,"谈丛"章中的格言警语体现出来的都是正能量,既没有所谓的厚黑学内容,也没有庸俗的处世哲学观点。

第一节　遵循规律,辩证认识

一、辩证认识,和谐相处

辩证认识,即全面地、辩证地看待问题。例如:

  (1)意不并锐,事不两隆。盛于彼者必衰于此,长于左者必短

于右,喜夜卧者不能蚤起也。(《说苑·谈丛》)

思想集中就不能分散,分散就不能集中。凡事有盛必有衰,有得必有失。左撇子的人,其右手就不如左手好使。晚睡的人往往不能早起。

此例告诉人们应当辩证地看待问题,既要看到有利的一面,也要看到不利的一面;既不能求全责备,也不能不顾现实去追求做不到的事情。意思相近的谚语有:"追两只兔子的人,一只也捉不到。""甘蔗没有两头甜。"

(2)鸾设于镳,和设于轼。马动而鸾鸣,鸾鸣而和应,行之节也。(《说苑·谈丛》)

銮铃挂在马嚼子上,车铃安在车厢的横木上。马拉着车一走銮铃就会响,车一动车铃也会响。铃声相互应和,这就是行进的节奏。

此例的意思是行动要有节奏,要互相配合、互相呼应,这样才会产生动感、美感,并协调向前。不只礼乐如此,做事更应如此。

(3)不富无以为人,不予无以合亲。亲疏则害,失众则败。不教而诛谓之虐,不戒责成谓之暴也。(《说苑·谈丛》)

不富裕,就没有行仁善、做好事的资本;不付出,就难以拉近亲友的距离。亲友疏远了,就会有害处;失去了众人,就会遭到失败。不经教化就惩治,叫作虐待;不告诫就要求成功,称为粗暴。

人们常说的"为富不仁",主要是指为了发财而做不仁义的事,这里则提出了另一个问题,即"富可为仁"。换言之,有钱可能做坏事,也可以做好事。有人不愿意付出,是因为怕有损失,可是有付出才会有回报,铁公鸡——一毛不拔,心里谁都没有,怎么会有亲戚朋友相助呢? 事先不告诉规则、不提示后果,出了问题就惩治;不考虑条件是否具备就要求别人必须做到,而事实上根本做不到。这些都是负责者的过失。

(4)民苦则不仁,劳则诈生。安平则教,危则谋,极则反,满则

损。故君子弗满弗极也。（《说苑·谈丛》）

民众痛苦就不会有仁爱之心，过度劳累就会产生欺诈之心。安定、平和的时候，就应该施行教化；危难的时候，就要事先谋划；事物发展到极致就会反复，达到完满后就会出现亏损。因此，君子做事不要过分，不能极端。

（5）天地之道，极则反，满则损。五采曜眼，有时而渝；茂木丰草，有时而落。物有盛衰，安得自若？（《说苑·谈丛》）

天地运行的基本规律是：达到极致就会反复，完满了就会亏损。五彩耀人眼目，但到了一定的时候就会改变；丰茂的草木，到了一定的时候就会衰落。事物的发展有盛就有衰，哪能总是保持原样不变呢？

这就是所谓的"物极必反，水满则溢"。

（6）福者，祸之门也；是者，非之尊也；治者，乱之先也。事无终始而患不及者，未之闻也。（《说苑·谈丛》）

福是祸的入口，正确是错误的酒杯，安定是动乱的先导。也就是说，福祸、是非、治乱是相依相生的。事物发展从始至终都未发生祸患的，还没有听说过。

二、天道无私，客观规律

天道即客观规律，既包含自然规律，也包含社会规律。例如：

（7）夫水出于山而入于海，稼生于田而藏于廪。圣人见所生，则知其所归矣。（《说苑·谈丛》）

江河的水从高山流出，奔腾入海；庄稼生长于田地，打出粮食后则归于谷仓。圣贤之人看到事物的出处就会知道其归宿，因为圣人了解事物的发展规律。懂得事物的发展规律，也就能够知道对于坏的事物防微杜渐，对于好的事物促其发展。

(8) 天道布顺,人事取予;多藏不用,是谓怨府。故物不可聚也。(《说苑·谈丛》)

天地运行的规律,在于顺其自然;人情事理,在于索取和给予。如果只知聚集财物而不愿意与别人分享,就会招人怨恨。因此,财物不可过分积聚。人的认识要符合客观规律,谚语说得好,"大厦千间,夜卧八尺"。贪得无厌,必受其害。

(9) 一围之木,持千钧之屋;五寸之键,而制开阖。岂材足任哉,盖所居要也。(《说苑·谈丛》)

双手合围那么粗的圆木,能够支撑千钧重的房屋;五寸大小的门闩,可以控制门的开合。难道这是因为材料能够担当重任吗?并非如此,而是因为它们所处的位置很重要。换言之,所处位置重要,就可以发挥巨大的作用,这也就是所谓的"秤砣虽小压千斤"。

(10) 万物得其本者生,百事得其道者成。道之所在,天下归之;德之所在,天下贵之;仁之所在,天下爱之;义之所在,天下畏之。屋漏者,民去之;水浅者,鱼逃之;树高者,鸟宿之;德厚者,士趋之;有礼者,民畏之;忠信者,士死之。衣虽弊,行必修;头虽乱,言必治。时在应之,为在因之。所伐而当,其福五之;所伐不当,其祸十之。(《说苑·谈丛》)

万物有根才能生长,做事掌握它的规律才能成功。崇尚真理的地方,天下的人都会归向它;谁拥有德行,天下的人就会尊崇他;谁懂得仁爱待人,天下的人就会爱戴他;正义在谁那里,天下的人就会敬畏他。屋子破漏,人就会离去;河水太浅,鱼就会逃离;树木高大,鸟就会栖息;品德宽厚的人,士人就会投奔;持守礼义的人,人们就会敬畏;忠诚守信的人,士人愿意为他赴死。衣服可以破旧,行为必须检点;头绪可以纷乱,言论必须有道理。要顺应时机,凭借它而行动。所做的事如果得当,福报就是事功的五倍;所做的事如果失当,祸患就是事功的十倍。

(11)贵必以贱为本,高必以下为基。天将与之,必先苦之;天将毁之,必先累之。孝于父母,信于交友。十步之泽,必有香草;十室之邑,必有忠士。草木秋死,松柏独在;水浮万物,玉石留止。饥渴得食,谁能不喜?赈穷救急,何患无有?视其所以,观其所使,斯可知已。乘舆马不劳致千里,乘船楫不游绝江海。智莫大于阙疑,行莫大于无悔也。制宅名子,足以观士。利不兼,赏不倍。忽忽之谋,不可为也;惕惕之心,不可长也。(《说苑·谈丛》)

有贱才有贵,有低才有高。上天若要让你获益,必先让你受苦;上天若要毁掉你,必先让你犯错误。对待父母要尽孝,结交朋友要讲诚信。十步大小的洼地,一定会有香草生长;十户人家的地方,一定会有忠实可靠的人。草木到秋天就枯死了,只有松柏常青;水能浮起万物,只有玉石屹立不移。饥渴时得到饮食,谁能不高兴?赈济穷人,救助危急的人,还怕自己什么都没有吗?看一个人结交的朋友,观察他任用的人,就可了解他的为人。使用车马,不劳累就可走千里远;乘坐舟船,不游水就可渡过江海。智慧最高的是善于提出疑问,行动最重要的是做事不后悔。如何持家教子,足以观察士人。利益不能贪求兼得,奖赏不能给予双倍。轻忽草率的计划,难以付诸实施;忧愁不安的情绪,不可使其增长。

(12)天与不取,反受其咎;时至不迎,反受其殃。天道无亲,常与善人。天道有常,不为尧存,不为桀亡。积善之家,必有余庆;积恶之家,必有余殃。一噎之故,绝谷不食;一蹶之故,却足不行。心如天地者明,行如绳墨者章。(《说苑·谈丛》)

上天赐予却不领受,反而会受到惩罚;时机到了而不抓住,反而会遭受灾祸。天地运行的规律是不分亲疏的,但常会偏向好人。天地运行有其规律,不因为尧的仁慈而存在,也不因桀的暴虐而消亡。积累善行的人家,一定会有很多喜庆;积累恶行的人家,一定会有很多灾祸。不能因为一次噎着了,就绝食不吃;不能因为一次摔倒了,就停步不行。心胸如天地一样宽广的人,眼睛就会明亮;行为如墨线一样正直的人,名声就会显著。

(13)位高道大者从,事大道小者凶。言疑者无犯,行疑者无从。蠹蝼仆柱梁,蚊虻走牛羊。(《说苑·谈丛》)

地位崇高品德很好的人,凡事都做得顺遂;责任大品德却不好的人,凡事都面临凶险。说话不可信的人不要接近,行为可疑的人不要跟随。蛀虫、幼蝗能使房梁屋柱倒塌,蚊子、牛虻能使牛羊奔跑。

这是说官位要与德才相配,德才不配位,就会出问题。没有诚信、行为不当的人不要接近,也不能一起共事。

(14)祸生于欲得,福生于自禁。圣人以心导耳目,小人以耳目导心。(《说苑·谈丛》)

灾祸从欲求中产生,福运从自我约束中产生。圣人用心来引导耳目,小人用耳目来引导心。

(15)为人上者,患在不明;为人下者,患在不忠。人知粪田,莫知粪心。端身正行,全以至今。见亡知存,见霜知冰。(《说苑·谈丛》)

做人君的祸患,在于不英明;做臣下的祸患,在于不忠诚。人都知道给田施肥以增加地力,却不知道像施肥一样培养心智。端正品行,才能始终保全自身。见到败亡的经历就能懂得生存的道理,看见严霜就能知道天寒冰冻。

(16)水倍源则川竭,人倍信则名不达。义胜患则吉,患胜义则灭。五圣之谋,不如逢时;辩智明慧,不如遇世。有鄙心者,不可授

便势;有愚质者,不可予利器。多易多败,多言多失。(《说苑·谈丛》)

水离开了源头,河川就会枯竭;人失了信誉,名声就不会显达。正义胜过祸患,就会吉祥;祸患胜过正义,就会灭亡。有五个圣王的谋划,也不如遇上好的时机;有辩才、多智慧,也不如遇上好的世道。用心不良的人,不能给予他便于做坏事的权势;资质愚笨的人,不能交给他国家的兵权。变来变去,失败就多;话说得多,失误就多。

(17)冠履不同藏,贤不肖不同位。官尊者忧深,禄多者责大。积德无细,积怨无大;多少必报,固其势也。(《说苑·谈丛》)

帽子和鞋不能放在一起收藏,贤人和不贤的人不能拥有同等地位。官位高的人忧虑深,俸禄多的人责任大。积德不怕小,积怨不要大;恩怨不论多少都会有回报,这是必然的趋势。

(18)道微而明,淡而有功。非道而得,非时而生,是谓妄成。得而失之,定而复倾。(《说苑·谈丛》)

客观规律深奥而又显明,平淡无奇却有功效。不合规律而获得,不合时宜而出现,都称为非分的成功。得到的还会失去,安定的也会倾覆。

三、把握时机,时至事成

说话做事都要把握时机。一方面,时机不到,不可强求;另一方面,机不可失,时不再来。例如:

(19)蛟龙虽神,不能以白日去其伦;飘风虽疾,不能以阴雨扬其尘。(《说苑·谈丛》)

蛟龙虽然神灵,但是不能在白天离开同类;疾风虽然迅猛,但是不能在阴雨天卷起尘土。

(20)时不至,不可强生也;事不究,不可强成也。(《说苑·谈丛》)

时机不到,不能强求发生;事情不进行谋划,不能强求成功。

(21)时乎时乎,间不及谋。至时之极,间不容息。劳而不休,亦将自息;有而不施,亦将自得。(《说苑·谈丛》)

时间哪,时间哪!短暂得让人来不及思谋。时间流逝快到极点,短促得不容人喘息。劳作不休,将会自动停止;坚持不懈,自然会有所收获。

第二节　防微杜渐,学以致用

一、小事不小,累积为大

看似不经意的细枝末节,有的时候会产生很大的影响,因此不可忽视。一方面,应该防微杜渐;另一方面,不能停留在事物的表面,而应透过现象看清其本质。例如:

(1)夫小快害义,小慧害道;小辨害治,苛心伤德。大政不险。(《说苑·谈丛》)

一时的快意会损害仁义,小恩小惠会危害道义;察辨小事会妨害治理,苛刻会损害德行。善政不在于严峻。

（2）邑名胜母，曾子不入；水名盗泉，孔子不饮。丑其声也。
（《说苑·谈丛》）

城镇的名叫"胜母"，曾子拒绝进入；泉水的名叫"盗泉"，孔子拒绝饮用。
这是因为嫌弃它们名声丑陋。

（3）不修其身，求之于人，是谓失伦；不治其内，而修其外，是谓
大废。重载而危之，操策而随之，非所以为全也。（《说苑·谈丛》）

不增强自身修养，反而向别人提要求，就叫作丧失秩序；不注重提升自己的
内在，而只是修饰外表，就叫作重末节失大道。车子本已负载很重又使它濒临
危险，这时只是拿着鞭子跟在后面，并不是转危为安的做法。

（4）士横道而偃，四支不掩，非士之过，有土之羞也。（《说苑·
谈丛》）

士人仰面横卧在路上，衣不蔽体，这不是士人的过错，而是君王的羞耻。
这是说读书人之所以会行为失仪，是因为国家治理出了问题。

（5）福生于微，祸生于忽。日夜恐惧，唯恐不卒。（《说苑·谈
丛》）

幸福产生于微小的事情中，灾祸产生于极细微的事情中。日夜小心防备，
就怕不能善终。
这是说福祸不是突然而至的，而是从细微之处一点一点累积起来的，不可
不注意。

（6）坎井无鼋鼍者，隘也；园中无修林者，小也。小忠，大忠之
贼也；小利，大利之残也。自请绝易，请人绝难。水激则悍，矢激则
远。人激于名，亦毁为声。下士得官以死，上士得官以生。祸福非

从地中出,非从天上来,已自生之。(《说苑·谈丛》)

废井里没有大鳖和鳄鱼,是因为里面太狭窄;花园里没有高大的林木,是因为里面太小。小忠是大忠的祸害,小利会使大利受到损害。自己求死很容易,求别人处死自己很难。水流迅疾来势就凶猛,箭矢劲急就能射得很远。人为声名所激励,也会被声名所损毁。下士为得到官位会不惜生命,上士得到官位却是为了生存。灾祸和福运不会从地里冒出来,也不会从天上掉上来,而是自己造成的。

(7)乖离之咎,无不生也;毁败之端,从此兴也。江河大溃从蚁穴,山以小阤而大崩。淫乱之渐,其变为兴,水火金木转相胜。卑而正者可增,高而倚者且崩;直如矢者死,直如绳者称。(《说苑·谈丛》)

相互背离导致的灾祸,无时不在发生;毁灭败亡的祸端,就是由此而起的。江河堤坝的崩溃,是从蚂蚁巢穴开始的;高山的崩塌,是由小的塌方引起的。淫乱逐渐发展,就会变得剧烈,水火金木互相转化,相生相克。低矮而端正的可以增高,高大而歪斜的将会坍塌;直如箭杆而刚硬的会招致死亡,直如绳索而柔软的会得到称赞。

(8)寸而度之,至丈必差;铢而称之,至石必过。石称、丈量,径而寡失;简丝数米,烦而不察。故大较易为智,曲辩难为慧。(《说苑·谈丛》)

一寸一寸地量长度,量到一丈时一定会出差错;一铢一铢地称重量,称到一石时一定会有出入。用石来称、用丈来量,直接而又少有失误;一缕一缕地检查丝,一粒一粒地数稻米,繁难且不能数清。因此,懂得抓大放小的人有大智慧,而只知道诡辩难以成为聪慧的人。

二、口关舌机,祸福死生

一言一语往往可以决定祸福、成败、生死,因此出言不可不慎,任何情况下都要正确对待自己的言语,包括劝告甚至贬斥。例如:

> (9)谒问析辞勿应,怪言虚说勿称。谋先事则昌,事先谋则亡。(《说苑·谈丛》)

对待提问粗鲁、玩弄言辞的人,不要理睬;对于怪诞、虚妄的言论,不要称道。先谋划、后做事,就会昌盛;先做事、后谋划,就会败亡。

> (10)喜怒不当,是谓不明;暴虐不得,反受其贼。怨生不报,祸生于福。(《说苑·谈丛》)

喜怒不适当,叫作不明事理;对别人施暴不成,会反受其害。被人怨恨源于不知回报,灾祸产生于福运。

> (11)一言而非,四马不能追;一言而急,四马不能及。雁顺风而飞,以助气力;衔葭而翔,以备矰弋。(《说苑·谈丛》)

一句话说错了,四匹马也追不回来;一句话说急了,四匹马也赶不上。大雁顺风飞翔,是为了借助风力、节省体力;叼着芦苇滑翔,是为了防范被箭矢射中。

> (12)穷乡多曲学,小辩害大知,巧言使信废,小惠妨大义。不困在于早虑,不穷在于早豫。欲人勿知,莫若勿为;欲人勿闻,莫如勿言。(《说苑·谈丛》)

穷乡僻壤多偏颇、狭隘的学说,格局小的辩说会妨害大智慧,取巧的言辞会使诚信废失,小恩小惠会妨害大仁大义。不受困厄,在于早有考虑、谋划;不陷绝境,在于早有准备。若要别人不知道,不如自己不做;若要别人听不到,不如自己不说。

（13）非所言勿言,以避其患;非所为勿为,以避其危;非所取勿取,以避其诡;非所争勿争,以避其声。明者视于冥冥,智者谋于未形,聪者听于无声,虑者戒于未成。世之溷浊而我独清,众人皆醉而我独醒。(《说苑·谈丛》)

不该说的话不要说,这样可以避免祸患;不该做的事不要做,这样可以避免危害;不该拿的东西不要拿,这样可以避免被指责;不该争的利益不要争,这样可以避免别人发出怨恨之声。眼睛明亮的人,能看清晦暗之处;智慧出众的人,能在事物显露征兆之前进行谋划;听力敏锐的人,能听到别人听不到的声音;考虑事情周全的人,能防患于未然。世间如此污浊,只有我独自清白;众人都酩酊大醉,只有我独自清醒。

（14）口者关也,舌者机也;出言不当,四马不能追也。口者关也,舌者兵也;出言不当,反自伤也。言出于己,不可止于人;行发于迩,不可止于远。夫言行者,君子之枢机;枢机之发,荣辱之本也,可不慎乎! 故蒯子羽曰:"言犹射也;栝既离弦,虽有所悔焉,不可从而追已。"《诗》曰:"白珪之玷,尚可磨也;斯言之玷,不可为也。"(《说苑·谈丛》)

口就像开关,舌就像弩机;说出的话不恰当,四匹马也追不回来。口就像关隘,舌就像兵器;说出的话不妥当,反而会伤害自己。话从自己口中说出,不能被别人制止;行为从近处开始,不能在远处被制止。言语和行为是君子所以为君子的关键,关键的启动是荣辱的本源,不慎重能行吗? 因此,蒯子羽说:"说话就像射箭,箭尾已经离弦,就算这时后悔了,也不能跟上去把箭追回来。"《诗经》说:"白玉珪上的斑点,还可以磨掉;言语上的污点,是改变不了的。"

（15）百行之本,一言也。一言而适,可以却敌;一言而得,可以

保国。响不能独为声，影不能倍曲为直。物必以其类及，故君子慎
言出己。负石赴渊，行之难者也，然申屠狄为之，君子不贵之也。
盗跖凶贪，名如日月，与舜禹并传而不息，而君子不贵。（《说苑·
谈丛》）

各种行为的根本，全在一句话。一句话说得合适了，可使敌人退却；一句话
说得妥当了，可以保全国家。回响不能单独形成声音，影子不能背离弯曲实物
而变成直线。事物必然因是同类而在一起，所以君子要慎重对待自己说出的
话。背着石头跳入深潭，是很难做到的事，申屠狄却做了，但是君子并不推重这
种行为。盗跖凶狠贪婪，但名声却如日月一样被人知晓，并同舜、禹一起流传不
衰，然而君子并不看重他。

（16）谤道己者，心之罪也；尊贤己者，心之力也。心之得，万物
不足为也；心之失，独心不能守也。子不孝，非吾子也；交不信，非
吾友也。食其口而百节肥，灌其本而枝叶茂。本伤者枝槁，根深者
末厚。为善者得道，为恶者失道。恶语不出口，苟言不留耳。务伪
不长，喜虚不久。义士不欺心，廉士不妄取。以财为草，以身为宝。
慈仁少小，恭敬耆老。犬吠不惊，命曰金城。常避危殆，命曰不悔。
富必念贫，壮必念老。年虽幼少，虑之必早。夫有礼者相为死，无
礼者亦相为死。贵不与骄期，骄自来；骄不与亡期，亡自至。蹙人
日夜愿一起，盲人不忘视。知者始于悟，终于谐；愚者始于乐，终于
哀。高山仰止，景行行止。力虽不能，心必务为。慎终如始，常以
为戒；战战栗栗，日慎其事。圣人之正，莫如安静；贤者之治，故与
众异。（《说苑·谈丛》）

有人说自己的坏话，那是内心的罪过，应该自省；有人认为自己贤良而尊重
自己，那是内心的动力。心有所得，上万件事都不够做；心有所失，一个信念都
坚守不住。儿子不孝，就不当作自己的儿子；朋友不诚信，就不当作自己的朋
友。进食入口，身体各个部分都会健壮；浇灌树木的根，枝叶都会茂盛。树根受
损伤，枝叶就会枯萎；树根扎得深，树梢也会粗大。做善事的人获得道义，做恶

事的人丧失道义。恶毒的言语不能说出口,污秽的言语不要听入耳。弄虚作假不能长久,虚伪矫饰不可持续。正义之士不会违背良心,廉洁的人不会随便攫取。以钱财为草芥,以身体为珍宝。对幼小者要仁慈,对老年人要恭敬。听到狗叫而不心惊,这就叫作内心自信坚定。常能避开危险,这就叫作从不后悔。富贵时一定要想到贫穷,壮年时一定要想到年老。年纪虽小,考虑将来必须趁早。有礼义的人可以相互替对方死,无礼义的人也可以相互替对方死。显贵并不与骄横相约,骄横自然会来;骄横不与败亡相约,败亡自然会来。偏瘫病人日夜想着能够站起来,失明的人也不会忘记能够看见东西。智慧的人从领悟开始,以和谐终止;愚蠢的人从快乐开始,以悲哀终止。高山使人敬仰,大道让人行走。力量即使不能达到,内心也一定要努力去做。事情做到最后还得像开始时一样谨慎,要常以此告诫自己;战战兢兢,每天都要慎重地处理事情。圣人执政,没有什么比安定平静更重要;贤人治国,自然与众不同。

(17)好称人恶,人亦道其恶;好憎人者,亦为人所憎。衣食足,
知荣辱;仓廪实,知礼节。江河之溢,不过三日;飘风暴雨,须臾而
毕。(《说苑·谈丛》)

喜好说别人的坏话,别人也会说他的坏话;喜好憎恶别人,也会被别人所憎恶。衣食富足了,才会知道光荣和耻辱;粮仓充实了,才会懂得礼义和节操。江河泛滥,不会超过三天;旋风暴雨,很快就会过去。

(18)已雕已琢,还反于朴。物之相反,复归于本。循流而下易
以至,倍风而驰易以远。兵不豫定,无以待敌;计不先虑,无以应
卒。中不方,名不章;外不圆,祸之门。直而不能枉,不可与大任;
方而不能圆,不可与长存。慎之于身,无曰云云。狂夫之言,圣人
择焉。能忍耻者安,能忍辱者存,唇亡而齿寒。河水崩,其怀在山。
毒智者莫甚于酒,留事者莫甚于乐,毁廉者莫甚于色,摧刚者反己
于弱。富在知足,贵在求退。先忧事者后乐,先傲事者后忧。福在
受谏,存之所由也。恭敬逊让,精廉无谤;慈仁爱人,必受其赏。谏
之不听,后无与争。举事不当,为百姓谤。悔在于妄,患在于唱。

（《说苑·谈丛》）

止雕止琢，让它返回质朴的状态。事物相互对立，将复归它本来的面貌。顺流而下容易到达，借助风力奔跑容易到达远方。用兵不事先定好计策，就不能对付敌人；计谋不事先考虑，就不能应对突然的变故。内心不方正，名声就不显著；处世不圆融，就是灾祸的门户。刚直而不知妥协，不能赋予重任；正直而不知转圜，不能长久共存。谨慎地考虑自身，不能说是多余的。狂妄的人说的话，圣人也会择善而听。能忍受羞耻的人，可得平安；能忍受屈辱的人，可得保全；没有嘴唇，牙齿就会感到寒冷。黄河奔涌，环绕山间。毒害智慧，没有比酒更厉害的了；耽误大事，没有比玩乐更厉害的了；摧毁廉洁，没有比美色更厉害的了；摧毁坚物的人，要使自己返回柔弱。富有时要知道满足，尊贵时要谋求退路。事前知道忧虑的人，事后会快乐；事前骄傲自满的人，事后会忧愁。能够得福在于接受劝诫，这是生存的必由之路。恭敬谦逊，真诚清廉，就不会受到诽谤；仁慈爱人，就一定会受到赞赏。如果不听劝诫，以后就没有人与你争辩了。处理事情不得当，就会被百姓批评指责。后悔来自非分的妄想，祸患在于凡事都要争先。

（19）蒲且修缴，凫雁悲噪；逢蒙抚弓，虎豹晨嗥。河以委蛇故能远，山以陵迟故能高，道以优游故能化，德以纯厚故能豪。言人之善，泽于膏沐；言人之恶，痛于矛戟。为善不直，必终其曲；为丑不释，必终其恶。一死一生，乃知交情；一贫一富，乃知交态；一贵一贱，交情乃见；一浮一没，交情乃出。德义在前，用兵在后。初沐者必拭冠，新浴者必振衣。败军之将，不可言勇；亡国之臣，不可言智。（《说苑·谈丛》）

蒲且修整箭绳，野鸭和大雁就会悲鸣；逢蒙抚弄弓箭，虎豹就会在清晨嚎叫。黄河因为蜿蜒曲折，才能流到远方；大山因为有斜坡，才能高大耸立；大道因为宽广，才能化育无穷；德行因为纯正深厚，才能无往不利，浩气长存。宣扬别人的好处，比发油还要滋润人心；宣扬别人的坏处，比矛戟还要刺痛人心。做善事不是出于正直，结果必然也是不正的；做了坏事不罢手，最终一定会成为恶人。经过生死考验,才能知道朋友交情;经过穷富变迁,才能知道世态炎凉;经过贵贱易位,友谊才能显现;经过人事浮沉,友情才会突出。施行仁德道义在前,动用武力在后。刚洗完头,帽子一定要擦干净再戴;才洗完澡,衣服一定要抖去尘土再穿。打了败仗的将领,没资格谈勇敢;亡了国的大臣,没脸说自己有智谋。

(20)枭逢鸠,鸠曰:"子将安之?"枭曰:"我将东徙。"鸠曰:"何故?"枭曰:"乡人皆恶我鸣,以故东徙。"鸠曰:"子能更鸣可矣。不能更鸣,东徙,犹恶子之声。"(《说苑·谈丛》)

猫头鹰遇见斑鸠,斑鸠问:"你要去往哪里?"猫头鹰说:"我要向东迁移。"斑鸠问:"什么原因呢?"猫头鹰说:"乡里人都厌恶我的叫声,因此向东迁移。"斑鸠说:"除非你改变自己的叫声,否则即使迁到东边,人们仍然厌恶你的声音。"

这是说如果不改正自己的过错,到哪儿都不受欢迎。

(21)默无过言,悫无过事。木马不能行,亦不费食;骐骥日驰千里,鞭棰不去其背。(《说苑·谈丛》)

沉默不语就不会有错话,诚实谨慎就不会做错事。木马不能行走,但也不耗费饲料;良马日行千里,可是鞭子不离马背。

这是说要谦虚谨慎,不要过分地表现自己。

三、学以致用,境遇迥异

人所处的境遇、求学的情况会影响其修养及成就,甚至决定其一生。例如:

(22)贤师良友在其侧,诗书礼乐陈于前,弃而为不善者,鲜矣。(《说苑·谈丛》)

有贤德的老师教导，有善良的朋友一起学习，耳濡目染的都是诗书礼乐。放弃这些而去做坏事的人，恐怕很少。

(23)镜以精明，美恶自服；衡平无私，轻重自得。蓬生枲中，不扶自直；白沙入泥，与之皆黑。(《说苑·谈丛》)

镜子精细明亮，照出来无论美丑人们都会信服；秤公平无私，称出轻重人们都会认为适当。蓬蒿生长在麻中，不用扶持自然会长直；白沙掺入污泥中，会与污泥一样都是黑的。

(24)蠋欲类蚕，鳝欲类蛇。人见蛇蠋，莫不身洒然。女工修蚕，渔者持鳝，不恶，何也？欲得钱也。逐渔者濡，逐兽者趋，非乐之也，事之权也。(《说苑·谈丛》)

蛾蛹长得似蚕，鳝鱼长得像蛇。人见到蛇或蛾蛹，没有不吓一跳的。但是女工养蚕，渔民抓鳝，为什么就不厌恶它们呢？这是因为想拿它们换钱。打鱼的人把身上都弄湿了，打猎的人跟着野兽奔跑，不是因为他们喜欢这样做，而是因为这是谋生的需要。

(25)登高使人欲望，临渊使人欲窥，何也？处地然也。御者使人恭，射者使人端，何也？其形便也。(《说苑·谈丛》)

登上高处，人就想往远处看；面临深渊，人就想探知深浅。为什么会这样呢？这是所处的地势导致的。驾车使人严谨，射箭使人端正。为什么会这样呢？这是姿势要求的结果。

(26)高山之巅无美木，伤于多阳也；大树之下无美草，伤于多阴也。(《说苑·谈丛》)

高山的顶峰上没有高大的树木，是因为阳光照射过多；大树底下没有茂盛的青草,是因为过于阴暗潮湿。

(27)锺子期死,而伯牙绝弦破琴,知世莫可为鼓也;惠施卒,而
庄子深瞑不言,见世莫可与语也。(《说苑·谈丛》)

锺子期死后,伯牙就弄断了琴弦,毁坏了琴,因为他知道世上再没有听他鼓琴的知音了;惠施死后,庄子就只睡大觉不说话,因为他觉得世上再也没有能和他深入谈论的人了。

(28)吞舟之鱼,荡而失水,制于蝼蚁者,离其居也;猿猴失木,
禽于狐貉者,非其处也。腾蛇游雾而生,腾龙乘云而举,猿得木而
挺,鱼得水而骛,处地宜也。(《说苑·谈丛》)

可以吞掉船只的大鱼,翻腾振荡而离开水,就会受制于蝼蚁,这是因为它脱离了自己生存的环境。猿猴离开大树,就会被狐狸、貉子擒获,这是因为它不在自己生存的处所。飞蛇乘雾而起,飞龙腾云而上,猿猴在树上就很敏捷,鱼得了水就能畅游,这都是因为它们所处的环境适合自己。

(29)君子博学,患其不习。既习之,患其不能行之。既能行
之,患其不能以让也。(《说苑·谈丛》)

君子学问广博,担忧的是不能经常复习。已经复习了所学的内容,又担心自己不能实行它。已经实行了它,又担心自己不能因此推贤尚善。

(30)君子不羞学,不羞问。问讯者,知之本;念虑者,知之道
也。此言贵因人知而知之,不贵独自用其知而知之。(《说苑·谈
丛》)

君子不以求学为羞,也不以求问为耻。请教别人,是智慧的根本;深思熟虑,是智慧的通道。这说明要注重借助别人的智慧来了解事物,不能只根据自

己有限的智慧来认识事物。

第三节　道德文化,为人之本

一、君臣关系,处事作为

今天我们面临的许多问题,这里都给出了答案。例如:

> (1)王者知所以临下而治众,则群臣畏服矣;知所以听言受事,
> 则不蔽欺矣;知所以安利万民,则海内必定矣;知所以忠孝事上,则
> 臣子之行备矣。凡所以劫杀者,不知道术以御其臣下也。(《说
> 苑·谈丛》)

君王懂得用什么来驭下和统治百姓,就建立起了权威,这样可以使群臣害怕和折服;懂得听取臣下的意见处理政务,就不会受到蒙蔽和欺骗;懂得如何使百姓安居乐业,国家必然会安定太平。而臣子如果懂得以忠孝对待君王和长辈,则其德行就具备了。有的君王之所以被劫杀,原因就在于不懂得用方法和手段来驾驭臣下。

这里的"道术"就是天道之术,即以天道引领的艺术,而不是旁门左道之术。君王如果不懂"天道之术",就会不"知所以",也就不能顺天应人。

> (2)凡吏胜其职则事治,事治则利生;不胜其职则事乱,事乱则
> 害成也。(《说苑·谈丛》)

凡是官吏能够胜任其职守的,事务都会得到处理,事务处理好了才会形成有利的局面;官吏不能胜任职守的,事务必然纷乱丛生,事务混乱就会造成危害。

(3)百方之事,万变锋出。或欲持虚,或欲持实;或好浮游,或好诚必;或行安舒,或为飘疾。从此观之,天下不可一,圣王临天下而能一之。(《说苑·谈丛》)

天下的事千变万化,如蜂倾巢而出一般纷乱。有的要务虚,有的要务实;有的喜好浮夸而流于表面,有的追求言必信、行必果;有的做事情安然舒缓,有的做事情飘摇、迅疾。由此看来,天下的事情不可能都一致,但若有圣贤君王的统领,天下则可归于统一。

(4)圣人之衣也,便体以安身;其食也,安于腹。适衣节食,不听口目。(《说苑·谈丛》)

圣人的衣裳,穿上感觉合体、安适就好;圣人的饮食,饱腹就好。圣人都是适当穿衣、节制饮食的,不会听任口目之欲。

(5)明君之制:赏从重,罚从轻;食人以壮为量,事人以老为程。(《说苑·谈丛》)

贤明君主的制度:赏赐要从重,处罚要从轻;给人粮食要以强壮者的用量为标准,用人要以告老退休为标准。

(6)秦信同姓以王,至其衰也,非易同姓也,而身死国亡。故王者之治天下,在于行法,不在于信同姓。(《说苑·谈丛》)

秦朝信任和依靠同姓家族而称王,直到国家衰败,也没有改变君王的姓氏,但到最后还是君王身死、国家灭亡了。可见,君王治理国家在于推行法治,而不在于依靠同姓家族。

(7)民有五死,圣人能去其三,不能除其二。饥渴死者,可去也;冻寒死者,可去也;罹五兵死者,可去也;寿命死者,不可去也;

> 痈疽死者,不可去也。饥渴死者,中不充也;冻寒死者,外胜中也;
> 罹五兵死者,德不忠也;寿命死者,岁数终也;痈疽死者,血气穷也。
> 故曰:中不正,外淫作;外淫作者多怨怪;多怨怪者疾病生。故清静
> 无为,血气乃平。(《说苑·谈丛》)

百姓有五种死因,圣人只能去除其中的三种,还有两种不能去除。一是因饥渴而死的,可以去除;二是因寒冷而死的,可以去除;三是遭到各种兵器伤害而死的,可以去除。其他两种不能去除的是:因寿命到了而死的和因患严重的痈疽而死的。饥渴而死,是因为腹中空空,难以满足身体的营养需要;冻寒而死,是因为低温损害了身体机能;遭受各种兵器的伤害而死,是因为德行不好;寿命到了而死,是因为年岁到终点了;患严重的痈疽而死,是因为血气枯竭了。所以,身体内缺少正气,身体外的邪气就会发作;身体外的邪气发作,人就会怨恨不平;怨恨不平,人就会生病。可见,只有内心清静,顺其自然,血气才会平和。

这里主要说了两层意思:第一,即使是圣人,对于人的死亡也有无能为力的时候。第二,对于圣人都无能为力的,靠自己调整也许会有所改观,重点在于清静无为,顺其自然。

二、仁义道德,文化传承

仁义忠孝,是中华优秀传统文化的精华。

不能只要求臣子,君王也要仁德,否则臣子不会为之牺牲。没有这方面的思想修养,君王的认识和行为就会出现偏差或失误。例如:

> (8)义士不欺心,仁人不害生。谋泄则无功,计不设则事不成。
> 贤士不事所非,不非所事。愚者行间而益固,鄙人饰诈而益野。声
> 无细而不闻,行无隐而不明。至神无不化也,至贤无不移也。上不
> 信,下不忠;上下不和,虽安必危。求以其道,则无不得;为以其时,
> 则无不成。(《说苑·谈丛》)

守正气的人不会昧良心,仁慈的人不会害生命。计谋泄露了,就无法成功;不做好计划,事情就办不成。贤德的人不做自认为错误的事,也不反对去做自认为正确的事。愚蠢的人行事恶劣且更加顽固,粗鄙的人掩饰伪诈且更加粗野。声音没有细微到听不见的,行为没有隐秘到发现不了的。最神奇的事物是没有什么不是它能变化的,最贤能的人是没有什么不是他能改变的。在上的君王不真诚,在下的臣子就不会忠诚;上与下不能和睦,即使暂时安定也必有危难。按照规律去求取事物,就没有得不到的;抓住时机采取行动,就没有不成功的。

(9)贞良而亡,先人余殃;猖獗而活,先人余烈。权取重,度取长。才贤任轻则有名;不肖任大,身死名废。(《说苑·谈丛》)

忠贞善良的人死去,是先人留下的灾祸;任意横行的人还能活着,是先人残留的功德。秤杆是称重量的,尺度是测长短的。贤能的人担负的责任虽轻,却会有名声;不贤的人即使担当大任,也身死名灭。

(10)士不以利移,不为患改,孝敬忠信之事立,虽死而不悔。智而用私,不如愚而用公,故曰巧伪不如拙诚。学问不倦,所以治己也;教诲不厌,所以治人也。所以贵虚无者,得以应变而合时也。冠虽故,必加于首;履虽新,必关于足。上下有分,不可相倍。一心可以事百君,百心不可事一君。故曰:正而心又少而言。(《说苑·谈丛》)

士人的信仰不会因利益而变动,也不会因祸患而更改。孝、敬、忠、信的信念一经建立,就是死了也不会后悔。有智慧却用于谋私,不如愚笨而一心为公,所以说奸诈虚伪不如笨拙诚朴。求学问疑孜孜不倦,是为了磨炼自己;教诲别人从不厌烦,是为了培养人才。之所以推重虚无,是因为其可顺应变化而又合乎时宜。帽子虽然旧了,但必须戴在头上;鞋子虽是新的,但必定穿在脚下。上与下是有分别的,不可违背。一心一意,可以事奉许多君王;多心多意,不能事奉一个君王。所以说:要端正你的心,又要少说话。

（11）无以淫泆弃业，无以贫贱自轻，无以所好害身，无以嗜欲妨生，无以奢侈为名，无以贵富骄盈。（《说苑·谈丛》）

不要因放纵玩乐而不务正业，不要因贫贱而自我轻视，不要因嗜好而伤害身体，不要因放纵欲望而危害生命，不要以奢侈来获取名声，不要因尊贵富有而骄傲自大。

这是告诫人们贫贱并不可怕，可怕的是有不良的嗜好和追求。

（12）力胜贫，谨胜祸；慎胜害，戒胜灾。为善者天报以德，为不善者天报以祸。君子得时如水，小人得时如火。（《说苑·谈丛》）

努力能战胜贫困，恭谨能战胜灾祸；慎重能战胜危害，戒备能战胜灾难。做好事的人，上天将用福佑来回报；做坏事的人，上天将用灾祸来回报。君子得到时运，会像水一样平静；小人得到时运，会像火一样暴烈。

（13）广大在好利，恭敬在事亲。因时易以为仁，因道易以达人。营利者多患，轻诺者寡信。（《说苑·谈丛》）

追求利益要见识广大，侍奉双亲要心怀恭敬。借助时机，做仁善的事就比较容易；凭借大道，使人通达也较为容易。钻营于私利的人，多有忧患；轻易许诺的人，少有信用。

（14）欲贤者莫如下人，贪财者莫如全身。财不如义高，势不如德尊。父不能爱无益之子，君不能爱不轨之民。君不能赏无功之臣，臣不能死无德之君。问善御者莫如马，问善治者莫如民。以卑为尊，以屈为伸。圣人所因，上法于天。（《说苑·谈丛》）

要成为贤良的人不如礼待于人，贪财的人不如保全自身。财富不如道义高尚，权势不如德行尊贵。父亲不能疼爱没有长进的孩子，君王不能爱护行为不轨的百姓。君王不能赏赐没有功劳的臣子,臣子不能为无德的君王牺牲。要知道谁是驾车技术好的人,不如去了解拉车的马;要知道谁是善于治理国家的人,不如去了解其所治理的百姓。视卑贱为尊贵的开端,以弯曲为伸展的起点。圣人所遵循的,就是效法自然规律。

（15）知命者不怨天,知己者不怨人。人而不爱,则不能仁;佞而不巧,则不能信。言善毋及身,言恶毋及人。上清而无欲,则下正而民朴。来事可追也,往事不可及。无思虑之心则不达,无谈说之辞则不乐。（《说苑·谈丛》）

懂得天命的人不会埋怨上天,了解自己的人不会责怪别人。人没有爱心,就不会仁慈;有才能却不精巧,不能让人信服。说好处时不要提到自己,说坏事时不要涉及他人。在上的君王清正廉明而无私欲,在下的臣子就正直,百姓就淳朴。未来的事情还有机会去做,过往的事情却已不能挽回。没有深思熟虑的心,就不能通达事理;没有谈论辩说的言辞,就不会愉悦。

（16）善不可以伪来,恶不可以辞去。近市无贾,在田无野,善不逆旅。非仁义刚武,无以定天下。（《说苑·谈丛》）

善良的行为不可能用虚伪带来,恶劣的行径不可能用言辞开脱。靠近集市就没有虚价,在田耕作就不会荒芜,善行不会受到抗拒。没有仁义刚武,就不能安定天下。

（17）曾子曰:"入是国也,言信乎群臣,则留可也;忠行乎群臣,则仕可也;泽施乎百姓,则安可也。"（《说苑·谈丛》）

曾子说:"进入这个国家后,如果言论得到群臣信服,就可以留下;群臣行为忠诚,就可以为官;恩泽能施加到百姓身上,就可以安身立命了。"

（18）修身者,智之府也;爱施者,仁之端也;取予者,义之符也;

耻辱者,勇之决也;立名者,行之极也。(《说苑·谈丛》)

修身是积聚智慧的府第,好施舍是仁慈的发端,接受和给予是正义的表现,知道耻辱是勇敢的表现,树立名声说明德行达到了极致。

(19)进贤受上赏,蔽贤蒙显戮,古之通义也。爵人于朝,论人于市,古之通法也。(《说苑·谈丛》)

推荐贤才者应受重赏,埋没贤才者应被公开处决,这是自古以来通行的道理。给人封爵应当在朝堂上,给人定罪用刑应当在街市上,这是自古以来通行的做法。

三、君子德行,顺道循理

君子顺道循理,仁爱忠信,知礼义廉耻,是人们学习的榜样,小人则遭人唾弃。鲜明对比让人做出自己的选择。例如:

(20)君子行德以全其身,小人行贪以亡其身。相劝以礼,相强以仁。得道于身,得誉于人。(《说苑·谈丛》)

君子因践行仁德而保全自身,小人因妄为贪财而丢掉性命。相互劝告,要用礼仪;相互勉励,要以仁爱。道理要从自身去领悟,赞誉要从他人处获得。
这是强调仁爱礼仪的重要性,不但可以保全自身,还可以获得声誉。

(21)曾子曰:"鹰鹫以山为卑,而增巢其上;鼋鼍鱼鳖,以渊为浅,而穿穴其中。卒其所以得者,饵也。君子苟不求利禄,则不害其身。"(《说苑·谈丛》)

曾子说:"鹰鹫认为山低,就把巢筑在山巅;鳄鱼和大鳖认为池水很浅,就在池中打洞穿穴。最终它们之所以被抓获,是因为诱饵。君子若不追求利禄,就不会危害自身。"

（22）曾子曰："狎甚则相简也，庄甚则不亲。是故君子之狎，足
以交欢；庄，足以成礼而已。"（《说苑·谈丛》）

曾子说："过分亲近就会相互怠慢，过分庄重彼此就不会亲近。所以君子的
亲近，能够让彼此相交且愉快就足够了；君子的庄重，可以达到礼仪的要求就
行了。"

（23）君子有五耻：朝不坐，燕不与，君子耻之；居其位，无其言，
君子耻之；有其言，无其行，君子耻之；既得之，又失之，君子耻之；
地有余而民不足，君子耻之。（《说苑·谈丛》）

君子有五种耻辱：上朝时不能入座，宴饮时不能参与，君子认为这是耻辱；
处于职位上，不发表自己应该说的话，君子认为这是耻辱；有言论而没有行动，
君子认为这是耻辱；已经得到的东西又失去，君子认为这是耻辱；土地有富余但
百姓却衣食不足，君子认为这是耻辱。

（24）君子虽穷，不处亡国之势；虽贫，不受乱君之禄。尊乎乱
世，同乎暴君，君子之耻也。众人以毁形为耻，君子以毁义为辱。
众人重利，廉士重名。（《说苑·谈丛》）

君子即使处于困境，也不会在亡国的形势下做官；即使贫穷潦倒，也不会接
受昏君的俸禄。在乱世中获得尊贵的地位，与暴君为伍，君子以此为耻。普通
人以毁坏形貌为耻辱，君子以毁坏道义为耻辱。普通人重视利益，廉洁之士看
重名声。

（25）君子之言寡而实，小人之言多而虚。君子之学也，入于
耳，藏于心，行之以身。君子之治也，始于不足见，终于不可及也。
君子虑福不及，虑祸百之。君子择人而取，不择人而与。君子实如

虚,有如无。(《说苑·谈丛》)

君子话少而真实,小人话多而虚假。君子的学习,听进耳朵,记在心里,并亲身践行。君子处理政事,会从不受重视的细微处入手,最终结果却让人无法企及。君子考虑幸福往往不能周全,却用百倍于思考幸福的精力考虑祸患。君子获取财物时会选择对象,而施予财物时却不选择对象。君子的充实就像空虚一样,有就像没有一样。

(26)君子有其备则无事。君子不以愧食,不以辱得。君子乐得其志,小人乐得其事。君子不以其所不爱,及其所爱也。(《说苑·谈丛》)

君子有备则无患。君子不会以蒙羞的方式来得到食物,也不会为了获取而受辱。君子之所以快乐,是因为实现了自己的志向;小人之所以快乐,是因为办成了自己的事。君子不会把自己不喜欢的东西,施予自己所爱的人。

(27)君子有终身之忧,而无一朝之患。顺道而行,循理而言;喜不加易,怒不加难。(《说苑·谈丛》)

君子有终身忧虑的事情,但没有一时的忧患。顺从正道做事,依循真理说话;高兴时不会改变自己,生气时不会为难别人。

(28)君子之过,犹日月之蚀也,何害于明? 小人可也,犹狗之吠盗,狸之夜见,何益于善? 夫智者不妄为,勇者不妄杀。(《说苑·谈丛》)

君子的过失,就像日食、月食一样,对日月的光明有什么妨害呢? 小人的赞许,就像狗对着盗贼叫,山狸在夜晚出现,对善行有什么益处呢? 有智慧的人不会胡作非为,勇敢的人不会滥杀无辜。

(29)君子比义,农夫比谷。事君不得进其言,则辞其爵;不得行其义,则辞其禄。人皆知取之为取也,不知与之为取之。政有招寇,行有招耻。弗为而自至,天下未有。猛兽狐疑,不若蜂虿之致毒也;高议而不可及,不若卑论之有功也。(《说苑·谈丛》)

君子乐的是正义,农民乐的是谷物。事奉君王如果不能进献自己的言论,就辞去爵位;不能推行自己的道义主张,就辞去俸禄。人们都知道得到叫获取,而不知道给予也叫获取。有的政令会招致敌寇,有的行为会带来耻辱。什么都不做结果就自行到来,天下没有这样的事情。犹豫不决的猛兽,不如毒虫放出的毒厉害;高深的议论如果不能做到,就不如普通的言论能取得成效。

(30)枝无忘其根,德无忘其报,见利必念害身。故君子留精神寄心于三者,吉祥及子孙矣。(《说苑·谈丛》)

树枝不能断了根本,受恩不能忘记回报,见到利益一定要想到可能对自身造成的危害。因此,君子留心专注于这三个方面,吉祥就可以传给子孙后代。

(31)两高不可重,两大不可容,两势不可同,两贵不可双。夫重、容、同、双,必争其功。故君子节嗜欲,各守其足,乃能长久。夫节欲而听谏,敬贤而勿慢,使能而勿贱。为人君能行此三者,其国必强大,而民不去散矣。(《说苑·谈丛》)

两者同高不能并重,两者同大不能兼容,两方势力相当不可以共存,两者尊贵不能同时显现。倘若并重、兼容、共存、同显,就一定会相互争功。因此,君子节制自己的嗜好和愿望,自知自足,就能长久。能够节制欲望,接受劝谏,尊敬贤者而不怠慢,选贤任能而不轻视人才。做君王的人,如果能做到这三个方面,他的国家就一定会强大,百姓也不会离散。

由上述例子可以看出,《说苑》"谈丛"章所载的名言警语多以哲理论述为主,从阐述天道(客观规律)到把理论与实践结合起来,可以说其认识和表达均已达到了相当高的水平。

第一,客观规律。

1. 关于客观规律:客观规律即"道"或"天道","天道有常,不为尧存,不为桀亡"。

2. 对客观规律的认识:"圣人见所生,则知其所归矣","凡所以劫杀者,不知道术以御其臣下也"。这是圣人君子的核心思想,不具备这样的思想,就称不上是圣人君子。

3. 客观规律的重要作用及其表现:"百事得其道者成。道之所在,天下归之。""道微而明,淡而有功。"

4. 客观规律涉及的具体内容:

(1)事物的发展趋势:"极则反,满则损。"

(2)人或事物之间的关系:福祸相依,相生相克,对立统一。

(3)对人或行为的认识:辩证认识,全面认识,发展认识。

(4)观察自然现象得到的启迪:"茂木丰草,有时而落。物有盛衰,安得自若?""万物得其本者生,百事得其道者成。""夫水出于山而入于海,稼生于田而藏于廪。""吞舟之鱼,荡而失水,制于蝼蚁者,离其居也;猿猴失木,禽于狐貉者,非其处也","猿得木而挺,鱼得水而骛,处地宜也"。

第二,道德内容。

关于道德的内容主要涵盖了仁、义、礼、智、信、敬、慎、廉、耻、谦等方面。其中,关于智的内容尤其丰富,不但包括对于一般事物的认识以及关于策略、时机的运用和把握,还包括对于学习的作用、态度、目的的认识,以及对于不同环境的影响的认识及利用等。

第三,言说内容。

"谈丛"章近乎完美地体现了言说是怎样关乎生死存亡的,包括什么话能说、什么话不能说,该说什么、不该说什么等。

1. 话语原则:是非不明的话,不听、不说。

2. 情感原则:有伤感情的话,不听、不说。

3. 沟通原则:违心不当的话,不听、不说。

4. 表达原则:花言巧语的话,不听、不说。

第四,道与德。

通过对比君子之行与小人之行,突出了道与德的实践性、具体性和重要价值,鞭挞了违背道与德的认识和行为。

第五,君臣关系。

在论述这种关系的时候,也涉及了道与德的问题。

第六,时机问题。

从古至今,人们常会把时机与命运连在一起,有时把命运看作时机,有时又把时机看作命运,这都具有主观唯心色彩。但是,如果把时机看成是事物发展变化过程中一种必然而又偶然的机遇,则进入了客观的"道"的范畴,没有主观唯心色彩。

第八章 《说苑》"杂言"章
内容及表达作用解析

　　杂言,是指涉及多种多样内容的言说。就内容来说,《说苑》"杂言"章并不像"君道"章、"臣术"章那样是围绕某一主题的,包含的内容较为复杂。就表达而言,大多是以对话形式或者言谈形式出现的。此外,一些比较经典的言谈议论则类似"谈丛"章的格言警语形式。

　　"杂言"章共收言例 57 则,其中孔子的言谈或者他与学生的对话就占了30 则。

第一节　言说成败的总论与分论

　　"杂言"章有 7 则类似格言警语的内容,其中第一则总论了贤人君子的成败,其他 6 则从几个方面进行了分论。

一、总论:贤人君子,知所去就

　　第一则开篇之总论可以看成是全章的主旨,它围绕贤人君子的智慧、认识以及所应采取的恰当行为进行了论述,概括起来就是"通、明、察、审,知所去就"。例如：

　　（1）贤人君子者，通乎盛衰之时，明乎成败之端，察乎治乱之纪，审乎人情，知所去就。故虽穷不赴亡国之势，虽贫不受污君之禄。

　　是以太公年七十而不自达，孙叔敖三去相而不自悔。何则？不强合非其人也。太公一合于周而侯七百岁，孙叔敖一合于楚而封十世。大夫种存亡越而霸勾践，赐死于前；李斯积功于秦，而卒被五刑。尽忠忧君，危身安国，其功一也。或以封侯而不绝，或以赐死而被刑，所慕所由异也。故箕子弃国而佯狂，范蠡去越而易名，智过去君弟而更姓，皆见远识微，而仁能去富势，以避萌生之祸者也。

　　夫暴乱之君，孰能离絷以役其身，而与于患乎哉？故贤者非畏死避害而已也，为杀身无益，而明主之暴也。比干死纣而不能正其行，子胥死吴而不能存其国。二子者强谏而死，适足以明主之暴耳，未尝有益如秋毫之端也。是以贤人闭其智，塞其能，待得其人然后合。故言无不听，行无见疑，君臣两与，终身无患。今非得其时，又无其人，直私意不能已。闵世之乱，忧主之危，以无赀之身涉蔽塞之路；经乎谗人之前，造无量之主，犯不测之罪，伤其天性，岂不惑哉？

　　故文信侯、李斯，天下所谓贤也。为国计，揣微射隐，所谓无过策也；战胜攻取，所谓无强敌也；积功甚大，势利甚高；贤人不用，谗人用事；自知不用，其仁不能去。制敌积功，不失秋毫；避患去害，不见丘山。积其所欲，以至其所恶，岂不为势利惑哉？《诗》云："人知其一，莫知其他。"此之谓也。（《说苑·杂言》）

　　这一总论如同一篇论说文。下面按照论点、论据、论证、结论，分段进行解析。

　　第一段，提出论点。贤人君子明白盛、衰时势，清楚成、败端倪，审察治、乱头绪，了解人情世故，知道去、就的条件，因此即使困窘也不会选择去做将亡之国的官员,就算贫穷也不会接受昏君的俸禄。

第二段,利用正反两面论据进行对比论证。姜太公七十岁了,也没有主动自荐为官;孙叔敖三次离开相位,却不后悔。为什么? 因为他们不愿意勉强自己同不对的人一起做事。而姜太公一旦被请到周朝就职,子孙世袭封侯就达七百年之久;孙叔敖一旦到楚国就职,子孙受封爵位也达十代。大夫文种保住了即将灭亡的越国并使其称霸,却被越王勾践赐死于面前;李斯在秦朝累积了许多功劳,最终却被处以腰斩之刑。竭力尽忠,为君分忧,宁肯危及自身也要安定国家,贤人君子的功劳是一样的。但是,有的封侯且世袭不绝,有的则被赐死或遭受了酷刑,这是因为他们的追求和实现抱负的道路不一样。于是,箕子离开封国并装疯卖傻,范蠡在越国更改了姓名,智过不要国君兄弟的名分而更改了姓氏。他们都是富有远见卓识,能够见微知著,仁德宽厚,而且愿意离开财富权势以避开祸患萌生的人。

第三段,通过反面论据论证贤人君子不是因为怕死避害才这样做,而是因为就算身死也没有什么用处。对于残暴昏乱的君王,谁能在遭受拘禁限制的情形下,还驱使自己与他共渡难关呢? 比干为纣王而死,也不能纠正纣王的行为;伍子胥为吴国而死,仍不能保住吴国。两人都因强谏而死,并没有一丝一毫的益处,只不过证明了君王的残暴罢了。所以,贤人君子往往会保留自己的智慧,隐藏自己的能力,等到遇见对的人之后再一起治国理政。这样一来,贤人君子进言就没有君王不听的,做事也没有被君王怀疑的;君臣心意投合,终生不会有祸患。现在由于没有遇到恰当的时机,也未遇到恰当的人,所以只是个人心有不甘而已。悲悯世道混乱,担忧君王危亡,用自己宝贵的生命去跋涉闭塞贤能的道路;在谗臣面前经过,谒见没有度量的君王,冒着触犯不可预测罪名的风险,伤害自己的本性,难道不让人迷惑不解吗?

第四段,引文信侯、李斯失败的例子,得出结论。他们是天下所说的贤人君子,为国着想,能够发现细微、隐蔽的事情,可以说没有做出过错误的决策;战则胜,攻则取,可以说没有遇到强劲对手;积累的功劳非常大,拥有的权势也非常高。但是,君王不用贤人,坏人专权;自己明知不被信任,仍心存仁善不肯离去。他们战胜敌人,屡建功勋,没有丝毫失误,但是应该避患去害时,却看不见像山一样大的危险。积聚多年的期望,竟然得到了自己憎恶的结果,这难道不是受到了权势利禄的迷惑吗?《诗经》说:"有的人只知道某一方面,而不了解其他方面。"说的就是这种情况,而这也是有些贤人君子不知去就的原因。也就是说,贤人君子要"知所去就",否则就会自食恶果。

总之,贤人君子的一切德与行,都来源于正确的认识,而正确的认识又主要来源于对实践经验和教训的积累、总结。

二、分论

(一)失小务大,务小失大

人的能力各有短长,取得的结果自然也各有不同。例如:

> (2)太公田不足以偿种,渔不足以偿网,治天下有余智。文公种米;曾子架羊;孙叔敖相楚三年,不知轭在衡后。务大者固忘小。智伯厨人亡炙箴而知之,韩、魏反而不知;邯郸子阳园人亡桃而知之,其亡也不知。务小者亦忘大也。(《说苑·杂言》)

姜太公种田的收成还不足以抵偿种子,打的鱼还不够偿还买渔网的钱,但治理天下却智慧有余。晋文公拿米当作种子,曾子用木枷抓羊,孙叔敖在楚国当了三年国相,也不知道套牲口的轭在车衡后面。专心做大事的人做不好或忽略小事也在情理之中。而智伯连厨师丢了烘烤筐都知道,却不知道韩、魏要反叛;邯郸子阳连园丁丢了桃子都知道,却不知道自己将要灭亡。专注于小事的人自然会忽略大事。

这是强调抓大事而忽略小事的人,很可能成就一番事业;相反,关注小事而忘了大事的人,很可能自取灭亡。

(二)众议定教,世易更仪

事变时移,社会习俗也会随之发生变化,因此要根据实际情况对百姓进行教化,并尊重民情民心。例如:

> (3)今夫世异则事变,事变则时移,时移则俗易。是以君子先

相其土地而裁其器,观其俗而和其风,总众议而定其教。愚人有学
远射者,参天而发;已射五步之内,又复参天而发。世以易矣,不更
其仪,譬如愚人之学远射。目察秋毫之末者,视不能见太山;耳听
清浊之调者,不闻雷霆之声。何也? 唯其意有所移也。百人操觿,
不可为固结;千人谤狱,不可为直辞;万人比非,不可为显士。(《说
苑·杂言》)

这里主要告诫人们两点:一是由于随着事变时移,社会习俗也会发生改变,
因此君子要根据当地的风土民俗来制造器物、调和民风。二是君子要根据民众
的意见来决定如何施行教化。愚蠢的人学射箭,想要射向远处却朝着天上射,
这样就搞错方向了,做多少都是没有用的。时代变了,处世原则也要改变,不能
像愚蠢的人学射箭那样。眼睛盯住细枝末节的人,就看不见泰山;侧耳分辨清
音浊调的人,也听不到打雷的声音。为什么呢? 这是因为人的注意力发生了转
移。只要有上百个人拿着角锥,就不可能再系牢绳结;只要有成千的人毁谤诉
案,就不可能有公正的判词;只要有上万的人联合起来非议某人,他就不可能成
为显赫之人。

(三)众志成城,用心专一

例如:

(4)麋鹿成群,虎豹避之;飞鸟成列,鹰鹫不击;众人成聚,圣人
不犯。腾蛇游于雾露,乘于风雨而行,非千里不止,然则暮托宿于
鳅鳝之穴。所以然者何也? 用心不一也。夫蚯蚓内无筋骨之强,
外无爪牙之利,然下饮黄泉,上垦晞土。所以然何也? 用心一也。
(《说苑·杂言》)

这里也强调了两个方面:一是人多力量大。既然麋鹿成群、飞鸟成列,连虎
豹、鹰鹫都避开而不敢攻击,那么众人抱成一团,最有智慧的人也不能去侵犯。
二是如果不专注于某一方面,在这方面就不会有所建树。腾蛇虽然能在云雾
中、风雨里行走,但是还得借宿于泥鳅、鳝鱼的巢穴,因为用心不专一;蚯蚓向下

能喝到地下泉水,向上能在干土上挖洞,因为用心专一。

（四）聪明智慧,智者之行

例如:

> （5）聪者耳闻,明者目见。聪明形则仁爱著,廉耻分矣。故非其道而行之,虽劳不至;非其有而求之,虽强不得。智者不为非其事,廉者不求非其有,是以远害而名章也。《诗》曰:"不忮不求,何用不臧?"此之谓也。（《说苑·杂言》）

听得清是耳朵的作用,视力明是眼睛的作用。耳聪目明,对仁爱的认识就会清楚,也会分清廉耻。因此,不是正途却要去走,即使劳累也达不到目的地;不是自己应当拥有的却要去追求,即使强力争取也不会得到。有智慧的人不会去做自己不该做的事,廉洁的人不会求取自己不该拥有的东西,因此可以远离祸患而名声显扬。《诗经》说:"不忌恨、不奢求,做什么事会不吉利呢?"说的就是这个意思。

这是在告诫人们,真正聪明的人知道自己该做什么、不该做什么。

（五）智者乐水,仁者乐山

例如:

> （6）夫智者何以乐水也? 曰:泉源溃溃,不释昼夜,其似力者;循理而行,不遗小间,其似持平者;动而之下,其似有礼者;赴千仞之壑而不疑,其似勇者;障防而清,其似知命者;不清以入,鲜洁而出,其似善化者;众人取平,品类以正,万物得之则生,失之则死,其似有德者;淑淑渊渊,深不可测,其似圣者;通润天地之间,国家以成。是知者之所以乐水也。《诗》云:"思乐泮水,薄采其茆。鲁侯戾止,在泮饮酒。"乐水之谓也。夫仁者何以乐山也? 曰:夫山岿岿崒嶵,万民之所观仰。草木生焉,众物立焉,飞禽萃焉,走兽休焉,宝藏殖焉,奇夫息焉;育群物而不倦焉,四方并取而不限焉;出云风,

通气于天地之间，国家以成。是仁者之所以乐山也。《诗》曰："太山岩岩，鲁侯是瞻。"乐山之谓矣。(《说苑·杂言》)

智者为什么喜爱水？答案是：泉水奔腾不息，日夜向前，像是有无穷力量的人；遵循运行规律，一点小的空隙都不遗漏，像是处事公平的人；总是向下流动，像是谦逊有礼的人；奔赴千仞深壑而毫不迟疑，像是勇敢的人；有障碍拦阻，就会自我澄清，像是懂得天道进退的人；不干净的东西进入其中，会新鲜干净地出来，像是善于教化的人；人们以它为标准，校正各类事物；万物得到它就能生存，失去它就会死亡，像是有道德的人；清幽深沉，不可测度，像是圣人；滋润天地间万物，使人得以建成国家。这就是智者喜爱水的原因。最后，引《诗经》的话证明人们是喜爱水的。水所表现出来的力量、公平、礼让、勇敢、知命、善化、有德、神圣、润泽等特质，也正是智者和君子的品质。

仁者为什么喜爱山？答案是：高山巍峨磅礴，为无数人所观瞻和景仰。草和树在上面生长，各种生物在上面生存；飞鸟聚集在那里，走兽驻足在那里，宝藏蕴藏在那里，奇人隐居在那里；养育万物而不会厌倦，供多方取用而不会设限；生出风云，沟通天地间的气息，国家得以形成。这就是仁者喜爱山的原因。最后，引《诗经》的话证明人们是喜爱山的。

(六) 玉有六美，君子德行

例如：

(7) 玉有六美，君子贵之。望之温润，近之栗理；声近徐而闻远；折而不挠，阙而不荏；廉而不刿；有瑕必示之于外，是以贵之。望之温润者，君子比德焉；近于栗理者，君子比智焉；声近徐而闻远者，君子比义焉；折而不挠，阙而不荏者，君子比勇焉；廉而不刿者，君子比仁焉；有瑕必见之于外者，君子比情焉。(《说苑·杂言》)

珍贵的玉石具有六种君子所看重的品质。一是远望温润，君子比喻为品德；二是近看纹理细密，君子比喻为智慧；三是声音近处舒缓而远处也能听到，君子比喻为道义；四是宁折不弯，伤损也不屈服，君子比喻为勇敢；五是棱角分明但不伤人,君子比喻为仁爱;六是有瑕疵必显现在外,君子比喻为诚实。

实际上,这"六美"正是君子所具有的品质。

(七)远罪治身,君子选择

例如:

> (8)夫临财忘贫,临生忘死,可以远罪矣。夫君子爱口,孔雀爱羽,虎豹爱爪,此皆所以治身法也。上交者不失其禄,下交者不离于患。是以君子择人与之交,农人择田而田。君子树人,农夫树田。田者择种而种之,丰年必得粟;士择人而树之,丰时必得禄矣。(《说苑·杂言》)

见到财物不会想着自己贫穷而据为己有,面临生死抉择而不贪生怕死,这样可以远罪避罚。君子说话慎重,孔雀爱惜羽毛,虎豹爱惜利爪,这都是用来保护自身的做法。结交地位高于自己的人不会损失收入,结交地位低于自己的人不会招致祸患。因此,君子选择人去结交,如同农夫选择田地去耕种。君子培养人,如同农夫培养田地。种田的选择种子播种,丰年一定能收获粮食;士人选择人才培养,成果丰硕时必然会获得回报。

> (9)夫仁者好合人,不仁者好离人。故君子居人间则治,小人居人间则乱。君子欲和人,譬犹水火不相能然也,而鼎在其间,水火不乱,乃和百味。是以君子不可不慎择人在其间。(《说苑·杂言》)

仁爱的人喜欢使人和谐,不仁的人喜欢离间别人。所以,君子处在人们中间就能安定,小人处在人们中间就会混乱。君子要使人们和谐共处,就像水火不能相接触一样,可是只要有鼎锅隔在水火之间就不会出乱子,就能煮进各种滋味。因此,君子不可不慎重对待在人们中间择人相处。

(八)相反相成,善生于学

例如:

（10）天下失道，而后仁义生焉；国家不治，而后孝子生焉；民争
不分，而后慈惠生焉；道逆时反，而后权谋生焉。（《说苑·杂言》）

天下缺失道义，然后就产生了仁义；国家缺乏治理，然后就产生了孝子；民
众因不平而相争，然后就产生了仁慈和恩惠；逆反常规和天时的情况出现，然后
改变政权的谋略就会产生。

这是告诫人们，物极必反，什么事情都不要做得太过分，否则相反的情况或
现象就会出现。

（11）凡善之生也，皆学之所由。一室之中，必有主道焉，父母
之谓也。故君正则百姓治，父母正则子孙孝慈。是以孔子家儿不
知骂，曾子家儿不知怒。所以然者，生而善教也。（《说苑·杂言》）

凡是好品质的养成，都是学习得来的。一个家庭必定有主事的人，这就是
父母。所以君王品行端正，百姓就会服从治理；父母品行端正，子孙就会对上孝
敬对下慈爱。孔子家的小孩子不会骂人，曾子家的小孩子不会发脾气。之所以
会这样，是因为生来就接受了良好的教育。

这就是所谓的"近朱者赤，近墨者黑"。同时，也是在告诫人们要注意周围
人的影响，特别是那些影响力比较大的人。

值得强调的是，上述总论、分论的内容，在"杂言"章的其他对话中也大都有
所体现。

第二节　语境机遇与会话含义

一、会话含义，语境意义

会话含义包括话语意义和语境意义，其中语境意义又分为身份语境义、背

景语境义、场景语境义、表情姿态语境义等。语境意义的改变当然会对会话含义造成影响。例如：

> (1)祁射子见秦惠王，惠王说之，于是唐姑谗之。复见惠王，怀怒以待之。非其说异也，所听者易也。故以微为羽，非弦之罪也；以甘为苦，非味之过也。(《说苑·杂言》)

祁射子去拜见秦惠王，惠王很器重他，唐姑便在惠王面前诋毁祁射子。等祁射子再次拜见惠王时，惠王心怀怒气地对待了他。这不是因为祁射子的主张不同了，而是听话的人发生了改变。可见，以微音为羽音并不是琴弦的过错，拿甜味当苦味也不是味道的过错。

这里涉及了言语交际的背景语境、身份等问题。与第一次见面相比，第二次见面时的背景语境有所不同了，因为唐姑已在秦惠王面前讲了祁射子的坏话，而祁射子的身份也因受到诽谤而带上了"污点"。于是，听话人就由赏识祁射子的秦惠王变成了生气的秦惠王。由此可知，在背景语境、身份发生改变的情况下，无论你说什么都会被曲解。正因如此，第二次见面时祁射子说的话对于秦惠王而言自然就既不可信也不好听了。

> (2)弥子瑕爱于卫君。卫国之法，窃驾君车罪刖。弥子瑕之母疾，人闻，夜往告之。弥子瑕擅驾君车而出。君闻之，贤之，曰："孝哉！为母之故犯刖罪哉！"君游果园，弥子瑕食桃而甘，不尽而奉君。君曰："爱我而忘其口味。"及弥子瑕色衰而爱弛，得罪于君。君曰："是故尝矫驾吾车，又尝食我以余桃。"故子瑕之行，未必变初也，前见贤后获罪者，爱憎之生变也。(《说苑·杂言》)

弥子瑕深受卫国国君的宠爱。卫国的法律规定：偷驾国君的车，按罪处以砍足之刑。弥子瑕的母亲病了，有人知道后连夜去告诉他。于是，弥子瑕擅自驾国君的车出宫。卫君听说后，夸赞他的贤德，说："真是孝顺哪！为了母亲而去犯砍脚的罪呀！"卫君游果园，弥子瑕吃桃，觉得很甜就把没有吃完的部分给了卫君，卫君说："因爱我而忘了他自己尝过。"等到弥子瑕姿色不再而失去宠爱时,有一次得罪了卫君,卫君却说:"他过去曾假冒我的名义驾我的车,又曾把他吃剩的桃给我吃。"弥子瑕的行为与之前相比未必有何改变,但是之前被认为贤德、后来又被当成罪过的原因,就在于卫君的爱憎发生了改变。

从语用角度看,弥子瑕前受宠、后失宠主要是因为身份改变了,再加上不讨人喜欢的表情姿态语境,这些都对会话含义造成了影响,以致卫君的说法前后不一。

二、身份地位,境遇条件

环境条件对个人能力的发挥具有重要影响。例如:

> (3)舜耕之时,不能利其邻人;及为天子,天下戴之。故君子穷
> 则善其身,达则利于天下。(《说苑·杂言》)

舜在作为农夫耕种的时候,没有能力帮助邻居;等到成为天子以后,天下的人都会承受他的恩德。因此,君子在困窘的时候要修炼和完善自身,显达的时候要能让天下人得利。

其实,这是在告诉人们有什么条件就做什么事。环境条件不允许时,说话没有什么影响力,就要不断地提高和完善自己;环境条件对自己有利时,说话有了权威性、影响力,就要造福社会。

传道授业也需要一定的境遇条件。例如:

> (4)孔子曰:"自季孙之赐我千钟,而友益亲;自南宫顷叔之乘
> 我车也,而道加行。故道有时而后重,有势而后行。微乎二子之
> 赐,丘之道几于废也。"(《说苑·杂言》)

孔子说:"自从季孙氏赐给我千钟粮食,朋友之间就更加亲密了;自从南宫顷叔送车给我乘坐,我的学说传播得就更快了。因此,一种学说需要遇上时机而后才能受到重视,有了影响以后才能推行。如果没有这两人的馈赠,我的学说几乎就要废弃了。"

可见,施行教化、推行主张也需要一定的境遇条件。

三、不逢明主,君子道狭

例如:

> (5)子石登吴山而四望,喟然而叹曰:"呜呼,悲哉!世有明于事情,不合于人心者;有合于人心,不明于事情者。"弟子问曰:"何谓也?"子石曰:"昔者,吴王夫差不听伍子胥尽忠极谏,抉目而辜。太宰嚭、公孙雒偷合苟容以顺夫差之志而伐齐,二子沉身江湖,头悬越旗。昔者,费仲、恶来革、飞廉、长鼻决耳崇侯虎,顺纣之心,欲以合于意。武王伐纣,四子身死牧之野,头足异所。比干尽忠,剖心而死。今欲明事情,恐有抉目剖心之祸;欲合人心,恐有头足异所之患。由是观之,君子道狭耳。诚不逢其明主,狭道之中,又将险危闭塞,无可从出者。"(《说苑·杂言》)

子石登上吴山,四面观望后叹息道:"唉,可悲呀!世上有明于事理而不合于人心的,也有合于人心却不明于事理的。"弟子问:"这话是什么意思呢?"子石说:"从前吴王夫差不听伍子胥尽忠的极力劝谏,对他剜目分尸。太宰嚭、公孙雒为了苟且容身,顺从、迎合夫差的愿望而征伐齐国,后来两人被沉尸江湖,头颅也被悬挂在越国的旗杆上。从前费仲、恶来革、飞廉以及长鼻缺耳的崇侯虎,顺从、迎合纣王的心意,结果武王伐纣时这四人都死于牧野,头足分离。比干尽忠,却被剖腹挖心而死。现在要想分析清楚事理,恐有剜目挖心的灾祸;要迎合君王的心意,恐有头足分离的祸患。这样看来,留给君子的路实在是太狭窄了。如果遇不到圣明的君王,狭路又有封闭堵塞的危险,简直就是走投无路。"

从上述对话中可以看出,"明于事情"的人往往会死于"不合于人心"或"不逢其明主",而"合于人心"的人则会死于"不明于事情"。也就是说,一方面,明于事理者忠心劝谏,不仅不被接受,反倒会有杀身之祸;另一方面,不明于事理者苟且谄媚,一味逢迎,不仅导致国家败亡,还会身首异处。奸臣小人误国杀身,并不足惜,但如伍子胥等忠臣君子的出路又在哪里呢?前文提及的"杂言"

章第一则总论,已经给出了答案:良言苦劝不听,则应转身离去。

四、不知其子,视其所友

孔子在教导学生时十分重视学生所处的环境条件,特别是他人的影响。例如:

> (6)孔子曰:"丘死之后,商也日益,赐也日损。商也好与贤己者处,赐也好说不如己者。"(《说苑·杂言》)

孔子认为自己死后,学生卜商会日益进步,而端木赐每天都会退步。为什么呢?因为相处的人不同:卜商喜欢同比自己贤能的人交往,而端木赐则喜欢不如自己的人。

> (7)孔子曰:"依贤固不困,依富固不穷。马蚿斩而复行者何?以辅足众也。"(《说苑·杂言》)

孔子说:"结交贤人就不会陷入困境,结交富人就不会贫穷。百足虫被斩断后还能行走是什么原因呢?原来它辅助的足有很多。"

> (8)孔子曰:"不知其子,视其所友;不知其君,视其所使。"又曰:"与善人居,如入兰芷之室,久而不闻其香,则与之化矣。与恶人居,如入鲍鱼之肆,久而不闻其臭,亦与之化矣。故曰丹之所藏者赤,乌之所藏者黑。君子慎所藏。"(《说苑·杂言》)

孔子说:"不了解一个人,就看他所结交的朋友;不了解一个君王,就看他所任用的人。"又说:"与仁善的人相处,就像进入了有兰花白芷的房间,时间一长就闻不到香味了,这是因为与其同化了。与邪恶的人相处,就像进入了卖盐渍鱼的商铺,时间一长就闻不到臭味儿了,也是因为与其同化了。因此,人们都说埋藏朱砂的地方显露红色,埋藏煤炭的地方显露黑色。君子应该谨慎对待自己所处的环境。"

第三节　此短彼长与认识应对

应该承认,人的能力在此或在彼,有大有小,但有的人却认识不到这个问题,常会以偏概全。例如:

一、以长讽短,反唇相讥

例如:

> (1)梁相死,惠子欲之梁。渡河而遽,堕水中,船人救之。船人曰:"子欲何之而遽也?"曰:"梁无相,吾欲往相之。"船人曰:"子居船楫之间而困,无我则子死矣。子何能相梁乎?"惠子曰:"子居船楫之间,则吾不如子;至于安国家、全社稷,子之比我,蒙蒙如未视之狗耳。"(《说苑·杂言》)

梁国的国相死了,惠子要去梁国。渡河时由于仓促落入水中,船夫救了他。船夫问:"去哪儿呀,这么着急?"惠子说:"梁国没有国相了,我要去当。"船夫说:"你连乘船都会出危险,没有我你就淹死了。你怎么能当梁国的国相呢?"惠子答道:"在船上,我确实不如你;但在安定国家、保全社稷方面,你跟我相比,就像刚出生还没睁开眼睛的小狗一样。"

船夫以己之长讽人之短,招致了惠子的反唇相讥。

二、物有短长,厚不用兵

世间万物各有其短处和长处。例如:

> (2)甘戊使于齐,渡大河。船人曰:"河水间耳,君不能自渡,能

为王者之说乎?"甘戊曰:"不然,汝不知也。物各有短长。谨愿敦厚,可事主,不施用兵;骐骥骥骚骊,足及千里,置之宫室,使之捕鼠,曾不如小狸;干将为利,名闻天下,匠以治木,不如斤斧。今持楫而上下随流,吾不如子;说千乘之君、万乘之主,子亦不如戊矣。"(《说苑·杂言》)

甘茂出使齐国,渡黄河时遇到船夫说:"河水才这么宽都不能自己渡过去,先生怎么能完成君王交代的游说任务呢?"甘茂说:"不是这样的,你不知道啊。事物各有短处和长处。诚实敦厚的人,能事奉君王,却不能施计用兵;把千里马放在屋子里,让它去捉老鼠,还不如小猫;天下闻名的干将宝剑,用来做木工活,还不如斧子。现在你使用船桨往返于河水中,我确实不如你;但是游说大小国家的君王,你就不如我了。"

同上例一样,此例也是利用对比借喻说明道理,但甘茂以忠厚老实人能事奉君王而不能用兵来证明事物各有短处和长处,没有贬低船夫,让人听后心服口服。

三、君子贤人,异道同仁

修养不同、追求不同的人,理解问题也会有所不同。例如:

(3)淳于髡谓孟子曰:"先名实者,为人者也;后名实者,自为者也。夫子在三卿之中,名实未加上下而去之,仁者固如此乎?"孟子曰:"居下位不以贤事不肖者,伯夷也;五就汤五就桀者,伊尹也;不恶污君,不辞小官者,柳下惠也。三子者不同道,其趣一也。一者何也?仁也。君子亦仁而已,何必同?"

曰:"鲁穆公之时,公仪子为政,子思、子庚为臣,鲁之削也滋甚。若是乎,贤者之无益于国也。"曰:"虞不用百里奚而亡,秦穆公用之而霸。故不用贤则亡,削何可得也?"

曰:"昔者王豹处于淇,而河西善讴;绵驹处于高唐,而齐右善歌;华舟、杞梁之妻善哭其夫,而变国俗。有诸内必形于外。为其事,无其功,髡未睹也。是故无贤者也,有则髡必识之矣。"曰:"孔子为鲁司寇而不用,从祭膰肉不至,不脱冕而行。其不善者以为为肉也,其善者以为为礼也。乃孔子欲以微罪行,不欲为苟去。故君子之所为,众人固不得识也。"(《说苑·杂言》)

淳于髡问孟子:"看重声誉、功业的人,是为了经世济民;轻视声誉、功业的人,是为了独善其身。先生贵为齐国三卿之一,但在声誉和功业还没达到上惠君王、下济百姓的情况下却要离开,难道仁德的人本该如此吗?"孟子回答:"地位低下时,不以自己的贤人之身而去事奉不肖之人,有伯夷;五次为汤的臣下,五次又去做桀的臣下,有伊尹;不厌弃昏庸的君王,不拒绝卑微的职位,有柳下惠。这三人走的道路虽不相同,但志趣是一致的。这里的一致是指什么呢? 这就是仁。君子只要仁爱就行了,行为何必相同呢?"淳于髡责怪孟子辞官离去的做法不符合仁者的要求。对此,孟子没有就自己的离去进行说明和解释,而是旁征博引,借助三个同样心怀仁爱但做法完全不同的人来证明仁爱不是只有一种表现,而离去也可以是一种仁爱。这就既证明了自己的做法并不违背仁者行为,也避免了自夸之嫌。

接着,淳于髡说:"鲁穆公的时候,公仪休主持国政,子思、子庚都是辅臣,但鲁国的衰落却更严重了。照这样看来,贤人对国家没什么用处。"孟子说:"虞国不用百里奚,灭亡了;秦穆公用了百里奚,称霸了。可见,不用贤人就会灭亡,想要失去一点土地而不亡国怎么能做得到呢?"淳于髡通过举例否定了贤人的作用。就问题本身来说,淳于髡的观点还真不太容易反驳,毕竟鲁国的削弱是事实。然而,孟子通过百里奚的迥异遭遇,迂回证明如果鲁国不用贤人,可能就要灭亡了,而不仅仅是实力衰弱的问题。

淳于髡又说:"昔日王豹住在淇地,河西地区的人就善于唱歌;绵驹居于高唐,齐国西部的人也喜欢歌唱。华舟、杞梁的妻子很能哀哭她们的丈夫,使得国家的习俗发生了改变。内心存在的东西一定会表现出来。做了事而不会产生什么效果,我还没有见过。可见没有什么贤人,如果有的话我一定会知道。"孟子说:"孔子做鲁国的司寇时不受重用,他陪着国君去郊祭,而祭祀所用的肉却没有送到,于是没有履行辞官程序就离开了。不理解的人以为孔子这样做是为了祭肉,理解的人知道孔子这样做是为了礼仪。这说明孔子想以犯下小过而离开,不想做平白无故离去的苟且之事。因此,君子的所作所为,普通人当然难以理解。"

淳于髡是著名的辩士,提问刁钻,善于诡辩。而孟子举孔子的例子予以反驳,同时伏有潜台词:君子不是小人所能理解的。

第四节　明智言行与君子之道

一、智者长寿,反之非命

例如:

> (1)鲁哀公问于孔子曰:"有智者寿乎?"孔子曰:"然。人有三
> 死而非命也者,人自取之。夫寝处不时,饮食不节,佚劳过度者,疾
> 共杀之;居下位而上忓其君,嗜欲无厌,而求不止者,刑共杀之;少
> 以犯众,弱以侮强,忿怒不量力者,兵共杀之。此三死者非命也,人
> 自取之。"《诗》云:"人而无仪,不死何为?"此之谓也。(《说苑·杂
> 言》)

鲁哀公问孔子:"有智慧的人长寿吗?"孔子回答:"当然。人有三种死于非命的情况是人自己找的。不按时睡觉休息,不节制饮食,享乐与劳累过度的人,会染上各种疾病而死;身处下位却忤逆居于上位的君王,欲壑难填的人,会被刑罚处死;以少数冒犯多数,处于弱势却侮辱处于强势者,发起怒来自不量力的人,会被武器杀死。这三种死法都不是意外灾祸所致,而是人自己找的。"《诗经》说:"人若没有礼仪的约束,不死还能干吗?"说的就是这个意思。

这是通过回答无知的人三种非正常的死法,来表明有智慧的人不会做这些傻事,而是尊重客观规律,懂得自制,不任性妄为,所以会得享长寿。

二、身约智广，折肱成医

例如：

> （2）孔子遭难陈、蔡之境，绝粮。弟子皆有饥色。孔子歌两柱之间，子路入见曰："夫子之歌礼乎？"孔子不应，曲终而曰："由，君子好乐为无骄也，小人好乐为无慑也。其谁知之子不我知而从我者乎？"子路不悦，援干而舞，三终而出。及至七日，孔子修乐不休。子路愠见曰："夫子之修乐时乎？"孔子不应，乐终而曰："由，昔者，齐桓公霸心生于莒，勾践霸心生于会稽，晋文公霸心生于骊氏。故居不幽则思不远，身不约则智不广。庸知而不遇之？"于是兴，明日免于厄。子贡执辔曰："二三子从夫子而遇此难也，其不可忘已。"孔子曰："恶，是何言也？语不云乎：三折肱而成良医。夫陈、蔡之间，丘之幸也。二三子从丘者，皆幸人也。吾闻人君不困不成王，列士不困不成行。昔者，汤困于吕，文王困于羑里，秦穆公困于殽，齐桓困于长勺，勾践困于会稽，晋文困于骊氏。夫困之为道，从寒之及暖，暖之及寒也。唯贤者独知，而难言之也。"《易》曰："困，亨，贞，大人吉，无咎。有言不信。"圣人所与人难言，信也。（《说苑·杂言》）

孔子和弟子们在陈、蔡两国境内遭遇了断粮危机，弟子们都显露出了饥饿的表情。孔子在厅堂的柱子间唱歌，子路进去见到孔子，问："先生现在唱歌合乎礼的要求吗？"孔子没有回答，唱完歌曲后才说："仲由，君子爱好音乐是为了去掉傲气，小人爱好音乐是为了消除恐惧。谁知道你不理解我，还要跟随我。"子路不高兴了，拿起盾牌跳舞，跳完三遍乐曲才退出。连续七天，孔子练习音乐不停。子路带着怒气去问孔子："先生，现在是适合练习音乐的时候吗？"孔子不回答，还是等到音乐终止后才说："仲由，从前齐桓公在莒这个地方产生了称霸的念头，越王勾践在会稽产生了称霸的念头，晋文公因骊姬的谋害而产生了称霸的念头。因此，人不处于困境就不能思虑长远，自身不受约束就不会智慧广博。怎么知道就不会遇到时机呢?"说完站起身来,第二天大家就摆脱了困境。子贡挽着缰绳说:"我们几个人跟着先生遭遇的这场磨难,不可忘记。"孔子说:"嗨,这是什么话? 古语不是说了吗? 多次折断手臂就会成为良医。这次受困于陈、蔡是我的幸运。你们几个跟着我,也都是幸运的人。我听说人君不受困厄就不能成就王业,刚直的人不受困厄就不能成就品行。从前商汤在吕地被困,周文王在羑里被困,秦穆公在崤山被困,齐桓公在长勺被困,勾践在会稽被困,晋文公被骊姬所困。这困厄作为一条规律,犹如从寒到暖,又从暖到寒。只有贤者自己知道,但却难以言说。"《周易》说:"经历困厄能够亨通,正直高尚的人大吉,没有灾祸。处于困境之中时所说的话,别人不会相信。"圣人有些话也难以与人说,确实如此啊。

三、言要则知,行要则仁

孔子告诫学生,实话实说就是明智,有一分热发一分光就是仁义。例如:

> (3)子路盛服而见孔子,孔子曰:"由,是裮裮者何也? 昔者江水出于岷山,其始也,大足以滥觞。及至江之津也,不方舟,不避风,不可渡也。非唯下流众川之多乎? 今若衣服甚盛,颜色充盈,天下谁肯加若者哉?"子路趋而出,改服而入,盖自如也。孔子曰:"由,记之,吾语若:贲于言者,华也;奋于行者,伐也;夫色智而有能者,小人也。故君子知之为知之,不知为不知,言之要也。能之为能之,不能为不能,行之要也。言要则知,行要则仁。既知且仁,夫有何加矣哉?"《诗》云:"汤降不迟,圣敬日跻。"此之谓也。(《说苑·杂言》)

子路穿着盛装美服去见孔子,孔子说:"仲由,这样衣袂飘动地招摇是为了什么? 往昔长江发源于岷山,开始的水流只能浮起酒杯。等到了下游的渡口,江水大得不把船并起来,不避风是不能渡过去的。这还不是因为下游汇聚了众多的河流吗? 现在你衣着华美,颜色如此鲜艳,天下的人谁还肯对你有所增益呢?"子路赶紧出去换了衣服再进来,显得很是自在。孔子说:"仲由,记住! 我告诉你:在言语上矫饰的,是浮华;在行为上炫耀的,是自夸;在脸上显露出有智慧有能力的样子,是小人。因此,君子知道什么就是知道什么,不知道就是不知道,这是言谈的要领。会做什么就是会做什么,不会做就是不会做,这是行动的要领。言谈符合要领就是明智,行动符合要领就是仁爱。既明智又仁爱,那还有什么可增益的呢?"《诗经》说:"商汤尊贤下士不懈怠,圣明恭敬的德行日益提升。"说的就是这个意思。

这是在告诫人们要实事求是而不浮夸,谦虚使人进步。

四、勇而好同,智而好谋

例如:

> (4)孔子曰:"巧而好度必工,勇而好同必胜,知而好谋必成。愚者反是。夫处重擅宠,专事妒贤,愚者之情也,志骄傲而轻旧怨。是以位尊则必危,任重则必崩,擅宠则必辱。"(《说苑·杂言》)

孔子说:"灵巧且善于计算的人,制作东西一定精致;勇敢又能团结大家的人,一定能获得胜利;有智慧、善谋略的人,一定能取得成功。愚蠢的人则相反。身居要位独受宠信,独断专行嫉贤妒能,这是蠢人的本性,他们内心骄傲而又不在乎过去的仇怨。这样看来地位尊贵一定有危险,身负重任一定会崩溃,独受宠信一定会受辱。"

智愚对比,成败已定。再如:

> (5)道吾问之夫子:"多所知,无所知,其身孰善者乎?"对曰:"无知者死人属也,虽不死,累人者必众甚矣。然多所知者,好其用心也。多所知者出于利人即善矣,出于害人即不善也。"道吾曰:"善哉!"(《说苑·杂言》)

道吾请教孔子"多所知"与"无所知"对于自身来说哪个更好。孔子回答:"无知的人就像死人一样,即使不死,也一定会拖累很多人。然而,知识多的人喜欢使用心计,如果出于利人目的就是好的,出于害人目的就是不好的。"道吾说:"讲得好!"

五、言不遗忧,行不遗患

例如:

> (6)孔子曰:"终日言,不遗己之忧;终日行,不遗己之患。唯智者有之。故恐惧所以除患也,恭敬所以越难也。终身为之。一言败之,可不慎乎?"(《说苑·杂言》)

孔子说:"整天言说而不给自己留下隐忧,整天做事却不给自己留下隐患,只有智者才能做到。这是因为心怀恐惧可以消除祸患,对人恭敬可以避开灾难。一生追求的一句话就可以败坏掉,怎么能不谨慎呢?"

六、君子之道,博学深识

例如:

> (7)子路问孔子曰:"君子亦有忧乎?"孔子曰:"无也。君子之修其行,未得,则乐其意;既已得,又乐其知。是以有终身之乐,无一日之忧。小人则不然,其未之得,则忧不得;既已得之,又恐失之。是以有终身之忧,无一日之乐。"(《说苑·杂言》)

子路问孔子:"君子也有忧愁吗?"孔子回答:"没有。君子自我修炼德行,未得到功名时,会为自己的努力和追求而感到快乐;得到了,又会为自己的聪明才智得以发挥而感到快乐。因此,君子有终生快乐,没有一天忧愁。小人就不是这样,没有得到功名时,会为自己不能得到而犯愁;得到了,又会为自己可能失去而害怕。因此,小人有终生忧愁,没有一天快乐。"

(8)孔子见荣启期,衣鹿皮裘,鼓瑟而歌。孔子问曰:"先生何乐也?"对曰:"吾乐甚多。天生万物,唯人为贵,吾既已得为人,是一乐也;人以男为贵,吾既已得为男,是二乐也;人生有不免襁褓者,吾年已九十五,是三乐也。夫贫者,士之常也;死者,民之终也。处常待终,当何忧乎?"(《说苑·杂言》)

孔子去看望荣启期,见他穿着鹿皮袍子,正在弹瑟唱歌,就问他为什么这么高兴。荣启期回答:"我高兴的事有很多。上天创造万物,只有人是最珍贵的,我已经生而为人,这是第一件高兴的事;人以男子最为宝贵,我已经是男子了,这是第二件高兴的事;有的人很小的时候就夭折了,我已经活了九十五岁,这是第三件高兴的事。贫穷,是士人的常态;死亡,是人们的归宿。处于常态之中而等待归宿,还有什么可忧愁的呢?"

荣启期是一位智者,对人生的认识符合规律。他的这段话虽因当时社会认知条件的局限而反映出了男尊女卑的观念,但在今天仍然具有一定的启发性意义。再如:

(9)曾子曰:"吾闻夫子之三言,未之能行也。夫子见人之一善,而忘其百非,是夫子之易事也。夫子见人有善,若己有之,是夫子之不争也。闻善必躬亲行之,然后道之,是夫子之能劳也。夫子之能劳也,夫子之不争也,夫子之易事也,吾学夫子之三言而未能行。"(《说苑·杂言》)

曾子说:"我记得先生说过三句教诲我的话,而我还没有做到。先生看见别人的一个优点,就会忘掉他的很多缺点,这说明先生很容易相处。先生看见别人做了好事,就犹如自己做了一样,这说明先生不与人相争。听到好的想法一定要去亲自实践,然后再引导别人,这说明先生吃苦耐劳。先生的吃苦耐劳,先生的不与人相争,先生的容易相处,我学习先生的这三点都没有做到。"

(10)孔子曰:"回,若有君子之道四:强于行己,弱于受谏,怵于待禄,慎于持身。"(《说苑·杂言》)

孔子说:"颜回,你有君子的四种德行:严格要求自己的行为,谦逊接受别人的劝诫,惧怕接受官禄,慎重对待立身处世。"

(11)仲尼曰:"史鰌有君子之道三:不仕而敬上,不祀而敬鬼,直能曲于人。"(《说苑·杂言》)

孔子说:"史鰌有君子的三种德行:不做官而能尊敬上级,不祭祀而能敬奉鬼神,正直而能忍让别人。"

孔子的这番话体现了对立统一思想。看起来,直和曲是矛盾、对立的,但它们是一体的两面,有时能够相互转化。

七、君子修身,才遇须时

例如:

(12)孔子困于陈、蔡之间,居环堵之内,席三经之席,七日不食,藜羹不糁,弟子皆有饥色。读《诗》《书》,治《礼》不休。子路进谏曰:"凡人为善者,天报以福;为不善者,天报以祸。今先生积德行,为善久矣,意者尚有遗行乎?奚居之隐也?"孔子曰:"由,来!汝不知,坐,吾语汝。子以夫知者为无不知乎,则王子比干何为剖心而死?以谏者为必听耶,伍子胥何为抉目于吴东门?子以廉者为必用乎,伯夷、叔齐何为饿死于首阳山之下?子以忠者为必用乎,则鲍庄何为而肉枯?荆公子高终身不显,鲍焦抱木而立枯,介子推登山焚死?故夫君子博学深谋,不遇时者众矣,岂独丘哉?贤、不肖者,才也;为、不为者,人也;遇、不遇者,时也;死、生者,命也。有其才不遇其时,虽才不用。苟遇其时,何难之有?故舜耕历山,而陶于河畔,立为天子,则其遇尧也。傅说负壤土,释板筑,而佐天子,则其遇武丁也。伊尹,有莘氏媵臣也,负鼎俎,调五味,而佐天子,则其遇成汤也。吕望行年五十,卖食于棘津,行年七十,屠牛朝歌,行年九十,为天子师,则其遇文王也。管夷吾束缚胶目,居槛车中,自车中起为仲父,则其遇齐桓公也。百里奚自卖取五羊皮,伯氏牧羊,以为卿大夫,则其遇秦穆公也。沈尹名闻天下,以为令尹,而让孙叔敖,则其遇楚庄王也。伍子胥前多功,后戮死,非其智益衰也,前遇阖庐,后遇夫差也。夫骥厄罢盐车,非无骥状也,夫世莫能知也。使骥得王良、造父,骥无千里之足乎?芝兰生深林,非为无人而不香。故学者非为通也,为穷而不困也,忧而志不衰也,先知祸福之始而心不惑也。圣人之深念,独知独见。舜亦贤圣矣,南面治天下,唯其遇尧也。使舜居桀纣之世,能自免刑戮固可也,又何官得治乎?夫桀杀关龙逢,而纣杀王子比干,当是时,岂关龙逢无知而比干无惠哉?此桀纣无道之世然也。故君子疾学,修身端行,以须其时也。"(《说苑·杂言》)

孔子与学生受困于陈、蔡两国之间,住在四面都是土墙的斗室之内,以经典为座席,七天没吃粮食,野菜汤里没有米粒,学生们都面露饥饿的表情。然而,孔子仍然阅读《诗》《书》,研究《礼》不停。子路进谏说:"凡是做了好事的人,上天都会以福回报;做了坏事的人,上天都会以祸回报。现在先生积德行善很久了,想来还有什么行为上的过失吧?否则为什么总是处于困境之中呢?"孔子说:"仲由,来!你没有搞清楚,坐下,我告诉你。你以为智者无所不知吗?那样的话王子比干为什么会被剖心而死?你以为劝谏者的话一定会被采纳吗?那样的话伍子胥的眼睛为什么会被挖出来挂在吴国都城东门上?你以为廉明的人一定会受到任用吗?那样的话伯夷、叔齐为什么会饿死在首阳山下?你以为忠诚的人一定会受到任用吗?那样的话鲍庄为什么会肉枯?为什么楚国公子高终身不能显达,鲍焦抱着树枯槁身亡,介子推登山自焚而死?可见,博学深谋但却不遇时机的君子太多了,不只是我孔丘啊!贤或不肖,是才能决定的;做或不做,是人决定的;遇或不遇,是时机决定的;死或生,是命运决定的。有才能而不遇时机,即使有才能也没有用。如果遇到时机,那还有什么难的!舜曾在历山耕作,在河畔烧制陶器,后来被立为天子,是因为遇到了尧。傅说曾经背土筑墙,后来成为辅佐天子的大臣,是因为遇到了武丁。伊尹原来是有莘氏陪嫁的奴隶,带着鼎锅菜板当厨师,调味做菜,后来能够辅佐天子,是因为遇到了成汤。

吕望五十岁时在棘津卖食物，七十岁时在朝歌杀牛，九十岁时成为天子的老师，是因为遇到了周文王。管仲被绑起来并蒙上眼睛，关在囚车中，然后从车中被举荐为仲父，是因为遇到了齐桓公。百里奚出售自身换取五张羊皮，为伯氏牧羊，后被任用为卿大夫，是因为遇到了秦穆公。沈尹名闻天下，已经官拜令尹，后来却让位给孙叔敖，是因为他们都遇到了楚庄王。伍子胥立过很多功劳，后被杀死，不是因为他的智慧日益衰退，而是因为他先前遇到的是阖庐，后来却遇到了夫差。千里马拉盐车时受困，不是因为它没有良马的样子，而是因为世人没能识别它，倘若它遇到王良、造父，难道还会没有日行千里的脚力吗？芝草兰花生长在深林中，不会因无人欣赏而不散发幽香。因此，君子求学不是为了通达，而是为了在逆境中不被困住，在忧患中不丧失意志，预见祸福而内心不迷惑。圣人往往深思熟虑，能够独知独见别人不能知道和见到的。舜也是贤者圣人，能够成为天子而治理天下，是因为遇到了尧。假如舜遇上桀纣统治的乱世，能使自己免受刑戮就很不错了，又怎么能成为天子而治理天下呢？桀杀了关龙逢，纣杀了王子比干，难道当时关龙逢没有智慧，比干生性愚蠢吗？这是桀纣昏庸无道的时代造成的。因此，君子应该努力学习，加强自身修养，端正品行，等待适当的时机。"

八、急断意使，以为乱源

例如：

（13）孔子曰："鞭扑之子，不从父之教；刑戮之民，不从君之政。言疾之难行。故君子不急断，不意使，以为乱源。"（《说苑·杂言》）

孔子说："挨过鞭打的孩子，不会听从父亲的教训；受刑戮的百姓，不会遵从君王的政令。这是说凡事操之过急往往很难行得通。因此，君子不仓促做决断，不随意役使别人，避免造成祸乱的根源。"

九、君子须谨,小人须防

例如:

> (14)孔子曰:"船非水不可行,水入船中则其没也,故曰君子不可不严也,小人不可不闲也。"(《说苑·杂言》)

孔子说:"船不在水中就不能行进,但是水进入船中船就会沉没,所以说君子不可不严谨,小人不可不提防。"

第五节　进退屈伸与仁义忠信

一、仁义免俗,礼乐罢甲

例如:

> (1)孔子之宋,匡简子将杀阳虎,孔子似之,甲士以围孔子之舍。子路怒,奋戟将下斗。孔子止之,曰:"何仁义之不免俗也？夫《诗》《书》之不习,《礼》《乐》之不修也,是丘之过也。若似阳虎,则非丘之罪也。命也夫！由歌,予和汝。"子路歌,孔子和之,三终而甲罢。(《说苑·杂言》)

孔子去宋国,匡人简子要杀阳虎,由于孔子长得很像阳虎,所以穿戴盔甲的士兵包围了孔子住的房舍。子路大怒,奋身拿起长戟要下去与他们拼斗。孔子阻止了他,说:"为什么仁义的人不能免俗啊？不学习《诗》《书》,不研究《礼》《乐》,是我的过错。至于样貌像阳虎,就不是我的罪过了。听天由命吧！仲由唱歌,我来和你。"于是子路唱起歌来,孔子应和,唱了三遍后甲兵退去。

孔子以礼乐化解了甲兵之围,仁义之举不落俗套。

二、贤圣见疑,谄谀常兴

例如:

(2)楚昭王召孔子,将使执政,而封以书社七百里。子西谓楚王曰:"王之臣用兵有如子路者乎? 使诸侯有如宰予者乎? 长官五官有如子贡者乎? 昔文王处丰,武王处镐,丰镐之间,百乘之地,伐上杀主,立为天子,世皆曰圣王。今以孔子之贤,而有书社七百里之地,而三子佐之,非楚之利也。"楚王遂止。夫善恶之难分也,圣人独见疑,而况于贤者乎? 是以圣贤罕合,谄谀常兴也。故有千岁之乱,而无百岁之治。孔子之见疑,岂不痛哉! (《说苑·杂言》)

楚昭王召见孔子,意欲让他执掌国政,并许以书社封地七百里。子西对昭王说:"大王的臣子中用兵有能赶得上子路的吗? 出使诸侯有能赶得上宰予的吗? 统领百官有能赶得上子贡的吗? 从前周文王在丰京,武王在镐京,两地之间的土地只能供养百乘兵车所需的物资,但却攻伐主上并杀死了纣王,然后自立为天子,被世人称为'圣王'。现在以孔子的贤能,又有书社封地七百里,再加上三个弟子的辅佐,恐怕对楚国不利呀。"楚昭王于是打消了这个念头。善恶真是难以分辨哪,就连圣人都会被怀疑,何况贤人呢? 这样看来圣君与贤臣能够遇合是非常罕见的,而谄媚阿谀的人和事却长盛不衰呀。因此,有千年的动荡乱世,而没有百年的太平盛世。孔子都会受到质疑,这难道不是很令人痛心的事吗?

三、信敏勇庄,反屈怯同

孔子认为信、敏、勇、庄是优秀的品行,但还需以反、屈、怯、同来平衡与弥补,看待问题的态度是辩证的。例如:

（3）子夏问仲尼曰："颜渊之为人也,何若?"曰："回之信,贤于丘也。"曰："子贡之为人也,何若?"曰："赐之敏,贤于丘也。"曰："子路之为人也,何若?"曰："由之勇,贤于丘也。"曰："子张之为人也,何若?"曰："师之庄,贤于丘也。"于是子夏避席而问曰："然则四子者何为事先生?"曰："坐,吾语汝。回能信,而不能反;赐能敏,而不能屈;由能勇,而不能怯;师能庄,而不能同。兼此四子者,丘不为也。"夫所谓至圣之士,必见进退之利、屈伸之用者也。（《说苑·杂言》）

子夏问孔子："颜渊的为人怎么样?"孔子回答："颜回为人守诚信,这一点比我强啊。"问:"子贡为人怎么样?"孔子回答："端木赐为人很机敏,这一点比我强啊。"问:"子路为人怎么样?"孔子回答："仲由为人很勇敢,这一点比我强啊。"问:"子张为人怎么样?"孔子回答："颛孙师为人很庄重,这一点比我强啊。"于是子夏起身离座,问道:"可是这四人为什么要跟从先生学习呢?"孔子说:"坐下吧,我告诉你。颜回诚信却不会转弯儿,端木赐机敏却受不得委屈,仲由勇敢却不知退却,颛孙师庄重却不合群儿。兼有这四人的优点,我还是不能满足啊。"所谓最圣明的人,一定要能预见到进与退哪个更有利,屈与伸哪个更有效用啊。

孔子一直辩证地看待问题,认为正面的也不是绝对好,过犹不及;反面的也不是绝对坏,物极必反。凡事不能一条道走到黑。

四、大者之旁，无所不容

例如：

（4）东郭子惠问于子贡曰："夫子之门,何其杂也?"子贡曰："夫隐括之旁多枉木,良医之门多疾人,砥砺之旁多顽钝。夫子修道以俟天下,来者不止,是以杂也。"《诗》云："菀彼柳斯,鸣蜩嘒嘒。有漼者渊,莞苇淠淠。"言大者之旁无所不容。（《说苑·杂言》）

东郭子惠问子贡:"孔子的门生为什么那么杂呀?"子贡说:"矫正竹木的工具旁边多是弯曲的竹木,良医的门里多是病人,磨刀石旁边多是钝刃。先生研究学问等待天下的人,因为来者不拒,所以门生庞杂。"《诗经》说:"郁郁葱葱的柳树上,蝉在嘶鸣;水很深的池塘边,芦苇成片。"说的就是容量大的事物没有什么不能接纳。

拥有宏大仁爱胸怀的孔子对学生有教无类,或许这就是人们所说的海纳百川。

五、见贤思齐,不贤自省

例如:

> (5)昔者南瑕子过程本子,本子为烹鲵鱼。南瑕子曰:"吾闻君
> 子不食鲵鱼。"程太子曰:"乃君子否,子何事焉?"南瑕子曰:"吾闻
> 君子上比,所以广德也;下比,所以狭行也。比于善,自进之阶也;
> 比于恶,自退之原也。《诗》云:'高山仰止,景行行止。'吾岂敢以自
> 为君子哉?志向之而已。"孔子曰:"见贤思齐焉,见不贤而内自
> 省。"(《说苑·杂言》)

昔日南瑕子去见程本子,程本子为他烹制鲵鱼。南瑕子说:"我听说君子不吃鲵鱼。"程本子说:"只是君子不赞成吃,你又何必跟着学呢?"南瑕子说:"我听说君子往上比,会德行宽厚;往下比,会品行狭隘。与善的比,是使自己上进的阶梯;与恶的比,是自己落后的根源。《诗经》说:'高山使人敬仰,大路使人直行。'我哪里敢自以为是君子呀?只是立志向君子学习而已。"孔子说:"见到品行好的人就要和他一样,见到品行不好的人就自我反省。"

六、水尚忠信,义久身亲

例如:

（6）孔子观于吕梁，悬水四十仞，环流九十里，鱼鳖不能过，鼋鼍不敢居。有一丈夫方将涉之。孔子使人并崖而止之曰："此悬水四十仞，圜流九十里，鱼鳖不敢过，鼋鼍不敢居，意者难可济也？"丈夫不以错意，遂渡而出。孔子问："子巧乎？且有道术乎？所以能入而出者何也？"丈夫对曰："始吾入，先以忠信；吾之出也，又从以忠信。忠信错吾躯于波流，而吾不敢用私。吾所以能入而复出也。"孔子谓弟子曰："水而尚可以忠信义久而身亲之，况于人乎？"（《说苑·杂言》）

孔子观赏吕梁洪，见瀑布高悬达四十仞，流水环绕有九十里，鱼鳖不能游过去，大鳖和鳄鱼也不敢停留。有一个男子正要涉水过去。孔子让人靠着悬崖边制止他说："这瀑布有四十仞高，流水环绕有九十里，鱼鳖不能游过去，大鳖和鳄鱼也不敢停留，想来是很难涉水过去的？"男子毫不在意，径直就渡过去了。孔子问他："你有什么巧妙的方法吗？或者会道术吗？能在水中出入的原因是什么？"男子说："我开始进水时，是依靠忠信；我出水时，还是凭借忠信。忠信把我的身体放入洪波急流之中，而我又不敢怀有私心，所以能够入而复出。"孔子对弟子说："水尚且可以凭借忠信正义长时间地去亲近，何况人呢？"

对谁忠、对谁信这里没说，可想而知一定是不容辜负的。君子就是这样，为人赤胆忠心、一诺千金，胆豪气壮，难道还会怕水吗？

第六节　察物知人与为人事君

一、岸渊知患，观海知风

例如：

（1）孔子曰："不观于高岸，何以知颠坠之患？不临于深渊，何以知没溺之患？不观于海上，何以知风波之患？失之者其不在此

乎？士慎三者,无累于人。"(《说苑·杂言》)

孔子说:"不站在高处往下看,怎么能知道头朝下坠落的祸患? 不临近深渊,怎么能知道落水沉溺的祸患? 不在海上观望,怎么能知道风浪的祸患? 造成过失的原因不就在于此吗? 士人只要谨慎对待这三种情况,就不会连累别人了。"

二、推其长者,违其短者

例如:

> (2)孔子将行,无盖。弟子曰:"子夏有盖,可以行。"孔子曰:"商之为人也,甚短于财。吾闻与人交者,推其长者,违其短者,故能久长矣。"(《说苑·杂言》)

孔子将要外出,车上没有伞盖。有弟子说:"子夏的车有伞盖,可以出行。"孔子说:"卜商为人非常吝惜财物。我听说与人交往,要推崇人家的长处,避免触碰人家的短处,这样相处才能长久啊。"

谚语说得好,"打人不打脸,骂人不揭短",避人之短,于人于己都有好处。

三、己之所欲,施之于人

例如:

> (3)孔子曰:"夫富而能富人者,欲贫而不可得也。贵而能贵人者,欲贱而不可得也。达而能达人者,欲穷而不可得也。"(《说苑·杂言》)

孔子说:"自己富了也能使别人富的,想要贫穷都不可能啊。自己尊贵了也能使别人尊贵的,想要卑贱都不可能啊。自己显达了也能使别人显达的,想要困厄都不可能啊。"

四、不同君为,巧妙答对

例如:

> (4)齐景公问晏子曰:"寡人自以坐地,二三子皆坐地,吾子独
> 褰草而坐之,何也?"晏子对曰:"婴闻之,唯丧与狱坐于地。今不敢
> 以丧狱之事侍于君矣。"(《说苑·杂言》)

齐景公问晏子:"我自己坐在地上后,这几个人都坐在了地上,就你一个人拔些草来并坐在上面,为什么?"晏子回答:"听说人们只有在办理丧事的时候以及犯了罪的人,才会坐在地上。现在我可不敢用办丧事和服刑的规矩来侍奉君王啊。"

晏子是齐景公最为器重的大臣。景公不太讲究礼仪,行事比较随便,晏子认为不妥。但是,晏子并没有直接指出景公这样做不好,而是抓住回答景公问题的时机巧妙地予以劝谏,可谓是一举两得。

五、贞敬举贤,忠敏修礼

例如:

> (5)齐高廷问于孔子曰:"廷不旷山,不直地,衣蓑提,执精气,
> 以问事君之道,愿夫子告之。"孔子曰:"贞以干之,敬以辅之,待人
> 无倦。见君子则举之,见小人则退之。去尔恶心,而忠与之。敏其
> 行,修其礼,千里之外,亲如兄弟。若行不敏,礼不合,对门不通
> 矣。"(《说苑·杂言》)

齐国人高廷向孔子请教,说:"我不怕有大山阻隔,也不怕路途曲折遥远,穿着厚厚的蓑衣,满怀诚意地前来请教事奉君子的道理,愿先生告诉我。"孔子说:

"公正地处理事情,恭敬地辅佐君王,对待别人不会厌倦。发现君子就要推荐,发现小人就要斥退。去掉不好的念头,忠实地与人相处。做事勤勉,研修礼仪,这样即使是远隔千里的人也会亲如兄弟。如果做事不勤勉,行事不合礼仪,哪怕是住在对门也不能心意相通。"

第七节　重言轻财与非人弗听

毋庸置疑,言语能够发挥重要的作用,但是自己的话要说给什么人听、别人的话自己应该怎么听等也是不容小觑的问题。

一、忠诚守信,合于礼仪

例如:

(1)子路将行,辞于仲尼,曰:"敢问新交取亲若何? 言寡可行若何? 长为善士而无犯若何?"仲尼曰:"新交取亲,其忠乎? 言寡可行,其信乎? 长为善士而无犯,其礼乎?"(《说苑·杂言》)

子路将要出行,去向孔子告别,问道:"请问新结交朋友或者找亲近的人怎么样? 话说得少但可行的人怎么样? 长时间做好人也没有什么冒犯的怎么样?"孔子说:"新结交的朋友或者找的亲近的人,他忠诚吗? 话说得少但可行的人,他守信吗? 长时间做好人也没有什么冒犯的,他合于礼仪吗?"
可见,孔子更为看重的是朋友的忠诚、守信和讲礼仪。

二、赠人以财,不若以言

例如:

(2)曾子从孔子于齐,齐景公以下卿礼聘曾子,曾子固辞,将行,晏子送之,曰:"吾闻君子赠人以财,不若以言。今夫兰本三年,湛之以鹿醢,既成,则易以匹马。非兰本美也,愿子详其所湛,既得所湛,亦求所湛。吾闻君子居必择处,游必择士。居必择处,所以求士也;游必择士,所以修道也。吾闻反常移性者,欲也,故不可不慎也。"(《说苑·杂言》)

曾子跟随孔子来到齐国,齐景公用下卿的礼仪聘用曾子,曾子很坚决地推辞了。将要离开时,晏子来送行,对曾子说:"我听说君子认为以财物赠人不如用言语赠人。一棵三年的兰草根,如果用鹿肉酱浸泡腌制,完成就能换一匹马。其实这不是因为兰草根很美,希望你能清楚它是用什么浸泡腌制的,知道了它是用什么浸泡腌制的之后,还要寻求知道它是怎么浸泡腌制的。

"我听说君子居住一定要选择地方,交游一定要选择贤士。选择地方居住,正是为了寻求贤士;选择贤士交往,则是为了研修正道。我听说违反常理、改变本性的根源是贪欲,所以不能不慎重对待呀。"

晏子赠言上段,借兰草根比喻人才,并且运用的是讽喻。鹿肉酱喻人才所处的环境,浸泡腌制喻培养过程。一个人之所以成为人才,并不仅仅因为他本身优秀,更是因为良好环境对他的熏陶和培养。所以,要知道需要什么样的培养环境,怎么培养。

晏子赠言下段运用的则是暗喻。人才是怎么培养的? 答案是就像浸泡腌制兰草根一样。具体而言,要选择地方居住,要选择贤士交往。选择地方不是看房子大小、风景优劣,而是看周围是否居住着贤士。为什么呢? 因为与贤士交往可以增强自己的道德修养,克制自己的贪欲。

三、度量要明,善言须听

例如:

（3）孔子曰:"中人之情,有余则侈,不足则俭;无禁则淫,无度则失,纵欲则败。饮食有量,衣服有节,宫室有度,畜聚有数,车器有限,以防乱之源也。故夫度量不可不明也,善教不可不听也。"

（《说苑·杂言》）

孔子说："一般人的常见情况是有余钱就会奢侈,用度不足就会节俭;没有禁令就会放纵,没有限制就会过度,放纵欲望就会败亡。饮食应有定量,衣服应有节制,居室应有标准,积存聚敛应有定数,车辆器物应有限度,这是为了杜绝产生祸乱的根源。因此,用量和限度不可以不明确,避恶向善的教诲不可以不听取。"

四、富贵爱人,众言不逆

例如:

(4)孔子曰:"以富贵为人下者,何人不与? 以富贵敬爱人者,何人不亲? 众言不逆,可谓知言矣。言而众向之,可谓知时矣。"

（《说苑·杂言》）

孔子说:"有着富贵的身份却能甘居人下的人,谁不愿意同他结交? 有着富贵的身份却能敬爱别人的人,谁不愿意同他亲近? 对众人的言论不违逆,可以认为是懂得如何言说了。自己的言论能获众人响应,可以认为是审时度势了。"

五、不肖自贤,愚者自多

例如:

(5)越石父曰:"不肖人自贤也,愚者自多也,佞人者皆莫相其心。口以出之,又谓人勿言也。譬之犹渴而穿井,临难而后铸兵,虽疾从而不及也。"（《说苑·杂言》）

越石父说:不肖的人往往会说自己贤良,愚蠢的人大多自以为是,奸佞的人谁都无法琢磨出他的心思。已经说出的话却又告诉别人不要再说,这就犹如渴了才要挖井,面临危难才想起铸造兵器,即使再加快行动也来不及呀。

至此,我们可以大体了解《说苑》"杂言"章的言谈内容。

"言说成败的总论与分论"这一部分内容主要是关于言说的思想和理论支撑。其中,总论一方面指明言语的主体是君子、智者,有的时候两者是一致的。要达到言谈目的,就必须了解或者掌握言谈内容的主旨,而要掌握言谈内容的主旨,就要有深厚的修养、智慧的头脑,能够分辨是非曲直,看清形势,知道进退。另一方面,指出贤人君子的明智在于明白盛衰时势,清楚成败端倪,审察治乱头绪,了解人情世故,知道去就的条件。此外,还明确反对愚忠,认为即使困窘也不要受聘行将灭亡国家的官位,就算贫穷也不要接受昏君的俸禄。分论则借助比喻、对比等修辞手法阐明作为贤人君子在能力、品德等方面的要求。君子是仁者,也是智者,智者就是聪明的人,而"聪明形则仁爱著,廉耻分矣。故非其道而行之,虽劳不至;非其有而求之,虽强不得。智者不为非其事"。分论的内容很具体也很深刻,认为凡事不能因小失大,并且指出决策不能违背大多数百姓的要求,这表明当时的智者已经认识到了群众的力量。

"语境机遇与会话含义"这一部分内容清楚表明,汉代之前的学者已经注意到了话语会受到语境的影响,而语境意义又可对会话含义产生影响,其中身份地位与环境条件的影响尤其不容忽视。伍子胥的遭遇证明,即使是贤人君子,不逢明主也难以发挥作用,甚至不能保全自身。此外,孔子等贤人君子家里的孩子知情达理,不会怒而骂人,也很能说明问题。

"此短彼长与认识应对"这一部分内容充分体现了对人的能力及不足的辩证认识。所举例子不但很好地诠释了"金无足赤,人无完人"的道理,而且认为不能只盯着别人的短处而不看长处。同时,也告诉人们在指出别人的短处之前,要先肯定其长处,还要循循善诱、以理服人。

"明智言行与君子之道"这一部分内容纳入了"杂言"章最多的对话例子,不但树立了活生生的具体可感的君子形象,还体现了言谈的丰富性、多彩性,不但有君子成功的范例,还有关于君子失败受困的原因、机遇等问题的说辩,其中不乏构思巧妙的对答。例如,在回答智者是否长寿的问题时,孔子先是给予肯定答复,然后并不是正面解释智者为什么长寿,而是举了不长寿的人死于非命的例子,从而反证了智者长寿。再如,孔子在困境中通过言传身教进行的现场挫折教育,说服力极强。他举了很多处于磨难之中的贤人君子发愤图强的例子,并由此得出"人君不困不成王,列士不困不成行""居不幽则思不远,身不约则智不广""君子疾学,修身端行,以须其时也"等结论。为增强说服力,孔子还使用俗语"三折肱而成良医"来说明遭难虽是坏事但也未尝不是好事,因为这会使人增加智慧和增强拼搏向上的精神。关于君子之道,孔子认为君子要"强于行己,弱于受谏,怵于待禄,慎于持身",并且"不遗己之忧""不遗己之患",如此才能"有终身之乐,无一日之忧"。

"进退屈伸与仁义忠信"这一部分内容主要是从不同角度进行的对话,旨在说明即使是仁义忠信的人,也要知道进退屈伸。一个角度是通过孔子与弟子在困境中的一段对话,表明仁义是可以免俗的。孔子是这样说的,也是这样做的,他用音乐使包围的甲士退兵,就是言行一致的体现。此外,在楚昭王那里"孔子之见疑"的例子,表明反仁义的人对谁都会怀疑,也可见诋毁的语言破坏力之大。另一个角度是通过回答子夏的问题,表明孔子是辩证看待问题的。孔子告诉学生,信、敏、勇、庄是优秀的品行,但是还需以反、屈、怯、同来平衡与弥补。所谓至圣之人,一定是能够做到"见进退之利、屈伸之用"的人。

"察物知人与为人事君"这一部分内容,在"察物知人"方面,主要为观察人和事物的表现及其可能导致的情况或结果之后的评论。例如,孔子通过观于高岸知颠坠之患,临于深渊知没溺之患,观于海上知风波之患,借喻统治者没有注意到存在隐患的地方是导致危机发生的原因,进而指出只要能够做到"慎三者,无累于人"。在"为人"方面,主要是孔子说的"夫富而能富人者,欲贫而不可得也。贵而能贵人者,欲贱而不可得也。达而能达人者,欲穷而不可得也"。这种"己之所欲,施之于人"的观点,不仅与孔子所提倡的"己所不欲,勿施于人"是相互对应的,而且认识超前,"先富带动后富"思想说不定就来源于此。在"事君"方面,主要为孔子的答话:"贞以干之,敬以辅之,待人无倦。见君子则举之,见小人则退之。去尔恶心,而忠与之。敏其行,修其礼,千里之外,亲如兄弟。若行不敏,礼不合,对门不通矣"。

"重言轻财与非人弗听"这一部分内容体现了言语的重要作用,但也强调了话要说给什么人听、别人的话应该怎么听等问题。比如,在回答子路提出的关于结交朋友的问题时,孔子都附加了条件:"新交取亲,其忠乎? 言寡可行,其信乎? 长为善士而无犯,其礼乎?"再如,晏子对曾子说的"赠人以财,不若以言"的例子,借兰草根喻人才、鹿肉酱喻人才所处的环境、浸泡腌制喻培养过程,不仅突显了言语的重要性、可贵性和实用性,还体现了表达上的艺术性。又如,孔子不仅认为"善教不可不听",还指出"众言不逆,可谓知言矣。言而众向之,可谓知时矣"。与此同时,孔子也强调"非其人而语之,弗听","非其人,如聚聋而鼓之",这是告诫人们有话要送给知人,有饭要送给饥人。此外,还有不可听信的内容,如越石父所说,"不肖人自贤也,愚者自多也,佞人者皆莫相其心。口以出之,又谓人勿言也"。

总之,《说苑》"杂言"章涉及的言谈内容是比较全面的,但用一句话概括就是:重要的话,要听、要说;有些话,不听、不说。

第九章 《说苑》的表达艺术

这里所说的表达艺术,是指一般修辞手法中不包括的引人入胜的语言表现特点,并且主要为介于文章学与语言学之间的表达特点,包括铺排列举、借古讽今、事理逻辑、借口传音、旁敲侧击、言此意彼、欲扬先抑、欲抑先扬、铺陈烘托、多层统喻等。

第一节 旁征博引:列举史事,以古鉴今

列举史事,以古鉴今,是《说苑》最为突出的表达特点。从修辞方面讲,这就是所谓的"引用证明",或者叫作"多重引证",看似平淡无奇,但有两点非常值得重视和借鉴:一是旁征博引,丰富多彩,说服力强;二是注重实践经验,以史为证,可信性强。

一、不遇明主,贤才无用

邹子通过列举大量史实,给梁王讲解如果"不遇明君圣主",即使是贤才也不得重用的道理:

（1）邹子说梁王①曰："伊尹，故有莘氏之媵臣也，汤立以为三公，天下之治太平。管仲，故成阴之狗盗也，天下之庸夫也，齐桓公得之，以为仲父。百里奚乞食于路，传卖五羊之皮，秦穆公委之以政。宁戚，故将车人也，叩辕行歌于康之衢，桓公任以国。司马喜髌脚于宋，而卒相中山。范雎折胁拉齿于魏，而后为应侯。太公望，故老妇之出夫也，朝歌之屠佐也，棘津迎客之舍人也，年七十而相周，九十而封齐。故《诗》曰：'绵绵之葛，在于旷野。良工得之，以为絺绤。良工不得，枯死于野。'此七士者，不遇明君圣主，几行乞丐，枯死于中野，譬犹绵绵之葛矣。"（《说苑·尊贤》）

邹阳进言梁孝王刘武，一口气列出伊尹、管仲、百里奚、宁戚、司马喜、范雎、太公望这七个历史名人，用以证明贤士遇到明君圣主的重要性。伊尹曾是有莘氏陪嫁的奴隶；管仲曾经是成阳的小偷，一个庸人匹夫；百里奚曾经是乞丐，并将自己以五张羊皮的价钱卖出；宁戚曾经赶车的人；司马喜被砍掉了双脚；范雎被折断肋骨，拔掉牙齿；太公望被赶出门，做过屠夫的帮手和仆役。后来，伊尹被商汤立为三公之一；管仲被齐桓公尊为仲父；百里奚被秦穆公托付国政；宁戚被齐桓公委以国事；司马喜最终做了中山国的国相；范雎在秦国被封为应侯；太公望七十岁时辅佐周文王，九十岁时被封于齐国。这些人都成为安天下、定社稷之臣。

随后，邹阳又引《诗经》为证："连绵不断的葛藤，生长在荒郊旷野，被优秀的工匠得到，可以织成葛布麻布；没被优秀的工匠得到，就会枯死在荒郊旷野。"这是在事实论证的基础上，又进行了比喻论证。而这七位贤士，如果不是遇到明君圣主，就会沦落为乞丐，像那连绵不断的葛藤枯死在荒野中。

这实际上是在证明治理国家贤人固然重要，但明君更重要，也就是人们所熟知的"千里马常有，而伯乐不常有"。

---

① 前文所说的梁王指的是战国时期魏国（梁国）的国君，这里的梁王不同，是指西汉的梁孝王刘武。

二、得贤昌盛，失贤危亡

列举史事，证明国家"得贤者昌，失贤者亡"：

（2）禹以夏王，桀以夏亡。汤以殷王，纣以殷亡。阖庐以吴战胜，无敌于天下，而夫差以见禽于越。文公以晋国霸，而厉公以见弑于匠丽之宫。威王以齐强于天下，而湣王以弑死于庙梁。穆公以秦显名尊号，而二世以劫于望夷。其所以君王者同，而功迹不等者，所任异也。是故成王处襁褓而朝诸侯，周公用事也；赵武灵王年五十而饿于沙丘，任李兑故也。桓公得管仲，九合诸侯，一匡天下；失管仲，任竖刁、易牙，而死不葬，为天下笑。一人之身，荣辱俱施焉，在所任也。故魏有公子无忌，削地复得；赵任蔺相如，秦兵不敢出；鄢陵任唐雎，国独特立；楚有申包胥，而昭王反位；齐有田单，襄王得国。由此观之，国无贤佐俊士，而能以成功立名、安危继绝者，未尝有也。故国不务大，而务得民心；佐不务多，而务得贤俊。得民心者民往之，有贤佐者士归之。文王请除炮烙之刑，而殷民从；汤去张网者之三面，而夏民从；越王不隳旧冢，而吴人服；以其所为之顺于民心也。故声同，则处异而相应；德合，则未见而相亲；贤者立于本朝，则天下之豪相率而趋之矣。何以知其然也？曰：管仲，桓公之贼也，鲍叔以为贤于己而进之桓公，七十言而说乃听，遂使桓公除报仇之心，而委国政焉。桓公垂拱无事而朝诸侯，鲍叔之力也。管仲之所以能北走桓公，无自危之心者，同声于鲍叔也。纣杀王子比干，箕子被发而佯狂；陈灵公杀泄冶，而邓元去陈。自是之后，殷兼于周，陈亡于楚，以其杀比干、泄冶，而失箕子与邓元也。燕昭王得郭隗，而邹衍、乐毅以齐、赵至，苏子、屈景以周、楚至，于是举兵而攻齐，栖闵王于莒。燕校地计众，非与齐钧也，然所以能信意至于此者，由得士也。故无常安之国，无恒治之民，得贤者则安昌，失之者则危亡。自古及今，未有不然者也。明镜所以照形也，往古所以知今也。夫知恶往古之所以危亡，而不务袭迹于其所以安昌,则未有异乎却走而求逮前人也。太公知之,故举微子之后,而封比干之墓。夫圣人之于死尚如是其厚也,况当世而生存者乎? 则其弗失可识矣! (《说苑·尊贤》)

禹依靠夏朝成就了王业,桀却因夏朝而自取灭亡。汤凭借殷朝建立王业,纣却因殷朝而自取灭亡。阖庐因吴国军事强大而天下无敌,夫差却因此而被越王擒获。晋文公依靠晋国建立了霸业,晋厉公却因此而被臣下杀死在匠丽家中。齐威王凭借齐国称强于天下,齐湣王却因此而被吊死在祖庙的梁上。秦穆公依靠秦国而名号显赫,秦二世却因此而被杀死在望夷宫。这些人同样都是君王,但功业和事迹却不一样,因为他们所重用的人不同。因此,周成王在年幼时就能让诸侯前来朝拜,这是周公摄政的结果;赵武灵王五十岁的时候饿死在沙丘宫,是因为重用了李兑。齐桓公得到管仲,多次会盟诸侯,一举匡正天下;管仲去世后,任用竖刁、易牙,却身死不能入葬,被天下人讥笑。同样的一个人,既享受了荣耀也遭遇了耻辱,就是因为所任用的人不同啊。魏国因为有公子无忌,割让出去的土地才又被收复回来了;赵国因为任用了蔺相如,秦国军队才不敢出函谷关;鄢陵君因为任用了唐雎,国家才得以保全;楚国因为有申包胥,楚昭王才能返国复位;齐国因为有了田单,齐襄王才能当上国君。由此看来,国家没有贤臣的辅佐,而能够强大且树立美名、安邦定国的,从来都未曾有过。所以,国家不在大,在于得民心;辅佐的人不在多,在于得到贤才。得民心的人,百姓就会跟随他;有贤臣辅佐的人,士人就会归附他。周文王请求废除炮烙酷刑,殷商的百姓就顺从于他;汤网开三面,夏朝的民众就顺从于他;越王勾践不毁坏吴王的祖坟,吴国的百姓就归服于他。这是因为他们做的事顺了民心。所以意气相投的人,即使处在不同的地方也能互相感应;品性相同的人,即使从未见面也能心里亲近;如果有贤人在本朝,天下的豪杰就会相互跟着赶来。凭什么知道会是如此呢? 答道:管仲是齐桓公的敌人,鲍叔牙认为他比自己贤能于是举荐给齐桓公,而且进言七十多次才使齐桓公消除了报仇之心,并将国政托付给管仲。齐桓公垂衣拱手无所事事,却能使诸侯前来朝拜,正是因为鲍叔牙荐人的功劳。而管仲之所以敢在失败后投奔齐桓公,并且不必为自己的安危担心,正是因为与鲍叔牙意气相投。纣王杀死王子比干,箕子披头散发装疯;陈灵公杀死泄冶,邓元离开陈国。从此以后,殷商便被西周吞并,陈国便被楚国消灭,因为他们杀死了比干、泄冶,并失去了箕子与邓元。燕昭王因为得到郭隗,才使邹衍、乐毅从齐国、赵国来到燕国,苏秦、屈景从东周、楚国来到燕国,于是才能兴兵攻打齐国,并将齐闵王困在莒城。考虑到燕国的土地和人口,可知其不能与齐国相比,但是它却能够实现自己的愿望并达到这一步,就是由于得到了贤人。可见,没有始终安定的国家,也没有永远顺从的百姓,得到贤人的就会安定昌盛,失去贤人的就会危亡。从古至今,没有不是这样的。使用明镜能够照出事物的形状,借鉴史事能够察知当今的事。知道和厌弃古代君王陷于危亡的原因,而不去寻求他们使国家安定昌盛的原因,那就同一个人倒退着跑却想赶上前面的人没有什么区别了。姜太公明白这个道理,所以推举微子的后人立国,并为比干的坟墓封土旌表。圣人对于死去的贤人尚且如此厚待,何况当代活着的贤人呢? 至此,不能失去贤人的道理就可以明了了。

这实际上是在证明治理国家君王固然重要,但贤臣更重要。

三、实践对比,俭得奢失

通过系列实践对比,证明凡事"以俭得之,以奢失之":

(3)秦穆公问由余曰:"古者明王圣帝,得国失国,常何以也?"由余曰:"臣闻之,当以俭得之,以奢失之。"穆公曰:"愿闻奢俭之节。"由余曰:"臣闻尧有天下,饭于土簋,啜于土铏。其地南至交址,北至幽都,东西至日所出入,莫不宾服。尧释天下,舜受之。作为食器,斩木而裁之。销铜铁,修其刃,犹漆黑之以为器。诸侯侈,国之不服者十有三。舜释天下,而禹受之。作为祭器,漆其外而朱画其内。缯帛为茵褥,觞勺有彩,为饰弥侈。而国之不服者三十有二。夏后氏以没,殷周受之。作为大辂,而建九旒。食器雕琢,觞勺刻镂。四壁四帷,茵席雕文。此弥侈矣,而国之不服者五十有二。君好文章,而服者弥侈,故曰:俭其道也。"由余出,穆公召内史廖而告之,曰:"寡人闻邻国有圣人,敌国之忧也。今由余圣人也,寡人患之。吾将奈何?"(《说苑·反质》)

秦穆公问由余:"古时候圣明的君王,得到国家和失去国家一般是因为什么呢?"由余答道:"我听说,一般是因节俭而得国,因奢侈而失国。"移公说:"我想知道奢侈和节俭的界限。"于是,由余按照历史的先后顺序列举道:"我听说尧得到天下时,吃饭用土碗,喝汤用土锅。他的国土南到交趾,北至极远的边境,东西到达日出日落之地,没有不臣服的。尧禅让天下,舜继承以后,食具改用树木裁制而成,刀具用铜铁制作而成,还要漆成黑色才能使用。诸侯认为这样太奢侈了,不肯臣服的国家有十三个。舜禅让天下,禹继承以后,制作祭祀用的器具,不仅漆了外表,还要用朱红色描绘内壁;褥垫是用丝绸做的,酒器、杯勺都绘有彩饰。可见,禹比舜更加奢侈,因而不服从的国家有三十二个。夏朝灭亡后,商朝和周朝顺序取而代之,他们制作了用金玉装饰的大车,树立了天子专用的旌旗,而且餐具上精雕细琢,酒器杯勺上刻镂花纹,四面的墙壁挂上帷帐,坐垫卧席上也雕绘了纹彩。这就更加奢侈了,所以不臣服的国家有五十二个。君王如果喜好纹彩华丽的东西,则臣服的国家也会更加奢侈。所以说:节俭才是正道。"由余离开后,穆公召来内史廖并告诉他由余说的这些话,然后说道:"我听说邻国有圣人,是敌对国家的忧患。这个由余就是圣人,他让我很担心。我该怎么办?"

可见,由余说到秦穆公心里去了。穆公认为他说得正确而深刻,所以才产生了对于邻国有这样人才的担心。后来,穆公听了内史廖的计策,送歌伎、舞女给西戎国君,为由余请求延期回国。西戎国君得到歌伎、舞女后,终日摆酒宴、听音乐,整年也不迁徙,导致马牛羊冻死一半。由余回到西戎后连续进谏,而西戎国君不听,便离开西戎又去了秦国。秦穆公拜由余为上卿,向他了解西戎的军事与地理情况,然后发兵讨伐,兼并了西戎。对此,原文评论说:

> (4)穆公奢主,能听贤纳谏,故霸西戎。西戎淫于乐,诱于利,
> 以亡其国,由离质朴也。(《说苑·反质》)

秦穆公本来是个奢侈的君王,但由于能听从贤人的劝谏,所以称霸西戎。西戎国君沉溺在乐舞中,受小利诱惑,导致自己的国家灭亡,这由于背离了节俭质朴啊。

第二节　借口传音：人言物语，劝说论证

所谓借口传音，是指借他人之口甚至寓言中的动物之口来表达自己的观点，它可使表达更为生动，同时由于具有一定的客观性，也可避免直言不讳造成的负面影响。借口传音是《说苑》中常用的艺术手法，既在对话中使用也在评论中使用。

一、天下评价，自有公论

一段言论结束之后，常常借"天下人"之口进行评价。例如：

> （1）当舜之时，有苗氏不服。其所以不服者，大山在其南，殿山在其北，左洞庭之波，右彭蠡之川，用此险也，所以不服。禹欲伐之，舜不许，曰："谕教犹未竭也。"究谕教焉，而有苗氏请服。天下闻之，皆非禹之义，而归舜之德。（《说苑·君道》）

舜还在位的时候，有苗氏不肯归服。他们之所以不肯归服，是因为觉得自己的地方地势险要，易守难攻。禹想去讨伐有苗氏，被舜阻止了。舜说："宣示教化还没有竭尽全力。"后来正是由于详尽地宣示了教化，才有了有苗氏的归服。天下人知道了这件事，都指责禹的不义而归服舜的仁德。

这是对舜所说的"谕教犹未竭也"表达出来的仁爱思想及其发挥的作用和取得结果的赞许性评价。

二、借闻论证，可信性强

不同于有出处的一般的引用，有一类借口传音没有明确的来源，而是借用自己听说的话进行说理论证。也就是说，用于说理论证的话可以是俗言谚语，也可以是听说之言，还可以是自己认识和总结的道理。例如：

（2）殷太戊时有桑、榖生于庭，昏而生，比旦而拱，史请卜之汤庙，太戊从之。卜者曰："吾闻之，祥者福之先者也，见祥而为不善，则福不生；殃者祸之先者也，见殃而能为善，则祸不至。"于是乃早朝而晏退，问疾吊丧，三日而桑、榖自亡。（《说苑·君道》）

商朝太戊当政的时候，庭院中同时生长了桑树和榖树两种树木，而且长势惊人，超出了植物的正常生长速度，很是异常。见到此景，史官便请求到商朝的祖庙去占卜，太戊同意了。占卜的人说："我听说，吉祥之物是福佑的先兆，但若见到吉祥之物而不做好事，福佑就不会出现；害人之物是灾祸的先兆，但若看见害人之物却能做好事，灾祸也就不会降临了。"于是太戊勤于政事，关心百姓疾苦，吊唁死者。三天后，庭院中的桑树和榖树自己就枯死了。

古人认为，桑树和榖树共同生长在庭院内是不吉利的。但值得注意的是，古代的占卜者并不都是迷信的，有时他们也会通过占卜把自己的经验与认识告诉人们。此例中的这个占卜者体现出了一定的辩证意识：预兆毕竟只是预兆，并不等同于结果，结果还是要看人的行为。所以，好的预兆可以有坏的结果，而坏的预兆也可以有好的结果。

"我听说"，到底是听谁说的？答案可能是某个人，也可能不是，但无论是谁说的，都是经验的总结。类似这样借听闻的话来进行论证，往往要比"我认为"更有说服力。

三、借人言语，暗示要求

自己想要报答，但又不好直说，只好借别人的言语进行暗讽。例如：

（3）楚、魏会于晋阳，将以伐齐。齐王患之，使人召淳于髡曰："楚、魏谋欲伐齐，愿先生与寡人共忧之。"淳于髡大笑而不应。王复问之，又复大笑而不应，三问而三不应。王忿然作色曰："先生以寡人国为戏乎？"淳于髡对曰："臣不敢以王国为戏也，臣笑臣邻之祠田也。以奁饭与一鲋鱼。其祝曰：'下田洿邪，得谷百车，蟹堁者

宜禾。'臣笑其所以祠者少,而所求者多。"王曰:"善。"赐之千金,革车百乘,立为上卿。(《说苑·复恩》)

齐王担心楚国与魏国在晋阳会盟,将攻打齐国,于是召见淳于髡,希望他能为自己分忧出主意,淳于髡大笑而不回答。又问,他还是大笑不答,问了三次都不回答。齐王气得变了脸色,问道:"先生是拿我的国家当儿戏吗?"淳于髡回答:"不敢,我只是笑我的邻人向田地祈祷。他用一小盒饭和一条鲋鱼为供品,祷告道:'希望低洼湿地能打一百车粮食,高处干旱地有好的收成。'我笑他用来祈祷的供品太少,而所祈求的又太多。"齐王说:"好。"便赏赐给淳于髡千金钱财,兵车百乘,还封他为上卿。

淳于髡借邻人向田地祈祷一事,暗示齐王给的赏赐太少,从而既避免了直接索要有失颜面,也避免了被拒绝的尴尬。

第三节　旁敲侧击:迂回曲折,指桑骂槐

旁敲侧击、指桑骂槐是一种迂回的表达艺术,主要是指不直接言说自己的想法或不满,而是话中有话,从侧面对对方进行提醒或斥责。

一、假迷天子,暗责僭越

晏子使楚时就曾运用旁敲侧击、指桑骂槐之法反斥了楚王,此例也是如此:

(1)晏子使吴,吴王谓行人曰:"吾闻晏婴盖北方之辩于辞、习于礼者也。"命傧者:"客见,则称天子请见。"明日,晏子有事,行人曰:"天子请见。"晏子愀然者三,曰:"臣受命弊邑之君,将使于吴王之所,不佞而迷惑,入于天子之朝,敢问吴王恶乎存?"然后吴王曰:"夫差请见。"见以诸侯之礼。(《说苑·奉使》)

晏子出使吴国,吴王对掌管朝觐的官员说:"我听说晏子是北方善于辞辩、

熟习礼仪的人。"于是命令引见宾客的侍者:"有宾客求见,就宣称天子有请。"第二天,晏子有事求见吴王,掌管朝觐的官员说:"天子有请。"晏子再三显露出不满的神色,说:"我奉我国国君的命令,将要出使吴王所在之地,但我愚昧迷乱,竟然进入了天子的朝廷,请问吴王在什么地方?"见此情景,吴王只好说:"夫差有请先生。"于是,晏子按拜见诸侯的礼仪进见了吴王。

晏子通过旁敲侧击指责吴王僭越了天子名号,令吴王倍感尴尬。

二、以德为宝,轻表重质

质在内心,文在外表;君子重义,小人重利。例如:

> (2)经侯往适魏太子,左带羽玉具剑,右带环佩。左光照右,右光照左。坐有顷,太子不视也,又不问也。经侯曰:"魏国亦有宝乎?"太子曰:"有。"经侯曰:"其宝何如?"太子曰:"主信臣忠,百姓戴上,此魏之宝也。"经侯曰:"吾所问者,非是之谓也,乃问其器而已。"太子曰:"有徒师沼治魏,而市无豫贾;郄辛治阳,而道不拾遗;芒卯在朝,而四邻贤士无不相因而见。此三大夫,乃魏国之大宝。"于是经侯默然不应,左解玉具,右解环佩,委之坐,愆然而起,默然不谢,趋而出,上车驱去。魏太子使骑操剑、佩逐与经侯,使告经侯曰:"吾无德所宝,不能为珠玉所守。此寒不可衣,饥不可食,无为遗我贼。"于是经侯杜门不出,愧死。(《说苑·反质》)

经侯去拜访魏太子,左边带着玉饰佩剑,右边挂着玉环玉佩,左右宝玉的光彩互相映衬。不过坐了好一会儿,魏太子既不看他,也不问他。于是经侯问道:"魏国也有宝物吗?"太子说:"有。"经侯又问:"那宝物是什么样呢?"太子说:"君王诚信,臣子忠实,百姓拥戴君王,这就是魏国的宝物啊。"珠光宝气的经侯已经令人生厌了,下面的话就更加让人看不起了:"我所问的宝物并非您说的这些,而是器物。"太子只好又说道:"魏国有徒师沼治理,市场上就没人敢于虚报高价;郄辛治理阳邑,百姓能做到路不拾遗;芒卯在朝,四周邻国的贤士就没有不互相举荐引见的。这三位大夫就是魏国的大宝。"

至此，经侯才明白魏太子这是在责怪自己错认了宝物，不知道对于国家来说什么才是最珍贵的。于是默不作声，解下左边的玉饰剑和右边的玉环玉佩，丢弃在座位上，然后自愧自责地站起来默默离去。魏太子派人骑马带着玉剑、玉环玉佩追上去交还经侯，并让使者告诉他："我并不看重你的珠宝，这些东西冷不能当衣穿，饿不能当饭吃，不要给我留下祸害。"从此，经侯闭门不出，不久便惭愧而死。

第四节　言此意彼：不谏而劝，含蓄委婉

言此意彼，也是一种较为常用的表达方式，它是指表面看起来说的是此，而意思指向的却是其他方面。

一、言此意彼，以赞为劝

如果有些话不好直说，需要避讳，就得拐个弯儿，绕到别处，让人通过联想去领悟。例如：

> （1）文公见咎季，其庙傅于西墙，公曰："孰处而西？"对曰："君之老臣也。"公曰："西益而宅。"对曰："臣之忠，不如老臣之力，其墙坏而不筑。"公曰："何不筑？"对曰："一日不稼，百日不食。"公出而告之仆，仆顿首于轸曰："《吕刑》云：'一人有庆，兆民赖之。'君之明，群臣之福也。"乃令于国曰："毋淫宫室，以妨人宅。板筑以时，无夺农功。"（《说苑·建本》）

晋文公去见咎季，见他的家庙紧靠在西墙边，便问道："谁住在西边？"咎季回答："是国君的老臣。"文公说："往西扩大宅院。"这时咎季并没说自己扩不扩大宅院，而是说了不西扩的原因："我的忠君之行，不如老臣贡献大，他家的墙坏了都没有修筑。"文公好奇，问道："为什么不修筑呢？"咎季这才说出了核心内容："一天不种庄稼，一百天都没粮食吃。"意思是说，这是大臣们为百姓生计考

虑,不占用民工为自己修墙。然而文公没太明白,出门便把他们的对话告诉了仆从。仆从在车后叩头说:"《吕刑》上说:'天子有了善行,亿万臣民都依赖他。'君王英明,是群臣的福气。"

这个仆从更会说话,本来是大臣的善行,却转而赞颂起了君王。不过,晋文公终于还是想明白了,就回到国都下命令说:"不准滥修宫室,以免妨害百姓的住宅。即使修建也要定时,不能夺占农时。"

至此,咎季的愿望都实现了:从国君到臣民,不侵占别人的土地修建宅院,不妨碍农事。

二、钓鱼之道,用于理政

人家想去当官理政,却被告以钓鱼之道,这是什么意思呢? 例如:

> (2)宓子贱为单父宰,过于阳昼,曰:"子亦有以送仆乎?"阳昼曰:"吾少也贱,不知治民之术。有钓道二焉,请以送子。"子贱曰:"钓道奈何?"阳昼曰:"夫投纶错饵,迎而吸之者,阳桥也,其为鱼也,薄而不美。若存若亡,若食若不食者,鲂也,其为鱼也,博而厚味。"宓子贱曰:"善。"于是未至单父,冠盖迎之者交接于道。子贱曰:"车驱之,车驱之,夫阳昼之所谓'阳桥'者至矣。"于是至单父,请其耆老尊贤者,而与之共治单父。(《说苑·政理》)

宓子贱被任命为单父令,上任之前去拜访阳昼,问道:"您有什么建议送给我吗?"阳昼说:"我自幼贫贱,不懂得什么治民的方法,只有钓鱼的两个门道,就送给你吧。"子贱说:"钓鱼的门道,怎么讲?"阳昼说:"抛下钓丝、放出鱼饵后,迎上来就吞食鱼饵的,是阳桥鱼,这种鱼肉少且味道不鲜美。如果是像要来又要走、像要吃鱼饵又不吃的鱼,是鲂鱼,这种鱼肉肥厚且味道鲜美。"宓子贱说:"讲得好。"那么,宓子贱这是明白什么了吗?

在他还未到单父城的时候,大道上迎接他的官吏就已经络绎不绝了。见此情景,子贱说:"快赶车走,快赶车走,阳昼所说的'阳桥鱼'来了。"待到了单父后,他便请出那里德高望重的老者贤士,并与他们共同治理单父。

原来,见到鱼饵就上的"阳桥鱼"比喻的是阿谀奉承的官吏,而徘徊不前的"鲂鱼"比喻的则是德高望重的老者贤士。阳昼的意思是希望宓子贱"亲贤臣,远小人"。

第五节　抑扬顿挫:先抑后扬,先扬后抑

所谓抑扬顿挫,是指说话不平铺直叙,富于变化,以引起别人注意并留下深刻印象,主要包括先抑后扬和先扬后抑,简单说就是先批评再表扬或者先表扬再批评,也可以说成积极意义和消极意义的先后表达。

一、一语两解,先抑后扬

在表达积极意义之前,先说消极内容。例如:

> (1)陈成子谓鸱夷子皮曰:"何与常也?"对曰:"君死吾不死,君亡吾不亡。"陈成子曰:"然子何以与常?"对曰:"未死去死,未亡去亡,其有何死亡矣!"(《说苑·臣术》)

陈成子问鸱夷子皮:"你如何辅佐我呢?"鸱夷子皮回答说:"您死我不会殉死,您逃亡我不会跟着逃亡。"陈成子说:"那么,你要怎样辅佐我呢?"鸱夷子皮回答:"您未遭遇死难时帮助您消除死难,您未逃亡时帮助您避免逃亡,所以哪里会有什么死难与逃亡呢?"

这是从如何帮助君王消除死难、逃亡危险的角度而讲的。

二、知为不知,先抑后扬

在被人要求评价另一个人时,自己说不知道会有什么结果? 例如:

（2）赵简子问于成抟曰："吾闻夫羊殖①者贤大夫也，是行奚然？"对曰："臣抟不知也。"简子曰："吾闻之，子与友亲，子而不知，何也？"抟曰："其为人也数变。其十五年也，廉以不匿其过；其二十也，仁以喜义；其三十也，为晋中军尉，勇以喜仁；其年五十也，为边城将，远者复亲。今臣不见五年矣，恐其变，是以不敢知。"简子曰："果贤大夫也，每变益上矣。"（《说苑·善说》）

赵简子问成抟："我听说羊舌职是一个贤能的大夫，他的品行怎么样？"成抟回答："我不知道。"这样把话头压下来的做法，让简子疑惑不已，明明成抟与羊舌职很熟悉却推说不了解，怎么回事？于是，简子追问道："我听说你与他友好亲近，现在你说不了解他，这是为什么呢？"成抟回答："羊舌职的为人出现过多次变化。他十五岁时，品行端正，不掩盖自己的过失；他二十岁时，为人仁厚而崇尚道义；他三十岁时，做了晋国中军尉，作战勇敢而追求仁爱；他五十岁时，做了驻守边城的将领，使得远方的人又来亲附。如今我已有五年没见到他了，恐怕他又有变化，因此不敢说了解他。"简子说："羊舌职果真是一个贤能的大夫啊！每次都是变得越来越好。"

对于羊舌职，成抟知道得很多，但却没有直接说，这样做可能有三点考虑：一是为了实事求是。毕竟五年未见，不知羊舌职近况如何；二是降低赵简子的预期；三是可以顺理成章地把羊舌职从年少到年老的成长变化情况摆出来，让赵简子全面地了解他。可见，开始的时候，成抟说"不知道"是指不知道羊舌职又会有什么新的变化，这样反而取得了令人意想不到的效果。

三、欲抑先扬，间接进贤

如果先是告诉你有很多千里马，让你惊喜一番，然后又告诉你千里马都被你给赶跑了，你会怎么想？例如：

（3）蘧伯玉见楚王，使事毕，坐谈语，从容言至于士。楚王曰：

---

① 即羊舌职。

"何国最多士?"蘧伯玉曰:"楚最多士。"楚王大悦。蘧伯玉曰:"楚最多士,而楚不能用。"王造然曰:"是何言也?"蘧伯玉曰:"伍子胥生于楚,逃之吴,吴受而相之,发兵攻楚,堕平王之墓。伍子胥生于楚而吴善用之。釁蚠黄生于楚,走之晋,治七十二县,道不拾遗,民不妄得,城郭不闭,国无贼盗。蚠黄生于楚而晋善用之。今者臣之来,逢公子皙濮水之上,辞言:'上士可以托色,中士可以托辞,下士可以托财。三言者,固可得而托身耶?'又不知公子皙将何治也?"于是楚王发使一驷,副使二乘,追公子皙濮水之上。子皙还,重于楚,蘧伯玉之力也。故《诗》曰:"谁能烹鱼?溉之釜鬵;孰将西归,怀之好音?"此之谓也。物之相得,固微甚矣。(《说苑·善说》)

蘧伯玉先说楚国士人最多,这相当于表扬楚国,但是楚王没高兴多长时间,就听到了否定说法。蘧伯玉知道楚王很吃惊,并急切地想知道"楚最多士,而楚不能用"这话究竟是什么意思,便通过列举伍子胥、苗贲皇的例子,指出了人才出生在楚国而不能用于楚国,但去到他国却能发挥巨大的作用。这对于楚国来说已经不是一般的贬低,而是与其他国家形成强烈对比了。

接着,蘧伯玉又提到了一个楚国的人才——公子皙,暗示公子皙也要出走他国。这等于间接推荐了一个贤士,于是楚王赶紧派出使者驾车到濮水将公子皙追了回来。公子皙能够回到楚国并受到重用,全是蘧伯玉"欲抑先扬"表达艺术之功。

第六节　铺陈烘托:丰富多彩,手法多样

所谓铺陈烘托,主要是指通过摆事实、讲道理来引起别人的共鸣,是一种在写作中常用的表达手法,也为《说苑》中的论说、对话所经常使用。

一、不同对话,争相对比

连续排列出多个问答,每个问答中又有不同的陈辞,让对方通过对比进行

选择或者兼而采之。例如：

> (1)卫灵公问于史鳡曰："政孰为务？"对曰："大理为务。听狱不中，死者不可生也，断者不可属也，故曰：大理为务。"少焉，子路见公，公以史鳡言告之。子路曰："司马为务。两国有难，两军相当，司马执枹以行之。一斗不当，死者数万。以杀人为非也，此其为杀人亦众矣！故曰：司马为务。"少焉，子贡入见，公以二子言告之。子贡曰："不识哉！昔禹与有扈氏战，三陈而不服。禹于是修教一年，而有扈氏请服。故曰：'去民之所事，奚狱之所听？兵革之不陈，奚鼓之所鸣？'故曰：教为务也。"(《说苑·政理》)

卫灵公问史鳡："执行政务哪一个官职最为重要呢？"史鳡回答："刑狱官最重要。如果断案不公正，那么被处死的人不能复生，砍断的头也不能再接上，所以说刑狱官最重要。"不一会儿，子路前来谒见灵公，灵公把史鳡的话告诉了他。子路说："军政官最重要。两国交战，两军对垒，军政官擂鼓以行军令，只要有一次战斗指挥不当，就会死好几万人。如果认为杀人是错误的，那么战争会杀死更多的人。所以说军政官最重要。"不一会儿，子贡入宫拜见灵公，灵公把两人的话告诉了他。子贡说："真是没有见识呀！从前大禹同有扈氏交战，对战了三次，有扈氏仍不降服，于是大禹休战而施行教化一年，有扈氏便请求归服了。所以说：消除了百姓争斗的因素，哪来的狱案办理？不陈列武器盔甲，哪会有战鼓之声？所以说掌教化的官最重要。"

这些陈词的铺排层层深入，妙不可言。刑狱官重要，因为涉及公正断案，甚至决定人的生死。军政官也重要，因为可以决定军事上的胜败和更多人的生死。掌教化的官也重要，因为教化成功犯罪和战事就会减少，这样自然就会减少死人或者根本不会死人。可见，推行教化无疑是最全面和最重要的，而这也是铺排对比的结果。

二、王选三好，独不好士

此例是通过对比齐宣王与古人的爱好，来对宣王提出批评：

(2)齐宣王坐,淳于髡侍。宣王曰:"先生论寡人何好?"淳于髡曰:"古者所好四,而王所好三焉。"宣王曰:"古者所好,何与寡人所好?"淳于髡曰:"古者好马,王亦好马;古者好味,王亦好味;古者好色,王亦好色;古者好士,王独不好士。"宣王曰:"国无士耳,有则寡人亦说之矣。"淳于髡曰:"古者有骅骝骐骥,今无有,王选于众,王好马矣;古者有豹象之胎,今无有,王选于众,王好味矣;古者有毛嫱、西施,今无有,王选于众,王好色矣。王必将待尧、舜、禹、汤之士而后好,则尧、舜、禹、汤之士亦不好王矣。"宣王嘿然无以应。(《说苑·尊贤》)

齐宣王坐下,淳于髡陪坐。宣王问:"先生说说我爱好什么?"淳于髡说:"古人的爱好有四种,但大王的爱好有三种。"宣王问:"古人的爱好与我有什么不同吗?"淳于髡说:"古人喜好良马,大王也喜好良马;古人喜好美味,大王也喜好美味;古人喜好美色,大王也喜好美色;古人仰慕贤人,大王唯独不仰慕贤人。"宣王说:"这是因为国内没有贤士,如果有的话,我也会仰慕他们的。"淳于髡说:"古代有骅骝骐骥那样的千里马,如今没有,但大王还是从众多的良马中找出来了,所以说大王是喜好良马的;古代有用豹子、大象胎盘做成的美味,如今没有,但大王还是从众多的美味中找到了,所以说大王是喜好美味的;古代有美女毛嫱、西施,如今没有,但大王还是从众多的美女中挑选出来了,所以说大王是喜好美色的。倘若大王一定要等到像尧、舜、禹、汤时代那样的贤士出现才去仰慕他们,那么像尧、舜、禹、汤时代那样的贤士即使出现,也不会辅佐大王了。"宣王沉默不语,无言以对。

在这里,淳于髡先是指出古人的"四好"、宣王的"三好",而宣王唯独不仰慕贤士,虽然这不是直接的批评,但已有了批评的意味,因为仰慕贤士才是贤君应有的品质。听了宣王辩解后,淳于髡又进行了铺陈分析,认为宣王对"三好"是积极争取的,而对贤士则无动于衷,进而指出现在即使遇到像尧、舜、禹、汤时代那样的贤士,也不会来辅佐宣王,因为宣王并不仰慕他们。

三、周公戒慎，六守一道

亲身示范，说明礼贤下士的重要性。例如：

> （3）昔成王封周公，周公辞不受，乃封周公子伯禽于鲁。将辞
> 去，周公戒之曰："去矣，子其无以鲁国骄士矣！我，文王之子也，武
> 王之弟也，今王之叔父也，又相天子，吾于天下亦不轻矣。然尝一
> 沐而三握发，一食而三吐哺，犹恐失天下之士。"（《说苑·敬慎》）

从前周成王要分封周公，周公推辞不接受，于是就分封周公的儿子伯禽到
鲁国。伯禽动身之前来跟周公告辞，周公告诫他说："去吧，但是你一定不要凭
借鲁国国君的地位而傲慢地对待士人！我是文王的儿子，武王的弟弟，当今成
王的叔父，又辅佐天子，我的地位在天下来说也不算轻了。但是，我曾经在洗头
时几次握着头发接见客人，又在吃饭时几次吐出口中的食物去接见客人，即便
如此，还是恐怕失去天下的贤士。"

周公先是告诫儿子不要慢待士人，然后从自己说起，即使自己有如此尊贵
的身份、那么重要的地位，也怕因琐事耽误时间而失去贤才。

以听闻为依据，证明谦虚谨慎的必要性。例如：

> （4）吾闻之曰："德行广大而守以恭者荣，土地博裕而守以俭者
> 安，禄位尊盛而守以卑者贵，人众兵强而守以畏者胜，聪明睿智而
> 守以愚者益，博闻多记而守以浅者广。"此六守者，皆谦德也。夫贵
> 为天子，富有四海，不谦者，失天下亡其身，桀纣是也。可不慎乎？
> （《说苑·敬慎》）

我听说："道德品行宽广博大又能以恭谨来坚守的人，才会得到尊荣；土地
广阔富饶又能以节俭来坚守的人，才会得到安乐；俸禄多、爵位高又能以谦卑来
坚守的人，才会得到显贵；兵强马壮、武备精良又能以小心谨慎来坚守的人，才
会获得胜利；聪敏机智又能以大智若愚来坚守的人，才会获益良多；博闻强记又

能以自觉浅陋来坚守的人,才会见识广博。"这六项操守,都是谦虚的美德。贵为天子,富有四海,但若不谦虚的话,也将失去天下,毁灭自身,桀、纣就是这样的人。不谨慎能行吗?

此六项谦德,铺排陈述,大气磅礴,听来不由人不信。

引《周易》来证明谦卑之道的重要作用。例如:

> (5)故《易》曰:有一道,大足以守天下,中足以守国家,小足以守其身,谦之谓也。夫天道毁满而益谦,地道变满而流谦,鬼神害满而福谦,人道恶满而好谦。是以衣成则缺衽,宫成则缺隅,屋成而加错,示不成者,天道然也。(《说苑·敬慎》)

所以《周易》说:有一个行事之道,大者能守护天下,中者能守护国家,小者能守护自身,这就叫谦虚。上天的规律是损满溢而增不足,大地的规律是使满溢流向不足,鬼神也是祸害骄傲自满而福佑谦虚谨慎,人世的规律同样是厌恶骄傲自满而喜好谦虚谨慎。因此,衣服做成而缺一块,宫舍修成而缺一角,房屋修成而错落不齐,就是在暗示不圆满,因为天道的规律就是这样的。

这段话意在证明谦卑是客观规律,并不由人的主观好恶所决定。

第七节　妙语解读:辩证联系,全面深刻

一、隐语解读,言浅意深

古人喜欢说隐语、猜哑谜,这时听话人就要据其推出说话人想要表达的真实意图。例如:

> (1)常枞有疾,老子往问焉,曰:"先生疾甚矣,无遗教可以语诸弟子者乎?"常枞曰:"子虽不问,吾将语子。"常枞曰:"过故乡而下车,子知之乎?"老子曰:"过故乡而下车,非谓其不忘故耶?"常枞

曰："嘻！是已。"常枞曰："过乔木而趋,子知之乎?"老子曰："过乔木而趋,非谓其敬老耶?"常枞曰："嘻！是已。"张其口而示老子,曰："吾舌存乎?"老子曰："然!""吾齿存乎?"老子曰："亡!"常枞曰："子知之乎?"老子曰："夫舌之存也,岂非以其柔邪? 齿之亡也,岂非以其刚邪?"常枞曰："嘻！是已。天下之事已尽矣,何以复语子哉!"(《说苑·敬慎》)

常枞生病,老子前去问候,说："先生的病很严重了,没有什么教诲可以拿来告诉众弟子的吗?"常枞说："你就算不问,我也要告诉你。"接着说道："经过故乡要下车,你知道这个道理吗?"老子说："经过故乡要下车,不就是说应该不忘故土吗?"常枞说："啊！是的。"这是说要依恋故土,也是说不能忘本。

常枞接着又问："遇见高大的树木要小步快走,你知道这是为什么?"老子说："遇见高大的树木要小步快走,不就是说应该尊敬老人吗?"常枞说："啊,是的。"这是说要敬老尊贤。

最后常枞张开口让老子看,问道："我的舌头还在吗?"老子说："在。"又问："我的牙齿还在吗?"老子说："不在了。"常枞问："你知道这是怎么回事吗?"老子说："舌头的存在,难道不是因为它柔软吗? 牙齿掉没了,难道不是因为它坚硬吗?"常枞说："啊！是的。天下的事理已经尽在其中了,没有什么可以再告诉你的了。"这是说要辩证地看待刚硬与柔软,该柔软的时候要柔软,该刚硬的时候要刚硬。

老子根据常枞告诉他的隐语,推导出了行为、现象背后隐藏的做人的道理:不忘故土、尊敬长者、柔可胜刚。

二、辩证认识,尺短寸长

例如:

(2)杨朱见梁王,言治天下如运诸掌然。梁王曰："先生有一妻一妾不能治,三亩之园不能芸,言治天下如运诸掌,何以?"杨朱曰:"臣有之。君不见夫羊乎? 百羊而群,使五尺童子荷杖而随之,欲东而东,欲西而西。君且使尧牵一羊,舜荷杖而随之,则乱之始也。臣闻之,夫吞舟之鱼不游渊;鸿鹄高飞,不就污池;何则? 其志极远也。黄钟大吕,不可从繁奏之舞,何则? 其音疏也。将治大者不治小,成大功者不小苛,此之谓也。"(《说苑·政理》)

杨朱拜见梁王,说治理天下如同在手掌间来回运转一样。梁王说:"先生有一妻一妾都不能管好,三亩大的园子都不能把草锄好,凭什么说治理天下如同在手掌间来回运转呢?"杨朱回答:"我有根据。您没见过牧羊吗? 上百成群的羊,五尺高的孩子拿着木棍跟随它们,想要羊群往东就往东,想要羊群往西就往西。但是,如果您让尧牵着一只羊,而让舜拿着木棍跟随,那么混乱就开始了。我听说,能够吞得下舟的大鱼是不会在水潭中游弋的;鸿鹄高飞,是不会停在污浊的水池中的。这是为什么呢? 因为它们的志向极其高远。黄钟大吕,不能为节拍繁杂的乐舞伴奏,这是为什么呢? 因为它们的声音疏旷悠长。能办大事的人不必会办小事,成就大功的人从不苛求小节,说的就是这个道理呀。"

这段话辩证地说明了"尺有所短,寸有所长"。因此,对任何人都不能求全责备。能做好大事,但做不了小事,能做好小事,却做不了大事,都是正常的。怕的就是大事做不来、小事不愿做,如此必将一事无成。

第八节　喻比升华:手法灵活,丰富系统

《说苑》中运用了多种辞格,其中比喻尤为丰富,包括明喻、暗喻、借喻、博喻、讽喻、层喻等,主要用于说明道理、辨别是非,属于既能反映系统性认识又形象、生动的修辞手法。

一、博喻多比,层喻广深

博喻是指一个本体对应多个喻体,进行多方论证、对比,而层喻是指一个本体对应一个喻体,从不同侧面层层深入展开论证、说明。例如:

（1）子路曰："学亦有益乎？"孔子曰："夫人君无谏臣则失政，士无教友则失听。狂马不释其策，操弓不反于檠。木受绳则直，人受谏则圣。受学重问，孰不顺成？毁仁恶士，且近于刑。君子不可以不学。"子路曰："南山有竹，弗揉自直，斩而射之，通于犀革，又何学为乎？"孔子曰："括而羽之，镞而砥砺之，其入不益深乎？"子路拜曰："敬受教哉！"（《说苑·建本》）

子路问："学习有益处吗？"孔子回答："君王没有能够进谏的臣下，理政就会有缺失；士人没有能够获得教益的朋友，听闻就会闭塞。"然后，孔子接连用"狂奔的马不能离开马鞭的抽打，使用弓弩时不能离开校正器，木料需要墨线才能取直"三个喻体来比喻"人接受规劝才能圣明"，进而得出结论"接受教育、注重请教，哪有不能顺利成功的？而诋毁仁义，憎恶读书人，就与刑罚接近了。所以，君子不能不学习"。孔子先使用了博喻，即连续用三个不同的比喻说明学习对于人的必要性，即人只有遵守规矩、听取规劝，才能取得成功。

而子路也用比喻来反驳："南山有竹子，不用加工修正而自然挺直，砍伐下来做成箭射出去，能穿透犀牛皮，又为什么要学习呢？""南山有竹，弗揉自直，斩而射之，通于犀革"，比喻不用借助外力帮助，即不用学习也可以有成就。这里使用的是层喻：竹子喻人；不用加工修正喻学习；自然挺直喻人成才；砍伐下来做成箭射出去，能穿透犀牛皮喻人有成就。子路想要表达的意思是：人可以像竹子一样，一层一层地发展变化，直至获得使用，既然能够自然成才，为什么还要学习呢？

孔子并没有予以直接反驳，而是就此继续深入地比喻下去："如果在箭的尾部装上羽毛，再装上箭头并打磨尖锐，则它射入得不是更深吗？"这一层比喻是说：如果再加强学习、提升能力，使自己更加敏锐、聪明，那么不是会有更大的成就吗？

至此，师生两人就通过竹子的自然生长状态、形状品质到竹箭的简易制作，再到给竹箭加装箭羽、箭头并打磨这一系列过程，对人的学习、成长过程进行了多层次的比喻，形成了新的层喻。

听完孔子的话后，子路拜倒说道："恭敬地接受您的教诲！"

二、土地繁衍，层喻臣道

如果要以物喻人，经常是先拟人再比喻。例如：

> （2）子贡问孔子曰："赐为人下，而未知所以为人下之道也。"孔子曰："为人下者，其犹土乎！种之则五谷生焉，掘之则甘泉出焉，草木植焉，禽兽育焉，生人立焉，死人入焉，多其功而不言。为人下者，其犹土乎！"（《说苑·臣术》）

子贡问孔子："我作为人下之人，却不知道为人之下的道理是什么。"孔子说："为人之下的人，大概就像土地吧！"如果用完这个比喻就结束了，那么这还只是明喻，但是孔子继续说道："耕种土地会有五谷长出来，挖掘土地会有甘泉涌出来，草木在土地上面生长，禽兽在土地上面繁育，活着的人在土地上面立身，死了的人会被埋入土地，人们赞赏土地的功劳而它却默默无言。甘愿为人之下的人，大概就像土地吧！"孔子从属性、能力、作用、德行等层面深入比喻，也就是运用层喻来说明"为人下之道"，认识可谓是全面而深刻。

这样的教诲深入浅出、生动深刻，学生自然会受益匪浅。

三、仁义智勇察，贞化正度意

"仁义智勇察，贞化正度意"，是德行的十种具体表现，孔子在论述它们时也是先拟人再比喻，或者说比喻之中套用比拟。例如：

> （3）子贡问曰："君子见大水必观焉，何也？"孔子曰："夫水者，君子比德焉：遍予而无私，似德；所及者生，似仁；其流卑下，句倨皆循其理，似义；浅者流行，深者不测，似智；其赴百仞之谷不疑，似勇；绰弱而微达，似察；受恶不让，似贞；包蒙不清以入，鲜洁以出，似善化；主量必平，似正；盈不求概，似度；其万折必东，似意。是以君子见大水观焉尔也。"（《说苑·杂言》）

子贡问道:"君子看见大水一定要去观赏,这是为什么呢?"孔子的回答与"智者乐水"的认识基本一致,但却更加集中和明确。"水,君子用以比喻人的德行:普遍给予而不偏私,像德泽。"这两句是总论,是系统比喻的总纲。以下是分论,是系统比喻中的层喻:"所流之处就有生命,像仁爱;流向低处,曲直都遵循规矩,像正义;浅时流动,深时不可测度,像智慧;奔赴深谷而毫不迟疑,像勇敢;看似柔弱实则通达细微,像明察秋毫;遇到险恶而不退让,像正直;容纳不清而流出新鲜、洁净,像善于教化;装入器皿一定持平,像公正;满则溢而不用去除,像有节度;百回千折必向东流,像意志坚定。因此,君子看见大水一定要去观赏。"

这是以水的特性及各种表现喻人的道德情操及各种表现,可谓是完美地诠释了什么叫"上善若水"。其中,"予而无私""不疑""不让"是拟人手法,因此这一部分也可称为拟喻(套用)。可见,孔子的这一段答话也可以看成是比喻之中套用比拟。

可以说,分层比喻提升了比喻作为一般修辞手法的地位,但是因为笔者的研究尚不深入,所以在分析时也未能做到尽善尽美。值得强调的是,《说苑》中其他修辞手法的运用也毫不逊色,但是由于大多为人们所司空见惯,这里就不赘述了,而只分析较具特色的层喻,以飨读者。

综上,《说苑》的言语表达丰富多彩、各具特色,有些甚至令人拍案叫绝。本书对其言说表达艺术进行了举例式的解读分析,只能算是管中窥豹,但却希望引起广大读者的关注,以免埋没其珍贵的语用艺术价值。

余　论

　　《说苑》共有二十章,其中"正谏""善说""谈丛""杂言"四章以语言语用为主题,故本书对其展开了较为详细的分析。

　　就内容来说,"君道""臣术"两章是全书的核心,从总体上谈论了对于君臣的本职要求,所以本书也用较多的笔墨对"君道""臣术"两章进行了探究。其他各章是枝干,围绕君道、臣术涉及的具体问题进行了论述。其中,对应涉及国家治理的内政外交等主题,有"政理""至公""建本""奉使""指武"五章;对应人的德行修养等主题,有"立节""贵德""尊贤""复恩""敬慎"五章;对应人的认识、辨别能力等主题,有"权谋""辨物""修文""反质"四章。如此,就形成了总体与具体的关系。

　　"政理""至公""建本""奉使""指武"五章,谈论的都是内政外交等国家大事。"政理"章所谈的是治国理政的具体内容;"至公"章主要谈论了为人大公无私、圣明君主所作所为的示范意义;"建本"章的言说主旨为"本立而道生";"奉使"章谈论的是国家外交方面的理念、政策、原则、方法以及多样的语言表达技巧;"指武"章主要言说辩证的军事思想与方法,并指出了"好战必亡""忘战必危"。

　　"立节""贵德""尊贤""复恩""敬慎"五章,以人的德行修养为言说主题。"立节"章谈论的是人的气节操守,认为人应当坚守传统道德思想,不违背做人的原则;"贵德"章言说的基本都是道德思想方面的内容,并谈论了如何提高人的道德修养,其核心是"仁者爱人";"复恩"章认为君臣之间不应施恩图报,而应知恩图报,并指出了有恩不报隐伏的祸患;"尊贤"章言说的是人君要平治天下就必须尊贤下士,以及如何选贤、用贤、贵贤等问题;"敬慎"章的言说主旨是做人要谦恭而不骄狂,"修身正行,不可以不慎"。

"权谋""辨物""修文""反质"四章,言说的主要是人的认识以及辨别事物方面的问题。"权谋"章谈论了知命知事、权衡利弊时势、预知存亡祸福等内容;"辨物"章言说了涉及天文地理、动物植物,乃至灵异占卜等方面的内容;"修文"章的言说内容旨在推行教化、礼乐、文德等;"反质"章主要强调的是言说要返璞归真,避免奢靡,并谈论了文、质之间的关系。

除"正谏""善说""谈丛""杂言"四章外,其他各章的言说内容也大都符合"谈说之术",同样体现了"善说"的特点,有的甚至堪称经典。总的来看,这些章节在言说上有一个共同的特点,即无论言说的主题是什么,都力求既要说得对又要说得好。也就是说,内容要正确而深刻,表达要采取适当的方式方法,说到人的心坎里,让人心悦诚服地接受或认同,即符合"善说"的标准。内容要正确而深刻,体现在尊重"道"与"德"的不可替代作用以及遵循客观规律上;表达要采取适当的方式方法,体现在针对不同的语境、对象,或义正词严、旁征博引的说理论证,或诙谐幽默、抑扬顿挫的生动修辞,或借口传音、旁敲侧击的言此意彼上。

参考文献

[1]陈梦家.古文字中之商周祭祀[M].北平:燕京大学哈佛燕京学社,1936.

[2]杨树达.积微居小学金石论丛[M].上海:商务印书馆,1937.

[3]广东、广西、湖南、河南辞源修订组,商务印书馆编辑部.辞源[M].北京:商务印书馆,1979.

[4]刘向.说苑疏证[M].赵善诒,疏证.上海:华东师范大学出版社,1985.

[5]刘向.说苑校正[M].向宗鲁,校正.北京:中华书局,1987.

[6]许慎.说文解字注[M].2 版.段玉裁,注.上海:上海古籍出版社,1988.

[7]睡虎地秦墓竹简整理小组.睡虎地秦墓竹简[M].北京:文物出版社,1990.

[8]刘向.说苑全译[M].王锳,王天海,译注.贵阳:贵州人民出版社,1992.

[9]张玉金.甲骨文虚词词典[M].北京:中华书局,1994.

[10]于省吾.甲骨文字诂林[M].姚孝遂,按语编撰.北京:中华书局,1996.

[11]陈宗明.中国语用学思想[M].杭州:浙江教育出版社,1997.

[12]汉语大词典编辑委员会,汉语大词典编纂处.汉语大词典(上、中、下)[M].缩印本.上海:汉语大词典出版社,1997.

[13]荆门市博物馆.郭店楚墓竹简[M].北京:文物出版社,1998.

[14]王力.古代汉语(校订重排本):第1册[M].3 版.北京:中华书局,1999.

[15]谢明仁.刘向《说苑》研究[M].兰州:兰州大学出版社,2000.

[16]崔恒昇.简明甲骨文词典[M].2 版.合肥:安徽教育出版社,2001.

[17]徐复观.两汉思想史[M].上海:华东师范大学出版社,2001.

［18］郑张尚芳.上古音系［M］.上海:上海教育出版社,2003.

［19］王齐洲.中国文学观念论稿［M］武汉:湖北教育出版社,2003.

［20］徐坚,等.初学记:全2册［M］.2版.北京:中华书局,2004.

［21］马承源.上海博物馆藏战国楚竹书(一)［M］.上海:上海古籍出版社,2001.

［22］马承源.上海博物馆藏战国楚竹书(二)［M］.上海:上海古籍出版社,2002.

［23］马承源.上海博物馆藏战国楚竹书(三)［M］.上海:上海古籍出版社,2003.

［24］马承源.上海博物馆藏战国楚竹书(四)［M］.上海:上海古籍出版社,2004.

［25］马承源.上海博物馆藏战国楚竹书(五)［M］.上海:上海古籍出版社,2005.

［26］马承源.上海博物馆藏战国楚竹书(六)［M］.上海:上海古籍出版社,2007.

［27］马承源.上海博物馆藏战国楚竹书(七)［M］.上海:上海古籍出版社,2008.

［28］马承源.上海博物馆藏战国楚竹书(八)［M］.上海:上海古籍出版社,2011.

［29］马承源.上海博物馆藏战国楚竹书(九)［M］.上海:上海古籍出版社,2012.

［30］邱渊."言""语""论""说"与先秦论说文体［M］.昆明:云南人民出版社,2009.

［31］左传:全3册［M］.郭丹,程小青,李彬源,译注.北京:中华书局,2012.

［32］古代汉语词典［M］.2版.商务印书馆辞书研究中心,修订.北京:商务印书馆,2014.

［33］孔子家语.［M］.王国轩,王秀梅,译注.北京:中华书局,2016.

［34］刘向.宋本说苑:全5册［M］.影印本.北京:国家图书馆出版社,2017.

［35］刘向.说苑［M］.程翔,评注.北京:商务印书馆,2018.

［36］冯梦龙.东周列国志:精选插图版［M］.成都:天地出版社,2019.

［37］刘向.说苑:全2册［M］.王天海,杨秀岚,译注.北京:中华书局,2019.

［38］刘燕.从甲骨、简帛等上古文献看"兑""说""悦"的关系［M］//中国语言学会《中国语言学报》编委会.中国语言学报:第20期.北京:商务印书馆,2022:223-231.

［39］钟立名.先秦古籍"说""悦"用法之考察［J］.九江师专学报(哲学社会科学版),1990(3):18-20.

［40］汪维辉.汉语"说类词"的历时演变与共时分布［J］.中国语文,2003(4):329-342.

［41］高立梅.理想与现实的调和——刘向《说苑》政治思想述评［J］.华南农业

大学学报(社会科学版),2007(4):57.

[42]汤琼.现代语用思想与中国古代言外之意学说刍议[J].暨南学报(哲学社会科学版),2007,29(4):120-122.

[43]胡大雷.从"谈说之术"到"文以气为主":文气说溯源新探[J].文学评论,2013(3):139-144.

[44]高月.刘向《说苑》研究综论[J].湖南社会科学,2013(2):206-209.

[45]李翠叶.汉初的文化整合与《说苑》杂记的文体功能[J].文艺评论,2014(6):88-92.

[46]王建华,施麟麒.构建"中国语用学"的三个基本问题[J].励耘语言学刊,2014(1):33-43.

[47]林华东.中国语言学科如何处于领先地位[J].当代修辞学,2015(1):87-93.

[48]夏德靠.论《说苑》《新序》的编撰及其文体特征[J].中华文化论坛,2018(5):66-77.

[49]牛慧芳.古今字"兑""说""悦""敓"历时考察[J].汉字汉语研究,2018(3):79-88,128.

[50]刘蓓然.刘向《说苑》修辞研究[D].上海:华东师范大学,2007.

[51]刘蕊.战国谈辩与诸子及其散文研究[D].济南:山东师范大学,2017.